Brenda Strohmaier

Nur über seine Leiche

Wie ich meinen Mann verlor und
verdammt viel über das Leben lernte

Sollte diese Publikation Links auf Webseiten Dritter enthalten,
so übernehmen wir für deren Inhalte keine Haftung,
da wir uns diese nicht zu eigen machen, sondern lediglich auf
deren Stand zum Zeitpunkt der Erstveröffentlichung verweisen.

Verlagsgruppe Random House FSC® N001967

PENGUIN und das Penguin Logo sind Markenzeichen
von Penguin Books Limited und werden hier unter Lizenz benutzt.

3. Auflage 2019
Copyright © 2019 Penguin Verlag, München,
in der Verlagsgruppe Random House GmbH,
Neumarkter Str. 28, 81673 München
Redaktion: Anne Nordmann
Ghostwriter: Volker Gunske
Umschlag: Hafen Werbeagentur, Hamburg
Umschlagmotiv: Hafen Werbeagentur, Hamburg
Satz: Uhl + Massopust, Aalen
Druck und Bindung: CPI books GmbH, Leck
Printed in the Czech Republic
ISBN 978-3-328-10300-4
www.penguin-verlag.de

Dieses Buch ist auch als E-Book erhältlich.

Für Überlebende, Katastrophenhelfer und Volkers

»Ich habe die Erfahrung gemacht,
dass wir nicht immer Pech haben können.
Also, meine Liebe: Mut, Geduld und Vertrauen
in das Schicksal.«

*Barbe-Nicole Clicquot-Ponsardin im Jahr 1814
an ihre Cousine*

Vorwort 15

Die ersten Wochen 19

Lektion 1 Learning by dying – Wie ich einen Crashkurs im Loslassen absolvierte. Und merkte, dass ein guter Abschied zu Lebzeiten beginnt 20

Lektion 2 Wenn sterben, dann nur mit Eric – Wie uns Deutschlands hipster Bestatter zum Trauerarbeiten brachte. Und wir mit hundertsechsundachtzig Mann und Frau im Kino landeten 28

Lektion 3 Herzrasen – Warum Grabgestaltung ein paar heroische Entscheidungen fordert. Und Volker nun unter einem Stück Original-Hertha-Rasen liegt 40

Ich und die anderen 49

Lektion 4 Ein Fall für den Telefonjoker – Wer wann wie wirklich half, welche Fragen man Witwen gerne stellen darf und eine Danksagung an den Bergungstrupp 50

Lektion 5 Vielleicht doch keine Topffrisur zur Beerdigung – Wie ich als Stilredakteurin einige Stilfragen löste. Sogar die Sache mit den Ringen 58

Die große Reise 69

Lektion 6 Terraintraining 1 – Warum ich nicht als Trauerkloß vor den Klos sitzen wollte. Und wie ich den Alltag ohne Volker in der Ferne lernte 70

Lektion 7 Terraintraining 2 – Allein unter Pärchen. Wie ich meine Rolle als Alleinreiserin und Alleinmensch fand 82

Lektion 8 Terraintraining 3 – Never try, never know. Was ich verlor und gewann, als ich die Komfortzone verließ 90

Praktisches 99

Lektion 9 Liebster, wo ist dein Scheiß? – Ein paar Erkenntnisse zu Testamenten, Erbschaftssteuer und dem Raubzug der Krankenkasse 100

Lektion 10 Und tschüss – Was ich für meine Nachwelt nun geregelt habe. Plus ein paar Ideen dazu, was man beim Testament alles falsch machen kann 114

Etwas Theorie 123

Lektion 11 Vom Tod quatschen statt totschweigen – Wieso der olle Gevatter gerade en vogue ist. Und bitte keiner mehr von Tabu spricht 124

Zwischenbilanz 1 137

Lektion 12 Hallo Volker – Warum du ganz oft fehlst, manchmal aber auch nicht und genau deshalb doch. Eine Zwischenbilanz ans Jenseits in Briefform 138

Eso-Ecke 147

Lektion 13 Totenstellung inklusive – Warum mir Yoga trotz oder gerade wegen Shavasana den nötigen Atem schenkte 148

Lektion 14 Findet mich der Sinn des Lebens? – Wie sich mir die Frage aller Fragen plötzlich überall aufdrängte, aber leider nur vage Antworten auftauchten 158

Lektion 15 Zeitmanagement Sechs minus – Wie ich auf Teufel komm raus versuchte, mein Leben zu verlängern. Und zum Timeloser wurde 168

Lektion 16 Ja, wo isser denn? Wo ich begann, meinen Mann zu suchen. Und warum ich ihn nie im Himmel treffen möchte 178

Neue Liebe 185

Lektion 17 Geteiltes Leid, geteiltes Bett – Warum ich all die Witwen sehr gut verstehe, die sich mit einem Freund oder gar Bruder des Toten zusammentun 186

Lektion 18 Kognitive Dissonanzreduktion – Wann ich mein erstes posthumes Date absolvierte, wie er es nicht mal merkte und wieso ich seinetwegen wenigstens ein paar Vokabeln lernte   192

Lektion 19 Ups, eine Frau – Was alles bei meiner nicht ganz rein dienstlichen Suche nach einem zeitgemäßen Liebesleben passierte   202

Zwischenbilanz 2   213

Lektion 20 Wo bleibt die Flut? – Wie ich mich auf die Suche nach meinen Tränen machte. Und bei der Trauerbegleiterin Chris Paul in Bonn landete   214

Bewältigungsstrategien   227

Lektion 21 Ein Leben in hundertfünf Fotos, fünfunddreißig Artikeln und fünf Mietverträgen – Wie ich Volkers Nachlass nach dem Kondo-Prinzip kondensierte   228

Lektion 22 Hätte ich ihm doch das Sieger-Kissen überlassen! – Was das schlechte Gewissen sich alles so einfallen ließ. Und das gute   236

Lektion 23 Wut zur Lücke – Wie mich meine Schlaflosigkeit und zu viel Alkohol in Rage bringen. Und ich trotzdem nichts daraus lerne. Eine Anti-Lektion   244

Andere Witwen 257

Lektion 24 Lieber Witwe als ledig! – Weshalb mein Familienstand seine Vorteile hat. Und ein verdienter Arbeitssieg ist 258

Lektion 25 Nicht lange fackeln – Wie man anderswo mit uns umgeht. Und warum die Welt jetzt ganz anders aussieht 266

Lektion 26 Die Millionen locken misch – Warum Witwen so guten Stoff für Bühnen und Bücher liefern. Und ich jetzt Widow-Merchandising brauche 274

Lektion 27 Ab sofort nur noch Veuve Clicquot – Wieso selbst Champagner ohne Mann auskommen muss. Und eine Witwe die Heldin der zweiten Chance ist 284

Zum Schluss 297

Lektion 28 Geteilte Freude – Warum man sich die Beerdigungsparty nicht bis zum Schluss aufheben sollte und noch ein paar andere Punkte für die To-do-Liste eines gelungenen Lebens 298

Lektion 29 Witwe bitte nicht streicheln! – Was man beim Umgang mit hinterbliebenen Gattinnen alles falsch machen kann 306

Lektion 30 Witwe dafür füttern! – Eine kurze Bedienungsanleitung 314

Lektion 31 So spaßig kann der Tod sein – Warum Volker beinahe mit Schnurrbart starb und man in Tirol zum Lachen auf den Friedhof geht   318

Quellen 327

Vorwort

Ein Witwenbuch muss anfangen wie ein Krimi: mit einer Leiche. In diesem Fall leider der meines Mannes. Denn das Leben einer Witwe ist ein Leben nach dem Tod.

Tatort Virchow-Klinik in Berlin-Wedding. Seit acht Jahren hatte es meinen Mann Volker immer wieder wegen einer seltenen Krankheit dorthin verdammt, manchmal mit Blaulicht. Hunderte Tage hatte er auf den unterschiedlichsten Stationen verbracht, eine neue Leber bekommen, an den merkwürdigsten Kabeln, Schläuchen, Beuteln gehangen, die schlimmsten Komplikationen überlebt, zuletzt einen Lungenkollaps. Nun lag er künstlich beatmet, an die Dialyse angeschlossen und mit einer Sonde im Kopf auf Intensivstation 1. Akutestes Problem: Hirnblutungen. »Im Kopf ist nicht viel Platz«, sagte der Arzt, als ich mich gegen Mitternacht verabschiedete. Am nächsten Morgen, kurz nach 9 Uhr, rief die Klinik an. »Wie schnell können Sie hier sein?« Nach dem Telefonat schrie ich. Zwei Stunden später hatte ich einen neuen Familienstand: verwitwet.

4,6 Millionen Witwen (und 1,1 Millionen Witwer) registriert die Statistik für Deutschland. Und doch fühlte ich mich allein. Was wusste ich schon über uns? Ich, vierundvierzig, konfessionslos, wohnhaft in Berlin-Mitte, war umgeben von Menschen, die noch Kinder bekamen, also nicht gerade Experten für all die

Fragen, die sich mir aufdrängten. Wie funktioniert ein Leben nach dem Verlust eines so originellen, schönen, krawalligen, fürsorglichen Mannes wie Volker? Mein Leben nach dem Tod sozusagen? Gibt es so etwas wie Trauertricks? Wie lange will ich mich krankschreiben lassen? Warum scheinen manche Bekannte geschockter als ich? Darf ich erleichtert sein, dass mit Volker auch Volkers Krankheit, der Folterknecht, von uns gegangen ist? Wie viel Spaß ist jetzt erlaubt? Trägt noch jemand monatelang Schwarz? Was machen mit den Eheringen? Wie designe ich ein Grab? Finde ich noch mal eine neue Liebe? Und brauche ich jetzt einen Selbsthilfekurs? Oder Ratgeberlektüre?

Eine Freundin schenkte mir beim ersten Treffen nach Volkers Tod ein Buch von Joan Didion, der amerikanischen Groß-Literatin, die ich sehr bewunderte. *Das Jahr magischen Denkens* lautete der Titel. Das Cover versprach »Trost«, drinnen ging es aber vor allem minutiös um den Herzinfarkt ihres Mannes und die gnadenlose Krankheit ihrer Tochter. Der Ton entsprechend: Moll, Moll, Moll. Bei der Lektüre fühlte ich mich schuldig, ich war einfach nicht depressiv genug, ein unterkühlter Freak. Später wurde mir klar: Vielleicht braucht die Welt eine andere Form von Erfahrungsbericht. Einen, in dem es ums Weiterleben geht. Und der nicht nach Grabstein-Inschrift klingt.

Klar war ich schwer angeschlagen, mein Körper ein verspannter Klumpen, das Herz ein Stechen, der Geist verwirrt bis zur Demenzgrenze, altvertraute Geheimnummern waren mir plötzlich ein Rätsel. Aber im Schmerz blieb ich immer noch ich, eine Redakteurin mit Spezialgebiet Gesellschaftstrends, die vieles eher interessant fand als entsetzlich, inklusive herzloser Rechnungen für die Leichen-Kühlung (»Entgelt Volker Gunske drei Tage pauschal 60 Euro«). Ich war immer noch eine Kolumnistin, deren Witz-Tourette unbeirrt und pietätslos weiterkalauerte. War es etwa heiß – und Volker hasste Hitze –, so hörte ich mich denken: »Mensch, der würde jetzt echt sterben.« Und wie zu Volkers Lebzeiten spulte mein Hirn weiterhin grässliche, aber irgendwie passende Musik aus meiner Jugend ab. Wie Whitesnakes »Here I go again on my own«, ein Stück in G-Dur.

Weshalb es nun dieses Buch gibt. Das eben nicht eine *extended version* von Volkers Sterben ist. Sondern davon handelt, dass Witwe werden auch ein Anfang sein kann, ein Selbstfindungstrip, ein lehrreiches Großerlebnis, zu dem der Soundtrack nicht unbedingt nach Adagio mit Geigen klingen muss. Ein Trip, der in gott- und konventionslosen Zeiten von einem fordert, sich selbst eine eigene Danach-Kultur auszudenken, angefangen bei der Trauerfeier (in Volkers Fall: im Kino, wie es sich für einen Filmkritiker wie ihn gehört) und dem Grabstein (einer Art Olympiastadion, passend zum Hertha-Fantum) über eine Besinnungszeit (bei mir: Sabbatical mit Weltreise) bis hin zur Rückkehr auf den Datingmarkt (auf den Tag genau nach neun Monaten).

Im Folgenden werde ich aufschreiben, was ich über das Dasein als Witwe lernen musste und durfte, auch aus Quellen, die mich bislang null interessiert hatten, wie die Oper *Die lustige Witwe* und das Musical *Linie 1*, in dem es einen Song über »Wilmersdorfer Witwen« gibt. Ich werde erzählen, warum Veuve Clicquot plötzlich anders schmeckt und wieso sich in Indonesien, einer Station meiner Weltreise, Witwen einst ins Feuer warfen. Übrigens eine Maßnahme, die ich auch von Zeit zu Zeit aus Protest erwog, Stichworte: Sterbe-Bürokratie, unverschämte Kondolenz, versemmelte Dates.

Die gnadenlose Schule des Todes bimste mir viele Dinge ein, über die ich nicht unbedingt etwas hatte wissen wollen. Aber, um den mafiösen Serienhelden Tony Soprano zu zitieren, wie es Volker und ich so oft getan haben (uns dabei um seinen Italo-New-Yorker Akzent bemühend): »What the fuck can you do?«

Weil man nach wirklich allem offenbar schlauer ist, heißen die Kapitel hier in dem Buch Lektionen. Sie sind grob chronologisch geordnet, aber nicht sklavisch. Manchmal schien es pädagogisch wertvoll, lieber dem Inhalt nach zu sortieren. Die Idee war, als Leser/-in mit jedem beliebigen Kapitel einsteigen zu können, das einen interessiert, deshalb wimmelt es von Querverweisen.

Dass ich die Chance hatte, nach Volkers Tod auf eine eigenwillige und lehrreiche Art noch einmal von vorne anzufangen, verdanke ich nicht nur meinem Lifestyle-Job, dessentwegen ich mich schon seit Jahren mit Hipster-Beerdigungen und unkonventionellen Selbsthilfeprogrammen wie der »Fuck-it-Strategie« beschäftigt hatte. Bereits während Volkers Krankheit holte ich mir auch Unterstützung von einem Psychologen, der mich lehrte, Nebenkriegsschauplätze von wichtigen Schlachten zu unterscheiden. Am meisten allerdings half mir aus Versehen eine taktlose Freundin meiner Mutter, die seit Langem verwitwet ist. Kurz vor der Beisetzung raunte sie mir im Blumenladen ihre gesammelte Trauererfahrung zu: »Das wird nie wieder gut.« In der Psychotherapie nennt sich diese Methode »Paradoxe Intervention«. Man zwang mich dazu, das Gegenteil zu beweisen.

In diesem Buch – das nicht zuletzt vom richtigen Umgang mit Witwen handelt – steckt viel Trotz, viel »trotz alledem«. Dass Volker starb, dieser Mensch, der so gerne auf der Welt war, nimmt mich in die Pflicht, mich erst recht ins Leben zu stürzen wie ein Stagediver in die Menge. Und so geht das Witwenbuch nun nicht weiter wie ein Krimi. Sondern wie eine große Liebesgeschichte. Eine, die nach einem ungewöhnlichen Happy End strebt. Und wenn er auch gestorben ist, so lebt doch sie noch heute.

Die ersten Wochen

Lektion 1:

Learning by dying

Wie ich einen Crashkurs im Loslassen absolvierte. Und merkte, dass ein guter Abschied zu Lebzeiten beginnt

Mit so viel grotesker Fröhlichkeit hatte ich nicht gerechnet. Als ich an Volkers Sterbebett eilte, dudelte in seinem Zimmer das Radio, aufgekratztes Morgengeplapper. Gerade als ich es abschalten wollte, schmetterte Adele ihr theatralisches »Hello«. Ausgerechnet. Eine Zeit lang hatten Volker und ich, beide sehr mäßige Sänger, uns gerne lauthals mit dem Liedanfang am Telefon begrüßt. »Hellooooo! It's meeee!« Dabei war ich doch jetzt gekommen, um Tschüss zu sagen. Für immer.

Wie sollte das gehen, nie wieder Pärchenquatsch machen mit ihm? Wie bitte nimmt man Abschied auf alle Ewigkeit? Verrückt. Überall sterben ständig Leute. Im Krimi, in Syrien, der letzte Urberliner in unserem Haus in Berlin-Mitte. Und doch hatte ich keine Ahnung. Noch nie hatte ich einen Menschen beim Sterben begleitet. Warum musste es unbedingt ein Crashkurs am eigenen Mann sein? Learning by dying.

Also ein letztes Mal: Helllooooo! Ich bin's. Schon seit zwei Wochen hatte Volker nichts mehr gesagt; so lange schon lag er künstlich beatmet und sediert auf der Intensivstation. Nun machte sich eine Krankenschwester an den unzähligen Perfusor-Spritzen zu schaffen, die bislang unablässig lebensrettende Lösungen in seinen Körper getröpfelt hatten. Der Oberarzt hatte mich vorher zur Seite genommen und erklärt, wie sie Volker sterben lassen würden: »Wir setzen gleich die Medikamente ab, die den Kreislauf Ihres Mannes stützen.« Nun stöpselte die Schwester eine Ladung Morphium an. Schließlich ließ sie all die Alarme verstummen, die sich vorher so oft gemeldet hatten, wenn die Situation lebensbedrohlich wurde. Plötzlich: Stille.

Noch einmal der Mann im Bett, ich daneben. Wie viele Tage hatten wir so in einem Krankenhaus verbracht? Mindestens zweihundert in den vergangenen acht Jahren. Eine Krankheit namens »primär sklerosierende Cholangitis«, kurz PSC, hatte sich über Volkers Gallengänge hergemacht. Sie waren derart verhärtet (sklerosiert), dass die Galle sich rückstaute und die Leber zerstörte. Erst seine eigene, nach einer Transplantation war Leber Nummer zwei dran. Als Volker mal wieder wochenlang im Krankenhaus lag, erzählte mir eine Bekannte, sie habe auf einer Dinnerparty einen Arzt kennengelernt: »Der hat von einem seiner Patienten berichtet, ein besonders tragischer Fall. Die Krankheit klang so ähnlich wie Volkers.« Es war natürlich einer von seinen Ärzten aus dem Virchow-Klinikum gewesen.

Wir sprachen fast nie über den Tod. Die »Death-Positive-Bewegung« (siehe Lektion 11), die einen offensiven Umgang mit dem Sterben propagiert, war an uns vorbeigegangen. Nur einmal brach Volker sein Schweigen und erzählte, dass er den Tod ab und zu herumsitzen sehe. Einen Mann, so alt wie er, also Mitte fünfzig, nicht böse, aber beharrlich. Auch ich spürte ihn. Längst hatte dieser stumme Beobachter jede Umarmung zu einer Kostbarkeit gemacht. Und doch war ich nicht vorbereitet.

Durch eine Glaswand sah ich den Patienten im Nachbarzimmer. Ein Mann mit langen schwarzen Haaren. Winnetou, dachte ich. Was man nicht alles denkt. Diese Stille. Ob Volker mich hörte? Lebte noch irgendetwas in seinem Hirn? »Du musst nichts mehr tun«, sagte ich und klang dabei wie unsere Yogalehrerin vor der Endentspannung Shavasana, der Stellung der Toten. »Du musst nichts mehr tun« war Volkers Yoga-Lieblingssatz. Also noch einmal: »Du musst nichts mehr tun.« Was man nicht alles sagt. »Ich hoffe, du hast einen schönen Rausch. Weißt du noch, als du nach der Transplantation aufgewacht bist, vollgeknallt mit Opiaten? Und die ganze Technik der Intensivstation so bewundert hast? Du sagtest: ›Toll hier, das ist ja wie eine Techno-Party.‹ Und: ›Wie schön, dass du da bist.‹«

Der Monitor zeigte einen absurd niedrigen Blutdruck und einen hohen Puls. Ich machte ein Foto, so wenig konnte ich die Werte glauben, die da auf dem Monitor erschienen. Und ich hatte ja schon sehr oft auf diese Werte gestarrt. Einmal nach einer OP hatte Volkers Atem zwischenzeitlich immer wieder ausgesetzt, der Marker für den Sauerstoffgehalt im Blut war ständig unter den Sollwert gesunken, der Alarm hatte immer wieder gelärmt. Jedes Mal war die Schwester gekommen und hatte fröhlich berlinert: »Na, jetzt atmen Se mal, Herr Gunske.« Und Herr Gunske atmete. Das war acht Jahre her. Nun kam der Oberarzt. »Das Herz strengt sich noch mal an«, erklärte er in die Stille. »Es wird nicht mehr lange dauern.« Dann reduzierte er die Sauerstoffzufuhr des Beatmungsgeräts. Abgang Arzt.

Volker und ich. Noch einmal allein mit ihm. Noch einmal seine Hand halten. »Du musst nichts mehr tun.« Ich dachte an unser gemeinsames Leben, das vor zehn Jahren so chaotisch begonnen hatte. Wir hatten uns auf der Hochzeit von Volkers bestem Freund kennengelernt, der auch Volker heißt. Ich verliebte mich sofort in den neuen Volker, als der das Leben des Bräutigams anhand von Musikstücken ebenso lustig wie liebenswürdig nacherzählte. Seine Witze hatten genau die richtige Mischung aus »auf den Arm nehmen« und »in den Arm nehmen«. Das war ein Mann, an den ich mich nur zu gerne rantraute: einer, mit dem man ins Wasser gehen konnte, ohne dass er einen untertunkte. Und der so lächelte, dass es wärmer wurde im Raum.

Ich war allerdings mit meiner Freundin Annette gekommen, und als der Bräutigam seine Gäste in großer Runde vorstellte, sagte er: »Das ist Brenda und ihre Freundin Annette.« Fortan dachte mein künftiger Ehemann, ich sei lesbisch (was nicht ganz falsch ist, siehe Lektion 19). Wir arbeiteten im selben Verlag, er beim *tip* im siebten Stock, ich bei der *Berliner Zeitung* im vierzehnten. Damals gab es unzählige Betriebsversammlungen wegen eines britischen Heuschreckeninvestors – und Volker wunderte sich zunächst, warum diese lesbische Frau währenddessen immer so hartnäckig seine Nähe suchte. Am 23. Dezember 2005 haben wir uns doch geküsst, am 24. Dezember wieder getrennt, am zweiten Feiertag kamen wir schon wieder zusammen. In diesem Stil holperten wir lange weiter.

Meine Mutter zählte dreizehn Trennungen, dann hörte sie auf. Meist ging den Trennungen ein Streit ums Kinderkriegen voraus. Ich, damals noch Mitte dreißig, wollte unbedingt, er auf keinen Fall. Drei Jahre nach dem ersten Kuss und eine Paartherapie später gab er nach, und von da an haben wir uns nie mehr getrennt. Kinder bekamen wir dennoch keine. Bei einer Fruchtbarkeitsuntersuchung 2009 staunten die Ärzte über seine schlechten Blutwerte. »Trinken Sie?« Kurz darauf hatte Volker eine neue Leber. Und nur ein paar Monate nach dem endgültigen Anfang begann der lange Abschied.

Wie soll das gehen, Abschied nehmen für immer? Ich hielt seine reglose Hand und dachte an die vielen Male, die wir zu Hause zusammen getanzt hatten, das letzte Mal war erst ein paar Wochen her. Dann fiel mir meine eigene Pärchen-Theorie wieder ein. Der zufolge können Paare mit guten Beziehungen sich besser voneinander trennen als solche mit offenen Rechnungen. Auf einmal war mir klar, dass wir schon alles getan hatten für diesen letzten Moment. Wir hatten nichts aufgeschoben. Auch, weil der Tod uns rechtzeitig gewarnt hatte.

Ich hatte nie »Kopfschmerzen« gehabt. Wenn Volker ins Kino wollte, um eine alte Filmrarität zu sehen, war ich meist mitgekommen, auch wenn ich keine Lust hatte. Volker wiederum hatte mich oft auch dann zu meinen Freunden begleitet, wenn er so müde war, dass er sich am liebsten im Bett verkrochen hätte. Wir waren einfach gerne zusammen. Erst acht Monate vor dem ultimativen Aufschlag auf der Intensivstation hatten wir geheiratet. »Bis dass der Tod euch scheidet« – jetzt war es so weit.

Ein Chirurg, der Volker eine Drainage legte, hatte ihm in die Lunge gestochen – und es nicht gemerkt. Tagelang hatten Volker und ich bei sämtlichen Ärzten und Pflegern immer wieder moniert, es gehe ihm elend, er fühle sich, als läge er auf irgendetwas. Tatsächlich lag er auf literweise Blut, das in seine Lunge gelaufen war. Das Personal war zu gestresst, um sich mit seinem Fall länger zu beschäftigen. »Diese ganzen Feiertage im Mai bringen mich noch um«, war einer der letzten Sätze Volkers. Erst als die Sepsis kam und die Lungenentzündung folgte, nahm man unsere Klagen ernst. Zu spät.

Wohl gerade weil der Tod schon so lange friedlich herumgesessen hatte, hatte ich mir nicht vorstellen können, dass er eines Tages wirklich die Sense herausholen würde. Und trotz aller Vorwarnungen war ich nicht vorbereitet auf die Bilder, die nun folgten. Ich lernte, was es heißt, wenn Augen brechen. Volkers graugrüne Augen, die so liebevoll-ironisch schauen konnten, wurden milchig-leblos. Wie er dalag, dieser vertraute Körper, grotesk aufgeschwemmt, noch ganz warm und mit diesen vertrauten blonden Haaren an den Armen. Volkers schöne Arme. Monatelang würden mich diese Bilder immer wieder überfallen.

Später las ich, dass viele Menschen nach dem Tod eines Angehörigen eine besondere Stimmung im Raum bemerken, manche empfinden tiefen Frieden, einige, dass Kräfte des Toten auf sie übergehen. Ich weiß nicht mehr ganz genau, was ich fühlte. Aber es war nichts Tröstliches. Eher schien es mir, als würde Volker, der so am Leben gehangen hatte, etwas Entsetzliches zustoßen. Oberarzt und Schwester kondolierten. Ich könne gerne noch bleiben. »Nachdem Sie gegangen sind, werden wir den natürlichen Zustand Ihres Mannes wiederherstellen.« Sollte heißen: Sonden, Kabel, Schläuche, Kanülen, alles weg. Natürlich tot. Keiner schloss Volkers Augen. Ich kam nicht auf die Idee, es zu tun.

Ich saß, stand, tigerte im Zimmer herum. Ich bewunderte die Krankenhausmenschen. Jahrelang hatte ich ihnen dabei zugesehen, wie sie sich in Endlos-Schichten aufrieben, sich von Colafläschchen aus dem Automaten ernährten, ihre Ringe unter den Augen wuchsen, wie sie an einem gnadenlos auf Effizienz ausgerichteten Krankensystem verzweifelten und erstaunlich viele Zigaretten rauchten. Ich bewunderte ihren Mut ob der Verantwortung, die sie sich aufbürdeten. Ich hatte ja schon Angst vor Tippfehlern. So oft hatten die Krankenhausmenschen Volker gerettet. Und nun hatten sie ihn irgendwie auf dem Gewissen.

Das wäre der Moment gewesen, auf einer Obduktion zu bestehen, auf Rache zu sinnen. Doch wollte ich wirklich den Chirurgen verklagen? Diesen erfahrenen Mann, den Kollegen dafür bewunderten, dass er sich Operationen zutraute, vor denen andere sich fürchteten? Schließlich bedankte ich mich bei Volker für unser intensives gemeinsames Leben. Und beim Oberarzt und der Schwester für die Stille beim Sterben. Dann ging ich. Es war die vielleicht wichtigste Erkenntnis meines Horror-Crashkurses in Sachen Sterbebegleitung. Loslassen ist eine Entscheidung. Und es fängt schon zu Lebzeiten an.

»Herr Gunske verstarb am 25.5.2016 um 11.18 Uhr im Beisein seiner Ehefrau«, steht im Arztbrief. Kein Wort von einer angestochenen Lunge. Lediglich: »Wir bedauern den tragischen Krankheitsverlauf.« Und ich erst! Mein Leben nach dem Tod hatte begonnen. Oder wie singt Adele? »Hello from the other side«. Ich war Witwe. Und bereit für Learning by dying Teil II: Ich brauchte einen Bestatter. Einen echten Profi, der Volker da rausholte. Und mich auch.

Lektion 2:

Wenn sterben, dann nur mit Eric

Wie uns Deutschlands hipster Bestatter zum Trauerarbeiten brachte. Und wir mit hundertsechsundachtzig Mann und Frau im Kino landeten

Ich taumelte aus dem Krankenhaus in die Maisonne, im Kopf die Bilder des toten Volker, in der Handtasche das Krankenhausschaf namens Schwester Erich. Draußen googelte ich die Nummer von Eric Wrede, meinem Witwennotruf. Seinen Namen hatte ich, die Vergessliche, mir eingeprägt: Eric mit c – wie Schwester Erich, nur ohne h. Ein paar Monate zuvor hatten wir bei uns im Stilteil der *Welt am Sonntag* einen Artikel über ihn veröffentlicht. Erics Geschäftsmodell hatte mir sofort eingeleuchtet: individuelle, zeitgemäße Trauerfeiern. Auch der Körpereinsatz des Mannes, Jahrgang 1980, hatte mich beeindruckt; dem Text zufolge hatte er mal die Abschiedszeremonie für ein stadtbekanntes Mitglied einer Motorradgang organisiert – und war am nächsten Morgen mit einer neuen Tätowierung auf der Brust aufgewacht: »R.I.P. Ingo«.

Nicht dass ich unbedingt ein »Tschüssi Volker« daneben sehen wollte. Aber mir war klar gewesen, dass ich Wrede eines Tages brauchen würde. Er schien mir der ideale Bestatter für zwei Gottlose wie Volker und mich. Zwei Menschen, die den Protestantismus zwar auf dem Papier hinter sich gelassen hatten, es dann aber doch nicht ohne Zeremonie und geistig-musikalischen Überbau aushielten. Wie bei unserer Hochzeit. Die hatten wir eigentlich formlos-flott mit Standesbeamten und

Gummibaum erledigen wollen. Dann hatten wir aber doch ewig nach einem passenden Song gefahndet (die Wahl war auf »Got to Get You into My Life« von Earth, Wind & Fire gefallen) und ein Hotel mit Blick auf die Redaktion gebucht, in der wir uns einst nähergekommen waren. Und was waren wir glücklich gewesen, als wir ein Graffito als Fotomotiv gefunden hatten, auf dem stand: »Just say yes.«

Kürzlich bin ich wieder an dem gesprühten Spruch vorbeigeradelt. Und da erst fiel mir auf, dass er auf einer Friedhofswand steht. Wie passend.

Jedenfalls: Acht Monate nach dem Wedding-Selfie vor der Friedhofsmauer hatte ich schon wieder den Familienstand gewechselt. Ledig – verheiratet – verwitwet. Alles ohne Pfarrer. Zum Glück funktionierte der Witwennotruf, Eric nahm sofort ab. Schnell erwies er sich als der perfekte Typ für eine atheistische Welt, in der Gott tot ist und der Ehemann auch.

Ein paar Stunden nachdem ich die Klink verlassen hatte, saß der Bestatter samt all seiner Tätowierungen bei mir im Wohnzimmer. Und auch Volkers bester Freund Volker war per Flugzeug herbeigeeilt, aus München, wo er gerade an einem großen Projekt arbeitete. Die beiden Volker kannten sich schon aus der Schule, waren in den Achtzigern gemeinsam aus der norddeutschen Einöde nach Berlin gezogen. Wenn sie über die alten Zeiten sprachen, klangen sie oft wie Veteranen und noch öfter wie ein Ehepaar jenseits der Silberhochzeit. Schon durch die lange Krankheit hatten wir uns zu dritt geschlagen, nun hatte ich eine Co-Witwe und wir beide einen Trauerexperten. Und was für einen.

»Ich will jetzt gar nicht erst so tun, als wäre ich traurig. Das fänd ich verlogen. Ich kannte den Volker ja gar nicht«, sagte Eric. Und dann erklärte er, wir müssten jetzt gar nichts entscheiden, weder die Art der Feier noch der Bestattung. Lediglich ein paar Formalitäten seien die Tage zu erledigen, um eine Sterbeurkunde zu beantragen. »In Berlin kann man sich sehr viel Zeit lassen, jemanden zu beerdigen.« Während in anderen Bundesländern spätestens vier Tage nach dem Tod beigesetzt werden müsse, gebe es in Berlin bei Erdbestattungen lediglich ein »Soll« von zehn Tagen, bei Feuerbestattung könne man so lange mit der Beisetzung warten, wie man wolle.

Was hatte ich über Schach gelernt, dieses Spiel, bei dem die Uhr einen unter Zugzwang setzt? Zeit ist auch eine Figur. Gilt offenbar ebenso beim Trauern. Der Vater der Sängerin Patti Smith hatte seiner Tochter nach dem Tod ihres Mannes die Weisheit geschenkt: »Zeit heilt nicht alle Wunden, aber sie schenkt dir die Mittel, sie auszuhalten.« (Allerdings scheint sie plötzlich knapper denn je, siehe Lektion 15.)

Es gibt Eric zufolge also keinen Grund zu künstlicher Hektik, wie sie manch klassischer Bestatter gerne verbreitet, um schnell einen schicken Sarg zu verkaufen. »Ich sehe es als Teil des Trauerprozesses, sich genau zu überlegen, wie man einen Menschen verabschieden will.« Ein Service, den immer mehr Bestatter bieten. Allein in Berlin verfolgten laut Eric acht, neun Kollegen eine ähnlich »alternative« Philosophie. Kein Wunder in dieser unchristlichen Stadt, in der nur noch ein Viertel der Bewohner überhaupt als Protestanten (16 Prozent) oder Katholiken (9 Prozent) registriert sind. Selbst wenn man die geschätzte Zahl von 7 Prozent Muslimen dazurechnet, bleiben immer noch zwei Drittel Gottlose übrig. Das erklärt, warum immer mehr Beerdigungsinstitute den Job als Trauerbegleiter übernehmen, den früher ein Geistlicher erledigt hätte: Der Bestatter, der früher mal den Sarg tischlerte, wird nun ein einfühlsamer Eventmanager, der sich statt aufs Holz auf den Menschen konzentriert.

Eric musste eine rauchen, und wir gingen auf den Balkon.

Ich erzählte vom »natürlichen Zustand« und Eric von den Leichen, die er normalerweise im Krankenhaus abholt, um sie zum Firmensitz auf einem Hof im Süden Berlins zu bringen. »Gut, dass die das bei Volker im Krankenhaus machen wollen«, sagte er. »Du glaubst gar nicht, was da sonst oft noch an Schläuchen dran ist.« Ich erzählte vom Blut in den Lungen, vom Kunstfehler. Und Eric von einer Bekannten, die jahrelang mit Ärzten wegen des Todes ihres Kindes prozessierte. »Es war ihre Art, das Kind am Leben zu halten, den Abschied aufzuschieben.« Später würde ich oft an die Geschichte denken, immer dann, wenn Wut auf die Ärzte hochkam und die Frage, ob ich Volker hätte obduzieren lassen sollen. Und jedes Mal würde ich mich zum selben Schluss zwingen wie im Krankenhaus, diesmal mit Profiunterstützung.

Es tat gut, mit Eric zu reden. Wie hatte es in dem Artikel geheißen? »Ich begleite Menschen durch die akute Trauerphase und versuche, gemeinsam mit den Hinterbliebenen einen passenden Weg zu finden, den Tod zu akzeptieren und Abschied zu nehmen.« In der *Süddeutschen* brachte er das noch prägnanter auf den Punkt: »Ich bin so etwas wie ein Wedding-Planner fürs andere Ende mit etwas mehr Psychologie.«

Natürlich ist auch eine »alternative« Beerdigung nicht umsonst. Auf meiner Rechnung werden schließlich rund fünftausend Euro stehen, zwei Trauerfeiern, Aufbahren und Sarg inklusive. Wir werden tatsächlich kein einziges Mal über das Sargmodell reden.

Irgendwann ging Eric. Und die Co-Witwe und ich dachten nach, wie man einen hochpolitischen, sehr linken Menschen feiert, der nebst Filmen auch Fußball und Berlin liebte sowie den Humor von Robert Gernhardt (»Mein Gott, ist das beziehungsreich – ich glaub, ich übergeb mich gleich«). Was hätte Volker wohl gewollt? Wahrscheinlich hätte es ihm gefallen, wäre man zu seinen Ehren mit der Trauergemeinde zu einer Anti-Nazi-Demo aufmarschiert. Aber wer weiß. Bis auf einen Musikwunsch hatte er keine Instruktionen hinterlassen. Beim Auswählen der Hochzeitssongs war er an The Highwaymen hängen geblieben, dieser Supergroup um Johnny Cash und Willy Nelson. Eines ihrer Lieder widmeten sie dem »Highwayman«, dem Wegelagerer. Darin geht es um die Wiedergeburt, country style. Der Highwayman wird gehenkt – und lebt doch weiter. »Das wäre was für die Beerdigung«, hatte Volker gesagt.

Dem anderen Volker und mir war klar, dass wir noch mehr Menschen brauchten zum Nachdenken und Planen, weitere Freunde, seine beiden Schwestern, seine Nichte. Trauerfeier do it yourself, das dauert. Wir beschlossen, ein Plenum zu organisieren. Ganz kurz sehnte ich mich nach einem Pfarrer. Ich rief den einzigen an, den ich kannte, ein Mann, der inzwischen als Körpertherapeut arbeitete. »Macht das doch selbst, Freunde können das besser«, sagte er. »Zur Not moderier ich das aber gern.« Bumerang. Als wäre es nicht genug, dass man als Kundin immer häufiger zum Arbeiten genötigt wird – am Flughafen soll man die Gepäcketiketten plötzlich selbst ausdrucken, im Supermarkt seine Einkäufe einscannen und nun sogar: Trauerfeiern orchestrieren. Aber gut. Ich wünschte die Kirche nicht wirklich zurück. Nur Volker.

In den nächsten Tagen entschieden sich schon ein paar Sachen. Ich kaufte den perfekten Platz auf dem Friedhof, drei Minuten von meiner Wohnung entfernt, mittendrin und doch idyllisch. (Machte zweitausendzweihundert Euro, inklusive Merkschild und Kapellennutzung, plus hundertfünfzig für Erde). Volker hatte nicht gesagt, ob er lieber begraben oder verbrannt werden wollte. Aber eine Feuerbestattung fühlte sich falsch an, auch wenn inzwischen nach Branchenschätzungen zwei Drittel aller Toten eingeäschert werden und es die irrsten

Erfindungen dafür gibt. So bewirbt ein österreichisches Unternehmen ein Pflanzgefäß namens »Urneo« als angeblich »einzige Urne der Welt, die die Mineralstoffe der Asche nutzt«. Warum nicht? Da kann der grüne Daumen sich noch einmal nützlich machen.

In einer schlaflosen Nacht – typische Trauernebenwirkung (siehe Lektion 23) – fiel mir wiederum der perfekte Ort für die Feier ein. Natürlich: Volker, der so lange Filmkritiker war, brauchte ein Kino! Am besten das »Kino International«, dieses schöne DDR-Premierenkino an der Karl-Marx-Allee in Berlin-Mitte. Da passten alle rein. Und es gab eine Leinwand und eine Bühne und einen Vorraum, in dem man danach ein paar Drinks nehmen konnte. Die Co-Witwe und Eric waren angetan.

Zeit für das Plenum, rund ein Dutzend Freunde und Verwandte hatten sich versammelt. »Ist das Kino nicht viel zu groß?«, fürchteten einige. »Das ist ja wie ein Staatsbegräbnis«, monierten andere. »Ein Sarg auf der Bühne? Und dann noch Volkers Stimme vom Band? Nur über meine Leiche.« Jeder schien besser zu wissen, was Volker wirklich gewollt hätte. Tränen flossen, die Worte »hysterisch« und »abartig« fielen. Kurz zweifelte ich an dem Spruch mit dem geteilten Leid. Schließlich einigten wir uns auf eine Beisetzung im kleinen Kreis am Freitag in der Friedhofskapelle und eine offizielle Trauerfeier für alle am Samstag.

An einem Tag ließ sich das nicht organisieren, weil das Kino nur am Wochenende zu mieten war, aber die Friedhofsangestellten dann nicht arbeiten, auch nicht gegen einen fürstlichen Aufpreis. Das Argument, dass die meisten Trauergäste am Wochenende besser oder überhaupt nur könnten, zumal viele aus der Ferne anreisten, ließ die Verwaltung unbeeindruckt. Was mich wütend machte. Aber Gottesdienst geht immer! Mit dem miesen Service würde die Kirche mich, die ich mit vierzehn aus

Protest gegen den lebensfremden Konfirmandenunterricht ausgetreten war, garantiert nicht zurückgewinnen.

Das Plenum wurde dann doch produktiv. Wir verteilten Aufgaben. Die einen würden Fotos aussuchen, andere Reden schreiben, Musik und Musiker organisieren, Volkers Texte und Radiosendungen auswerten. Eric und seine Mitarbeiter kümmerten sich um den ganzen Rest, die Stühle, die Technik, die Saalmiete. Volkers Aufbahrung.

Viele hatten den Wunsch, Volker noch einmal zu sehen, »Abschiednahme« heißt der Punkt auf Erics Rechnung. Ich erst mal nicht. Ich fürchtete mich vor neuen Bildern vom toten Mann in meinem Kopf. Doch Tage nachdem die anderen längst da gewesen waren und mir berichtet hatten, es sei gut gewesen, bin ich doch hingefahren zu Erics Hof, dorthin, wo Berlin-Neukölln Rixdorf heißt, Betonung auf Dorf. Ich wollte Volker doch noch einmal außerhalb des Krankenhauses sehen, in »natürlichem Zustand«. »Wir schminken die Toten nicht«, hatte Eric gesagt.

Als ich den Hof betrat, wieherte ein Pferd. Und da, in einem Gebäude neben dem Stall, lag er in einem offenen, schlichten Holzsarg. Volker! In seiner letzte SMS hatte er berichtet, mal wieder ein paar Kilo Wasser mehr im Körper zu haben. »77,5 Kilo. Fat Hug«, schrieb er, der zuvor weniger als siebzig gewogen hatte. Nun hatte die Schwerkraft das viele Wasser in seinem Körper noch bizarrer verteilt. »Mein Verflossener«, scherzte ich ins Entsetzen. Und doch war ich froh, ihn noch mal zu sehen, mit geschlossenen Augen, so friedlich. Wirklich tot. Er schien zu lächeln. Ich setzte mich neben ihn. Noch einmal, er und ich. Dann spielte ich ihm »Highwayman« vor. Und »Love Like That« von Mayer Hawthorne. Das letzte Lied, zu dem wir getanzt hatten.

Am 10. Juni, zwei Wochen nach seinem Tod, wurde Volker

beigesetzt. Eric hatte Stühle organisiert, damit wir näher um den Sarg in der Kapelle sitzen konnten. Über dem Sarg lag ein Tuch mit Taschen, in die wir Blumen stecken konnten. Es sah schön aus. Freunde sangen, Freunde redeten, ich erzählte etwas darüber, wie wunderbar der Alltag mit Volker gewesen war. Selbst das Probleme-Lösen. Wie er sich anfangs ärgerte, wenn ich als Microsoft-Userin mit seinem Apple nicht klarkam und stöhnte. Und er kurzerhand die Figur des Apple-Beruhigers erfand. Ein jovialer Typ, immer bereit zu helfen.

Die Co-Witwe las am Grab ein passendes Gernhardt-Gedicht vor.

Woran soll es gehn? Ans Sterben?
Hab ich zwar noch nie gemacht,
doch wir werd'n das Kind schon schaukeln —
na, das wäre ja gelacht!

Die Männer, die Volker in die Grube senkten, sahen aus wie Typen aus der Mafia-Serie *Die Sopranos*. Das hätte ihm gefallen.

Am nächsten Tag im Kino. Eric hatte die Idee gehabt, Girlanden aus weißen Blumen basteln zu lassen und damit die Reihen abzusperren, die wir nicht brauchten. Gut investierte sechshundert Euro. Und er hatte auch noch einen Rat für mich: »Lass dir nicht die Trauer der anderen aufbürden, du kannst dich auch vor der Feier zurückziehen. Musst nicht jeden umarmen.« Ging schon. Hundertsechsundachtzig Menschen kamen. Und die kollektiv organisierte Trauerfeier begann. Aus den vielen Fotos, die wir gesammelt hatten, hatte Eric Filme gebastelt, darunter legte er unsere sorgfältig ausgesuchte und ausdiskutierte Musik, von Tränendrüse (»Hope There's Someone« von Anthony and the Johnsons) über Filmmusik (»Bang, Bang« von Nancy Sina-

tra) bis Punk (»Jenseits von Eden« von Ton Steine Scherben).
Und natürlich »Highwayman«:

I'll find a place to rest my spirit if I can
Perhaps I may become a highwayman again
Or I may simply be a single drop of rain
But I will remain

And I'll be back again and again and again and again and again.

Zwischendurch die Beiträge von Freunden. Alles, was an Hoch-
zeiten nerven kann, war hier genau richtig. Viele sagten danach,
sie hätten Volker noch mal neu kennengelernt.

Es wurde sehr viel geweint (vor allem bei der Rede der Co-
Witwe) und sehr viel gelacht, insbesondere als Ex-Kollege Robert zusammen mit einer befreundeten Filmkritikerin Auszüge
aus Volkers Werk vortrug, die deutlich machten, woher er seine
radikal-politische Ader hatte. In einem Artikel in der *taz* schilderte Volker seine Siebzigerjahre-Jugend. »Die RAF verstand
es, auch auf dem Dorf Fronten zu schaffen«, schrieb er. Seine
Oma habe »nach der Überschreitung der 1,5-Promille-Grenze«
zum »harten Sympathisantenkern« gezählt. »Zur Schleyer-Ent-
führung hatte sie eine sehr geradlinige Einstellung: ›Soll'n es
doch abknallen, das dicke, fette Bonzenschwein.‹«

Und so feierte der lustige, lebendige, wütende Volker auf seiner Trauerfeier für mich seine Auferstehung. Nach und nach
überlagerten die Bilder vom lebenden Volker, die da auf der riesigen Leinwand erschienen, den toten Volker in meinem Kopf.
Es war, als würde er unter seiner eigenen Leiche hervorkriechen.

Am Ende hatte er selbst das letzte Wort. Volker & Volker
hatten zusammen eine Radiosendung moderiert. Sie trug den
fantastischen Titel »Große Themen, keine Meinung«, kurz vor

seinem Tod war sie zur großen Erzürnung meines Mannes ein-
gestellt worden. Wir spielten einen Auszug aus der letzten Sendung, die er mit einem Heine-Zitat konsequent unversöhnlich
beendete: »Wenn der liebe Gott mich ganz glücklich machen
will, lässt er mich die Freude erleben, dass an jedem Baum in
meinem Garten sechs bis sieben meiner Feinde aufgehängt werden.« Dann sang noch Clint Eastwood, und der goldene Vor-
hang schloss sich.

Lektion 3:

Herzrasen

Warum Grabgestaltung ein paar heroische
Entscheidungen fordert. Und Volker nun unter
einem Stück Original-Hertha-Rasen liegt

Zu irgendeiner EM schrieb ich mal eine Geschichte über mein Leben als Fußballwitwe. Also darüber, wie es ist, wenn der Mann spielbedingt oft abwesend ist. Und wie sehr es nervt, wenn er ein Achtelfinale des Afrika-Cups schaut, während man gemeinsam versucht, einen Ikea-Abzugshaubenschrank zu montieren, und die Aktion mit Totalschaden endet. Im Nachhinein scheint mir mein Gejammer kleinlich. Nun, da ich eine echte Witwe bin. Und selbst Fußballfan, Stadionbesitzer, Rasenwart.

Alles begann ein paar Monate nach Volkers Tod mit der Suche nach einem schönen Grabmal. Eine Aufgabe, die sich als eine heroische Nachtod-Erfahrung herausstellte. Schnell verstand ich, warum manche sich so lange davor drücken und sich damit begnügen, ein paar Blümchen einzubuddeln. So ein Trauerbeet ist schließlich eine unverbindliche Sache. Ein richtiges Grab dagegen ein Stück steingewordenes Gefühl, das fortan für alle Welt sichtbar herumsteht. Der Bauauftrag dafür braucht Mut. Und weil Gefühle zeigen gerade nicht meine Stärke war (siehe Lektion 20), versuchte ich zunächst, ebendieses Prinzip zu überlisten. Einfach indem ich nach etwas zeitlos Elegantem, irgendwie Neutralem fahndete, einem Pendant zu meinen Panton-Stühlen von Vitra. Schlichter Stein, Aufschrift, fertig.

Hauptsache, nichts fabrikmäßig Sentimentales, Hauptsache, kein Kitsch. Also kein in Hochglanz gemeißeltes »Hier ruht mein geliebter Schatz«.

Doch welcher Stein? Und welche Aufschrift? Rein optisch gefielen mir auf Volkers Friedhof am besten die verwitterten, ungeschliffenen Steine mit Bronze-Inschriften, die mit Efeu überwachsen waren. Und so erwärmte ich mich zunächst für die Idee eines Grabes, das aussieht, als wäre es schon immer da gewesen. Classic Vintage sozusagen. Bei der Friedhofsverwaltung sagte man mir, dass sie immer mal wieder alte Steine entsorgten. »Die will keiner haben«, hieß es. »Aber der Container ist gerade weg.« Und wenn ich einen neuen wollte, aber so einen ganz natürlichen? Die Frau vom Friedhof drückte mir die Karte von einem Steinmetz namens Nikolaus Seubert in die Hand, der mit folgendem Dreiklang für sich warb:

- individuell gestaltete Grabzeichen

- bevorzugte Verwendung von einheimischen Natursteinen

- Entwürfe nach eingehenden Vorgesprächen

Seuberts Werkstatt befand sich ein paar Kilometer weiter in einem Hinterhof, an den sich ein Friedhof anschloss. Der Weg zu dem »Hinterfriedhof« führte an einer Baustelle vorbei über einen kleinen Schlammsee, typisch Berlin. Ich hüpfte von Brett zu Brett, ein Bauarbeiter klatschte Beifall. In der Werkstatt dröhnte der Baustellenlärm, und so zeigte mir Seubert erst mal auf dem Friedhof seine Kunstwerke, fast allesamt Stelen, also hohe schmale Quader. »Breitsteine mach ich nur selten«, sagte er. Aha, Breitstein hieß das, was mir gefallen hatte. Meine Idee mit dem schlichten Klassiker fand er so na ja. »Aber wenn Sie das wollen.« Dann demonstrierte der Handwerker, wie er sich Trauerkultur vorstellt: In die Stele für eine Eulensammlerin hatte er eine ihrer Eulenfiguren gesetzt, über den Stein des Skatbruders streute er steinerne Karten, ins Grabmal des Skaters integrierte er eine metallene Skateboardkante. Toll gearbeitet. Aber war das nicht: Kitsch? Und darf man ein Leben auf ein Hobby reduzieren? Sollte ich etwa einen Stein in Form einer Hertha-Dauerkarte bestellen?

Ich brauchte Bedenkzeit, neudeutsch Google-Time. Gab es heutzutage nicht alles in Online-Designshops wie Monoqi? Bei über neunhunderttausend Toten im Jahr allein in Deutschland mussten hippe Grabsteine doch ein Riesenmarkt sein. Nach ein paar Stunden Surfen war klar: nein. Ich wurde langsam sauer. Wo sind die Produktdesigner, wenn man sie wirklich braucht? Ständig arbeiten sie sich an Stühlen und Kleinkram wie Spülbürsten und Trinkflaschen ab, manchmal auch schon an Särgen (legendär: die Kiste für Kiss-Fans), aber mit der Baustelle auf dem Friedhof soll man allein klarkommen. Hey, Ikea, vielleicht einfach mal einen Keramikkaktus weniger entwerfen und dafür etwas für die Ewigkeit? Ich hätte auch selbst zum Inbus gegriffen, nun, da das kein potenzieller Scheidungsgrund mehr war.

Aber Trauerarbeit ist kein Minijob. Da kommt man mit ein bisschen Internetdaddeln nicht weiter. Dabei stieß ich vor allem auf Entwürfe von gestalterischen Einzelkämpfern, die eher mutig als schön anmuteten. Einfach mal »Designergrabstein« in die Google-Bildersuche eingeben. Man beachte die angeschmolzenen Glaswände von glasart.at, die so aussehen, als wären sie aus einem brennenden Siebzigerjahretreppenhaus ausgebrochen. Außerdem fand ich etliche Artikel über all die Grabsteine aus Indien, die auf deutschen Friedhöfen stehen und für die Kinder in Steinbrüchen schuften. Deren Lebenserwartung: dreißig Jahre. Ein Aktivist sprach von »schleichendem Mord«. Was für eine Ironie: Da sterben Menschen, damit wir hier unserer Toten billiger gedenken können. So was wollte ich natürlich auf keinen Fall. Auch nicht diese Steine mit einer Oberkante in fescher Wellenform, die zum Standardrepertoire deutscher Steinmetze gehören. »Seelenrutsche« sagte Seubert dazu.

Unter den Scheußlichkeiten, die ich im Internet entdeckte, befand sich auch ein Stück Metall in Blattform mit eingelassenem Bildschirm, auf dem Erinnerungsfotos flimmerten. Schlimm eigentlich. Wobei ich zugeben musste, dass auch ich vor allem an den Gräbern stehen blieb, auf denen Fotos zu sehen waren. Wie das von dem Kampfsportler auf Volkers Friedhof. Das Schwarz-Weiß-Bild zeigt ihn mit nacktem, durchtrainiertem Oberkörper. Jahrgang 1971. Mein Jahrgang! Siebenunddreißig war er nur geworden, auf dem Grab steht ein steinernes Kreuz mit der Aufschrift: »*It's time to fight*«. Als ich es das erste Mal entdeckte, kamen mir die Tränen, so wie jedes Mal bei den Kindergräbern mit den Windspielen und Stofftieren. Je öfter ich an fremden Gräbern heulte, desto feiger schien mir meine Idee vom altehrwürdigen Efeu-Grab. Wie ein Versuch, mich in die Zukunft zu beamen, in eine Zeit, in der die schlimmste Trauerphase weit hinter mir liegen würde.

Ich brauchte Rat. Meine Freunde begannen, am Wochenende Friedhofserkundungen zu unternehmen. Stone-Scouting. Danach schickten sie Fotos, darunter vor allem: Stelen. Ein Trend, der mir zunehmend phallisch vorkam. Lauter kantige Penisse. Vielleicht sollte ich meinem Psychologen von meiner Aversion dagegen erzählen. Dann schickte die Frau meines Co-Witwers ein Foto von einem Kreuzberger Friedhof. Es zeigte eine schlichte Einfassung aus rotem Naturstein, auf dem Grab wuchsen Ziergräser. Es gab keinen Grabstein, der Name war in die Einfassung graviert. Das war's. Schlicht, aber modern.

Nikolaus Seubert, mein Individual-Steinmetz, schien enttäuscht. »Wollen Sie wirklich nur eine Einfassung, keinen Stein?«,
fragte er mich. »Und wirklich mit Bronze-Buchstaben? Ich haue
ja lieber die Schrift direkt in den Stein. Aber wenn Sie wollen.«
Ich hatte plötzlich ein schlechtes Gewissen. Es war, als hätte
ich Michelangelo zum Fliesenlegen verdonnert. Während wir
über das Material der Einfassung sprachen und er mir Muschelkalk aus Franken empfahl, grübelte ich. Vielleicht doch was mit
Fußball? Unter den Fotos, die Volker auf seiner Digitalkamera
gespeichert hatte, kamen immerhin auf ein Bild von mir zehn
vom Olympiastadion. Und sah ein Grab nicht aus wie ein Fußballfeld? Ich bat den Steinmetz, ein stilisiertes Tor in die Einfassung zu meißeln. »Aber auf die Innenseite, ganz dezent bitte, so,
dass nur ich das sehe.« Der Steinmetz meinte, man könne es ja
ein kleines bisschen herausheben. »Damit die Idee klar wird.«
Ich nickte.

Die erste Sichtung im Herbst war dann doch ein Schock. Da
stand ja ein Olympiastadion auf dem Friedhof! Was hatte ich
mir nur dabei gedacht? Fränkischer Muschelkalk, das war genau das Material des Monumentalbaus! Und was würde Volkers Verwandtschaft denken, die sich ein paar Olivenbäume auf
dem Grab gewünscht hatte? Ganz klar, da half nur noch Ab-
riss. Aber wie sollte ich das wiederum dem Steinmetz beibrin-
gen? Also vielleicht doch lieber eine Hecke vors Tor? Immerhin
sah die schlichte Einfassung als solche wunderschön aus, auch
die Bronze-Inschrift in der Zwanzigerjahretypo Alblock gefiel
mir, die ich zusammen mit einer befreundeten Grafikerin ausgesucht hatte.

Ich vertagte das Problem. Es war inzwischen Winter geworden, man konnte eh nichts pflanzen außer Christrosen. Von
November bis Februar schloss der Friedhof schon um 17 Uhr,
da saß ich normalerweise noch im Büro. Ich versuchte, morgens

zum Grab zu gehen, stellte mir den Alarm früher. An sehr kalten Tagen scheiterte ich. »Komm lieber hierher, Volker«, sagte ich nach dem Weckerklingeln, bevor ich mich noch mal umdrehte. Am Grab wurden die Spuren anderer Besucher weniger. Anfangs hatte ich Steine gefunden (sicher von der netten jüdischen Freundin) und manchmal Blumen (die Ex?!) und ein handgroßes Styropor-Herz in Steinoptik mit der Aufschrift: »In Erinnerung an einen wunderbaren Menschen« (von der Verwandtschaft).

Je öfter ich zum Friedhof ging, desto mehr mochte ich das Tor. Wie tapfer es da aus dem Schnee herausragte! Das war höchstens Minimal-Kitsch, Globoli-Sentimentalität. Und Hertha spielte fantastisch, als wüsste das Team, was da gerade auf dem Friedhof auf dem Spiel stand. Zwei Mal war der Verein während unserer Beziehung abgestiegen, jetzt gab er alles, kurzzeitig stand er gar auf einem Champions-League-Platz. Und auf einmal fieberte ich mit. Ich, die ich mich immer lustig gemacht hatte über diese künstlichen Fußballgefühle, erwischte mich dabei, wie ich auf Kicker.de die Spieltage verfolgte, die Gegner taxierte und empört war, als Hertha ein Tor von Bayern in der sechsten Nachspielminute kassierte. Welcher Trottel von Schiedsrichter lässt so lange nachspielen?

Als es daranging, im Frühjahr das Grab zu bepflanzen, waren alle Gedanken an Sichtschutz-Hecken und Tor-Sprengungen verschwunden. Ich war jetzt stolze Stadionbesitzerin. Mit einer plötzlichen Eingebung. Hertha hatte mir doch so nett »zum Ableben des langjährigen Mitglieds« kondoliert, sogar eine Durchwahl geschickt, nachdem ich meinen Mann vom Verein abgemeldet hatte. »Falls wir Sie in dieser schweren Zeit unterstützen können.« Konnten sie. Anruf bei Hertha. »Was für Rasen haben Sie eigentlich?« Man verwies mich sehr freundlich ans Olympiastadion. Dort hieß es: »Wir haben gerade den Rasen ausgetauscht, vielleicht ist da noch ein Stück übrig.« Anruf beim Stadion-Greenkeeper. »Kommen Sie vorbei.«

Vier Tage später stieg ich zu Volkers bestem Freund ins Auto, und wir brausten gen Hertha-Rasen, der Schlagbaum zum weitläufigen Trainingsgelände hob sich. Wir mussten kurz stoppen, weil ein paar Spieler die Straße querten. »Pass bloß auf, dass du keinen von denen überfährst, die sind zu teuer für unsere Haftpflicht«, rief ich und dachte, wie sehr doch ein Tod die Weltsicht ändert.

Im Headquarter der Gärtner empfing uns der Hertha-Rasenwart Krzysztof Mielewczyk in seinem Büro, mit Kaffee und unzähligen Tipps zur Rasenpflege. Zwei, drei Mal die Woche mähen, einmal im Monat Löcher in die Filzmatte stampfen (»aerifizieren«), sanden, düngen. Zwei Mal im Jahr vertikutieren. Und regelmäßig nachsäen, am besten Saat des Wiesenrispengrases *Poa pratensis*. Aber gerne doch! Ich machte noch schnell ein Foto von der Hertha-Wanduhr, die Kalender mit den nackten Frauen traute ich mich nicht zu knipsen. Dann fuhr der nette Greenkeeper uns direkt vors Stadion, wo unser Rasen wartete. Was für eine Kulisse. Blauer Himmel, Muschelkalk in XXL, davor unser Grün. Ach, Volker. Das solltest du sehen.

Dann hievten wir tatsächlich ein Stück original Hertha-Rollrasen ins Auto, staunten über das Gewicht von so ein bisschen Gras und Erde und fuhren sofort zum Grab. Ich lieh mir vom Friedhofsgärtner eine Schubkarre, und dann mussten wir nur noch verlegen. Etwas Geschnippel hinten und vorne, und ta-ta!, fertig: Das Ensemble aus Einfassung und Rasen sah jetzt erst recht aus wie ein Fußballstadion. Und es war gut so. Die Co-Witwe und ich waren euphorisch, so wie nach einem guten Tor der eigenen Mannschaft.

Später am Tag kam ich auf dem Weg zum Supermarkt an einem Postkartenständer vorbei, an dem ich sicher schon hundertmal vorbeigelaufen war. Aber erst jetzt sah ich diese Karte. Darauf abgebildet: ein Stück Rasen, in das ein Herz hineingemäht war. »Herzrasen« stand drüber. Zu viel Gefühl? Ach was. Ich hab jetzt auch Herzrasen vor dem Tor.

Ich und die anderen

Lektion 4:

Ein Fall für den Telefonjoker

Wer wann wie wirklich half, welche Fragen
man Witwen gerne stellen darf und eine
Danksagung an den Bergungstrupp

Auf dem Weg von Volkers Sterbebett nach Hause kam ich an einem Blumenstand vorbei. Ich sah mich plötzlich auf einen Strauß Pfingstrosen zeigen, wie ferngesteuert von einer fürsorglichen Macht. Schon in den Wochen vorher hatte ich mir automatisch über die Wange gestreichelt, wenn ich mein Gesicht im Aufzug sah. Nun verspürte ich geradezu reflexhaft das Bedürfnis, mich in meiner Untröstlichkeit zu trösten. Und war damit in großer Gesellschaft.

Ich bin immer noch gerührt von dem unglaublichen Maß an Hilfsbereitschaft, das mir zuteilwurde. Es war, als hätte ein riesiges Erdbeben mein Leben ruiniert, und nun rollte die Katastrophenhilfe an, mit Bergungstrupps, Seelsorgerteam, mobilem Krankenhaus. Freunde und Verwandte eilten herbei, Chefs reorganisierten mein Berufsleben, Kollegen sammelten für Yogastunden, Nachbarn kochten, Schulkameraden planten Trostausflüge, mir völlig unbekannte Dorfbewohner aus Volkers Heimat schickten Geld, der Psychologe hatte plötzlich immer Zeit. Ständig kamen Mails, Karten, Geschenke, Blumen, sogar aus Australien. Mein vierjähriges Patenkind schickte einen selbst gebastelten, mit Watte fett gefütterten Triceratops, einen besonders starken Dinosaurier, dazu die größtmögliche Stange Toblerone.

In dem Moment, in dem mein Minimalglauben an Gott zutiefst erschüttert wurde und die Theodizee-Frage bohrte (»Wie kann Gott es dulden, dass guten Menschen Böses widerfährt?«), bekam ich einen ganz neuen Glauben in die Menschheit.

Eine Witwe ist eine VIP. Mir wurde so viel Aufmerksamkeit geschenkt, dass ich erstmals das Phänomen des Münchhausen-Stellvertreter-Syndroms in Ansätzen verstand. Deshalb also vergiften Mütter ihre Kinder. Mehr Mitgefühl geht nicht in unserer Gesellschaft. Auf einmal verfassen Ärzte in ihrem Urlaub Gutachten für die Rentenkasse, die Hausverwaltung ruft nach 17 Uhr zurück, selbst die Telekom spurt beim Satz: »Mein Mann ist gerade gestorben, ich brauche Ihre Hilfe.« Der Tod fräst eine Schneise der Würde in den alltäglichen Wahnsinn aus »Geht nicht, gibt's nicht, keine Zeit«.

Öfter wurde ich danach gefragt, was und wer mir am meisten geholfen habe. Wäre meine Trauer ein Dokumentarfilm, gehörte ans Ende ein sehr langer Abspann mit den Namen von Menschen, die in verschiedenen Phasen mit verschiedenen Taten und Worten zur Stelle waren, angefangen bei Musikaufführungen zur Beisetzung (Danke, Bernd und Hetna) bis hin zum ehrenamtlichen Samariter, der mir half, für Lektion 11 nun selbst eine Patientenverfügung zu verfassen (Danke, Herr Rose). Wirklich jeder Einzelne, der kondolierte und mitfühlte, müsste dort auftauchen.

Ganz besonders trösteten mich jene, die mir etwas schrieben oder sagten, was sie mit Volker verbanden (siehe auch Bedienungsanleitung Lektion 30). Seine Strenge als Redakteur, seine höfliche Zurückhaltung, seine Tapferkeit als Patient. Jede Erinnerung erwies sich als kostbares Abschiedsgeschenk.

Ich habe gelesen, dass viele Trauernde in der ersten Zeit gerne Verwandte oder Freunde um sich haben, um überhaupt schlafen zu können. Das war mir egal, ich war es gewohnt, kein

Auge zuzubekommen, und hatte eher das Bedürfnis, viel allein zu sein. Aber ich musste Volkers Wohnung ausräumen. Wir beide hatten nie zusammen, sondern nebeneinander auf einer Etage in zwei Apartments gewohnt. »*Living together apart*« nennt sich das auf Neudeutsch. Jetzt hieß die Aufgabe: »*Living bloody alone.*«

So rief ich meine große Schwester Anja an, die in Norwegen lebt und als selbstständige Mikroskopie-Fachfrau immer schwer beschäftigt ist. »Könnt ihr kommen?« Sie riss sich los und flog mit ihrem Mann, einem Diplomchemiker, der als Business Development Manager arbeitet, nach Berlin, im Gepäck diesen beruhigenden Pragmatismus, wie ihn Naturwissenschaftler besitzen. Und einen Anpackwillen, der Auswanderer auszeichnet, die mal eben Betonsäulen für ihren Bootssteg in die Nordsee gießen.

Meine Schwester, das weiß ich, war tief erschüttert von Volkers Tod. Und doch schaffte sie es, mir Felsen in die Brandung zu hieven.

Mit Schwester und Schwager hatte ich Volkers Wohnung in nur drei Tagen ausgeräumt (mehr zu Volkers Dingen in Lektion 21) und so hergerichtet, dass man sie wieder vermieten konnte. Im Einsatz: zwei norwegische Heinzelmännchen auf Speed und ein Zombie. Ich taumelte dankbar hinter den beiden her zur Kleidermission, zu Ikea, zu Bauhaus. Und war froh, dass sie mir das Denken abnahmen. Als ich es mal mit meinem eigenen Hirn versuchte, mietete ich ein Auto, das zu klein war für Volkers kaputten Riesenfernseher, den wir entsorgen wollten. Selbst einfache Planungsjobs fallen schwer, wenn im Hirn gerade ganz andere Dinge rattern.

So hatte ich beim Auto-Organisieren bestimmt zu viel darüber sinniert, wie Volker und ich zusammengekuschelt auf dem Sofa gesessen und Serien wie *House of Cards* auf dem

Flachbild-Monster geschaut hatten. Um Platz an der Wand für den dominanten Mitbewohner zu schaffen, hatte Volker eigens die zweite Heizung in seinem Wohnzimmer demontiert. Wie viele Stunden hatten wir auf den Bildschirm gestarrt? Jahre wahrscheinlich. Das Monster erwies sich als Sensibelchen: Je schlechter es Volker ging, desto mehr flimmerte der Apparat, zum Schluss war auch er nicht mehr zur retten. Es hinterblieb mein kleiner, kastiger Röhrenfernseher, über den Volker immer Witze gemacht hatte. »Ah, der 3-D-Apparat«. Siehste! Welch beknackter Überlebenstriumph. Kein Wunder, dass ich die TV-Beerdigung mit dem falschen Müllauto boykottierte.

Ich war vom Trauern wie ausgeknockt. In den ersten Monaten fühlte ich mich abends auch mit zwei Promille noch stocknüchtern. Tagsüber war ich dafür ständig wie besoffen. Ich vergaß, wo ich mein Fahrrad geparkt hatte, verfuhr mich auf vertrautem Terrain, verbummelte meine EC-Karte. In diesen Momenten empfand ich eine Verlorenheit, als hätte mir jemand mitten in der Tundra meinen Orientierungssinn gestohlen. Ich suchte mein Rad, den Weg, die Bank-Karte und immer wieder Volker. Ich bin ein Sonntagskind, geboren 1971, von Chinesen als Jahr des besonders vom Glück verwöhnten Goldschweins gerühmt. Wenn ich etwas verliere, finde ich es fast immer wieder, selbst Portemonnaies an öffentlichen Orten. Aber jetzt schien auf das Glück kein Verlass mehr. Wo war Volker? Für immer verlegt.

Dafür gab es die Nächsten und ihre Liebe. »Für jemanden da sein« hat für mich seither eine neue Bedeutung. Es geht beim Trösten eben gar nicht darum, besonders schlaue Dinge zu sagen oder Großtaten zu vollbringen. Einfach *Sein* reicht, am besten ohne diesen geschockt-mitfühlenden Blick in den Augen. Ich war froh über all die vertrauten Menschen, mit denen ich dieselben Dinge tun konnte wie vor Volkers Tod: ins Kino

gehen, grillen, Bier trinken. »Unterstützung durch mitmensch-
liche Normalität« nennt die Trauerberaterin Chris Paul das.

Ich würde sagen: »Beinahe-Normalität«. Denn natürlich
wollte ich bei den Treffen nach meinem Befinden gefragt werden, wenn auch nicht unbedingt mit einem plumpen »Wie
geht's so?«. Ja, wie wird es wohl gehen, so ohne Mann? Sheryl
Sandberg, bekannt als Facebook-Geschäftsführerin und Witwe,
schlägt vor, lieber zu fragen: »Wie geht's dir heute?« Damit mache der Frager immerhin klar, er wisse um ihre Situation. Gute
Idee.

Auch ich war froh über jeden sensiblen Zuhörer. Über Fragen wie: Was vermisst du an ihm? Spürst du ihn noch irgendwo?
Offene Fragen taten viel besser als irgendwelche Statements zu
meinem Befinden oder Aussehen. Ich konnte es nicht mehr
hören, dieses: »Du siehst ja gut aus« und »Du bist so stark!«
(siehe Lektion 29). Ich fühlte mich eher, als hätte ich eine ro-
buste Schutzhülle entwickelt, so eine Art Beton-Sarkophag wie
um das verstrahlte Tschernobyl. Dann doch lieber ein schlich-
tes »Herzliches Beileid«. Auf jeden Fall musste niemand Angst
haben, durch Nachfragen an irgendwelche Wunden zu rühren.
Ich dachte sowieso ständig an Volker. Und redete gerne über
ihn.

Auch deshalb verbrachte ich am liebsten Zeit mit Menschen,
die ihn gut gekannt hatten, allen voran sein bester Freund, der
andere Volker. Mit ihm, meiner Co-Witwe, konnte ich immerzu
und jederzeit über ihn reden, jedes Detail des Lebens und Sterbens diskutieren. Schon während der Krankheit war der andere
Volker mein Telefonjoker. Mit ihm besprach ich, ob ich wirklich drei Monate nach Australien gehen könne (sein Rat: »Mach
das. Ich bin da«). Ihn rief ich an, wenn ich in Palermo um unseren Volker fürchtete, der im Bett fieberte (»Ich komm sofort,
wenn du mich brauchst«). Ihn klingelte ich morgens aus dem

Bett, wenn der Patient mal wieder mit Blaulicht ins Krankenhaus musste (»Hat er schon eine Zimmernummer?«).

Als unser Volker auf der Intensivstation lag, wussten wir beide an einem Vormittag im Mai, dass es zu Ende gehen würde. Es würde kein Wunder mehr geschehen. Diesmal nicht. Es war ein absurd schöner Tag, wir saßen auf einer Bank in der Sonne, wir weinten, rissen geschmacklose Witze, weinten und gingen schließlich appetitlos Spargel essen. Ich war nicht allein. Nicht an diesem Tag. Nicht am Tag des Todes. Nicht am Tag der Beisetzung. Nicht an Weihnachten und auch nicht am ersten Todestag. Ich war nicht stark. Wir schon. Danke.

Lektion 5:

Vielleicht doch keine Topffrisur zur Beerdigung

Wie ich als Stilredakteurin einige Stilfragen löste. Sogar die Sache mit den Ringen

Kurz vor der Beerdigung ging ich zu unserem Friseur. Volker und ich liebten den Salon mit der rosa Wand, dem lila Plastikplattenspieler und der Schneekugelsammlung nicht nur wegen des Interieurs, sondern noch viel mehr, weil unser Friseur Chris Jahrzehnte jünger war als wir und gerne über sein hedonistisches Leben Auskunft gab. Volker und ich schafften ja kaum mehr eine Kinospätvorstellung, geschweige denn einen Klub-Besuch. Entsprechend gebannt lauschten wir seinen Erzählungen über Ayahuasca-Räusche, Party-Polygamie und all seine Nebenprojekte. Dazu gehörte, für Wildkräutersuppen-Performances durch Europa zu brausen. Nach einem Besuch bei Chris fühlten wir uns wieder total up to date.

Dann mein erster Termin als Witwe. »Kennst du diese neue Topffrisur?«, fragte der Friseur. »Das wär jetzt was für dich.« Und schon tippte er »Topfschnitt« in den Rechner. »Da, schau. Das trägt jetzt halb Neukölln.« Das Foto zeigte eine junge Frau mit einer nerdigen Brille, die meiner glich, und einem helmartigen Schopf. »Nach der Beerdigung«, sagte ich und ließ mir vorerst lieber nur den braven Bob nachschneiden.

Dann kaufte ich mir noch ein schwarzes Kleid, nicht zu sexy, nicht zu hochgeschlossen. Irgendwie feierlich. Ich wollte aussehen, wie es sich für ein besonderes Fest gehört, jedenfalls nicht wie eine Neuköllner Hipsterbraut. Und auch nicht so überstylt wie Jackie Kennedy, die 1963 zu der Beerdigung ihres Gatten im Givenchy-Kostüm mit Pumps und schwarzem Schleier erschienen war – und damit die Vokabeln *Fashion* und *Victim* perfekt zusammengebracht hatte.

Damals, beim Friseur, wurde mir das erste Mal bewusst, dass ich als Witwe wahrscheinlich ganz genau und auf neue Art gemustert würde. So wie ich auf den Fotos von der Beerdigung des *FAZ*-Herausgebers Frank Schirrmacher das Kleid seiner Frau Rebecca Casati intensiv studiert hatte. Schwarz, kurzärmelig, mit großem weißem Kragen. Ein bisschen schulmädchenhaft. Als würde es etwas über ihren Seelenzustand verraten. Ich fand es im Alltag schon eine Herausforderung, mich gut anzuziehen, das heißt mit Kleidern das zu kommunizieren, was ich wollte. Trauerkleidung war noch mal eine neue Liga.

Beim ersten Friseurbesuch nach Volkers Tod wurde mir klar, dass die Witwe auch in Sachen Optik heutzutage auf sich allein gestellt ist. Das Trauer-Motto der Stunde lautete offenbar mal wieder genau wie im berühmten Berliner Sexklub Kitkat: »Erlaubt ist, was gefällt.« (Wobei das dort natürlich nicht ganz stimmt. Wer zu angezogen ist, kommt nicht am Türsteher vorbei.) Nicht mal Schwarz war mehr Standard. Ich hatte von Beerdigungen gelesen, auf denen der Dresscode »Farbenfroh« oder »Ganz in Weiß« galt, weil ein fröhliches Kind gestorben war oder der Tote schon im Testament vermerkt hatte, er wolle lieber eine schöne Party statt eines Betroffenheitsabschieds.

Der enorm lustige englische (und, wie ich finde, sehr attraktive) Comedian Russell Howard berichtet sogar von einem vierzehnjährigen Fan mit Krebs im Endstadium, der sich schon die Kostüme für die Gäste seiner Beerdigungsparty ausgedacht hatte. Sein Vater sollte als Sensenmann gehen. Und Howard das Outfit tragen, in dem der Teenager ihn am komischsten fand:

ein rosa Riesenpenis-Kostüm. Der Comedian war in jeder Hinsicht sehr erleichtert, als der Krebs wie durch ein Wunder (nach einer Cannabis-Kur) plötzlich verschwand.

Sicher hätten mir meine toleranten Freunde und Verwandten verziehen, wenn ich mit Neuköllner Hipsterfrisur in knallbunter Kleidung zur Beerdigung erschienen wäre. »Du hast Narrenfreiheit«, meinte meine Schwester stets (bis ich auf einen ganz lustigen Frisurenwitz ihrerseits ungerechterweise ausrastete). Aber mir war klassisch zumute. Ich, die ich mal so etwas wie ein Punk gewesen war und mir im Park von meiner Freundin die Haare mit der Nagelschere hatte schneiden lassen, wollte nun den erwachsenen, schwarzen Ernst, mich in Traditionen hüllen. Ja nicht ablenken von der Trauer und dafür den richtigen Mix zwischen modisch und moderat finden.

Und dann? Gab es für die Zeit nach der Beerdigung überhaupt noch Regeln? Ich hätte nichts dagegen gehabt, ein Jahr lang Schwarz zu tragen, dazu wie adelige Sächsinnen im 16. Jahrhundert ein weißes Tuch um den Kopf, Mummel genannt, das nur einen Sehschlitz frei lässt, und à la 17. Jahrhundert einen Trauerring mit Totenkopf. Oder wenigstens einen Jackie-Kennedy-Schleier. Alles um zu zeigen: Lasst mich in Ruhe, bin gerade in einer anderen Dimension. Wobei der Schleier früher auch das Gegenteil signalisieren konnte. So heißt es in einem amerikanischen Benimmbuch aus dem Jahr 1855: »Schwarz ist vorteilhaft, und junge Witwen, schön, drall mit schelmischen Augen, die unter den schwarzen Schleiern hervorblitzen, sind sehr verführerisch.«

Dauerschwarz ohne Dorfkontext kam aber für mich 2016 leider nicht infrage. Es hätte sich zu sehr nach Verkleidung angefühlt, nach Leidensshow. Auch wenn ich damit nur ausgesehen hätte wie eine typische Kulturschaffende. Aber ich kannte niemanden, der wegen eines Todesfalls länger Schwarz trug.

Und ich lebte zudem in Berlin, der Stadt, in der Nonkonformität die Norm ist. Also von wegen »Erlaubt ist, was gefällt«. Ich spürte die Erwartung, flott zum Alltag zurückzukehren, auch optisch. Und so fühlte sich ausgerechnet die vermeintliche Freiheit, das anziehen zu können, was ich wollte, nach Pflicht statt nach Kür an.

Widows Wear Stilettos heißt ein sehr amerikanischer Ratgeber einer sehr blonden Autorin namens Carole Brody Fleet, der 2009 erschien und zum Bestseller wurde. Er plädiert dafür, sich von Konventionen nicht einschränken zu lassen. Ganz meine Meinung. Zugleich macht der schwarze Pumps auf dem Cover klar, was man von Frauen (und die von sich selbst) heute erwartet: sexy zu sein in jeder Lebenslage, bei jedem Familienstand. »Raus aus den Jogging-Klamotten«, befiehlt Mrs. Brody Fleet allen Witwen, die es sich zu gemütlich machen nach dem Tod des Mannes. Und: Ja keinen überstürzten Frisurwechsel. »Die beste Entscheidung ist (noch) keine Entscheidung.«

Mal so von Witwe zu Witwe: Carole, bitte nicht in dem Ton. Ich glaube nicht, dass es auch nur einen Rat gibt, der für alle Witwen taugt. Wie heißt es im Psychosprech? »Bleib bei dir.« *Ich* für *meinen* Teil fühlte *mich* erst mal nach Birkenstock. Und nach Haare ab. Beim zweiten Friseurtermin als Witwe bestellte ich »Topf« bei Chris. Und wunderte mich, wie viel der schließlich unterhalb des langen Deckhaars wegrasierte. Das war Topf plus Viertelglatze. Eine indonesische Friseurin würde später angesichts des Schnitts jegliche Höflichkeit fahren lassen und sagen: *»This is shit, but if you want this again …«* Und schon verpasste sie mir offensiv bocklos eine stümperhafte Karikatur des Originals. Zwei Monate war ich damit unterwegs.

Sexy hatte ich jedenfalls den Mittelfinger gezeigt. Und den Ringfinger auch. Daran trug ich nach wie vor meinen Ehering. Ich surfte ein bisschen im Internet, um zu schauen, was andere übrig gebliebene Gattinnen und Gatten mit ihrem Schmuck anstellten. Ein Riesenthema, wie sich mir in Trauerforen zeigte. Viele berichteten, sie trügen ihren Ring und/oder den ihres Partners nun an einer Kette über dem Herzen. Das schien mir zu offensiv, wie ein Witwenchoker (Choker heißen die an Hundehalsbänder erinnernden Fetisch-Accessoires, die mit einem Ring für die Leine daherkommen).

Andere trugen ihren Ehering dagegen einfach jahrelang weiter. »Warum sollte ich ihn abziehen?«, fragte sich eine Frau in einem Forum. Ich verkniff mir den Kommentar: »Mensch, damit du nicht allein stirbst!« Insbesondere Witwen berichteten auch davon, dass sie sich aus beiden Ringen einen neuen schmieden ließen, einen sogenannten Witwenring. Diese Idee rühmte der Ratgeberonkel der *Süddeutschen*, Rainer Erlinger, in einer Kolumne zum Thema mal dafür, dass »der oder die Überlebende mit dem oder der Toten zwar *ver*bunden bleibt, aber eben nicht an einen Toten *ge*bunden«.

Ästhetisch überzeugten mich die unterschiedlichen Verbundlösungen allerdings nicht. Auch nicht die mit raffinierten Stegen und/oder Schmucksteinen. Die Geschmeide-Expertinnen in meiner Stilredaktion waren ebenfalls ratlos. Und so ging ich irgendwann zu dem Kreuzberger Goldschmied, bei dem wir die Eheringe gekauft hatten, und ließ Volkers Exemplar an meine Hand anpassen. Seiner war aus Platin, meiner aus Gold. Der Goldschmied konnte sich noch gut an das Pärchen mit dem unterschiedlichen Edelmetall-Geschmack erinnern und machte sich mit traurigem Blick ans Verkleinerungswerk.

Fortan trug ich je nach Outfit den einen oder anderen Ring. Manchmal auch beide übereinander im klassischen Witwen- und Witwerstil. Allerdings hörte ich dann in mir öfter den doofen Witz: »Ring, ring. Keiner da.«

Ich wartete nun darauf, dass ich keine Lust mehr haben

würde, so offensichtlich verheiratet oder verwitwet auszusehen. Währenddessen experimentierten Chris und ich weiter an meinen Haaren herum. Nach der Rückkehr von der Weltreise einigten wir uns auf einen Schnitt à la Jean Seberg. Hieß: noch kürzer. Während Chris werkelte, diskutierten wir die Frage, ob ich mir auf die alten Witwentage eine Zahnspange gönnen sollte. »So ein Teenager-Ding in deinem Mund bricht doch schön mit den Erwartungen«, sagte der junge Mann, der sich selbst gerade zu seinem schütteren Haar einen langen Zopf als Extension angefrickelt hatte. »Das ist wie mit bauchfreien T-Shirts. Die mag ich nur an dicken Männern.« Danke. Ich sah schon den Buchtitel vor mir. *Widows Wear Braces*, »Witwen mit Zahnspange«. Besser als Stilettos allemal. (Schreckliches Wort ohnehin, *Stilettos*. Wie »Hackenschuhe«).

Spätestens seit ich meine Zähne mal im Lokalfernsehen gesehen hatte, schien es mir eine gute Idee, Geld und Mühe in mein Gebiss zu investieren. Was haben Leute eigentlich immer gegen ihre eigene Stimme? Die Zähne sind das Problem! Im Profil sahen meine aus, als hätte mich einer geboxt. Ich wollte mich endlich darum kümmern, nun, da ich wieder auf dem Markt war. Meine Zahnärztin riet mir auch aus medizinischen Gründen zu: »Schauen Sie meine Zähne an«, sagte sie und zeigte ihren zerbröselten Bestand. »So werden Ihre sonst aussehen.«

Sie empfahl mir eine Kieferorthopädin, und erschrocken buchte ich schnell einen Termin. Die Chefin der durchdesignten Praxis (Sichtbeton plus Farbe) riet mir zu einer Spange unten außen und einer oben innen. »Die Zähne oben sollen doch wieder nach außen. Wenn Sie eine Tür aufbrechen wollen, haben Sie ja auch mehr Kraft, wenn Sie sich dagegenstemmen, als wenn Sie ziehen.« Das Gute: Man würde oben nichts sehen. Und unten sollte Keramik hin. »Fällt kaum auf.«

Kurz nach Volkers erstem Todestag war es dann so weit: Ich lag auf einem Zahnarztstuhl, über mir Ärztin und Helferin im Großeinsatz beim Kleben, Drähtezwirbeln, Hämmern. Dazwischen Anweisungen wie: »Jetzt stecken Sie Ihre Zunge in den kleinen Käfig.« Und vermeintlich Tröstliches, was allerdings eher alarmierend klang: »Das ist gut für Ihre Sommerfigur, es wird Monate dauern, bis Sie wieder ganz natürlich kauen können. Ach so, ja, Sie brauchen eigentlich keine Diät.« Nein, ich brauchte – meinem Metabolismus sei Dank – regelmäßige Mahlzeiten.

Ein paar Stunden später taumelte ich heraus, mit dem Geschmack von Baumarkt im Mund. Kleber plus Metall, trotzdem verlangte mein Körper Nahrung. Ich wankte nach Gegenüber in ein Gesundheitsrestaurant namens »Klub Kitchen«, um einen Linsensalat mit Pulled Chicken zu bestellen. Und musste feststellen, dass das mit dem gesunden Essen wirklich ein Problem war. Als hätten sie mir die Zähne neu und in anderer Reihenfolge montiert, die Zunge umgehängt und zwischendrin Stacheldraht gespannt. Beim Kauen stieß ich ständig auf die neuen Installationen, es fühlte sich an, als hätte mir jemand harte Gegenstände ins Essen geschmuggelt. Und wie bitte soll man die Salatblätter zerkleinern? Sehnsuchtsvoll dachte ich an die Paranusspackungen im Küchenschrank.

Auf dem Weg nach Hause kaufte ich Dinge, die sich zu Brei und/oder Suppe verarbeiten ließen: Karotten, Kartoffeln, Haferflocken. In der Tasche hatte ich eine Spritze mit einem kaugummiartigen Zwei-Komponenten-Zeugs, das dafür gedacht war, es dort auf das Metall zu kleben, wo es besonders scheuerte. Mein dentaler Neuanfang entpuppte sich als generelle Verjüngungskur: Ich sah aus wie ein Teenager und ernährte mich wie ein Baby. »Männer finden Frauen mit Spangen süß«, hatte die Kieferorthopädin versichert. Die Praxishelferin ergänzte ermutigend: »Die Nasolabialfalten straffen sich etwas, wenn der Zahnbogen wieder rund ist.«

Tatsächlich lernte ich dank der Spange ganz schnell einen neuen Mann kennen. Bei meiner ersten Dienstreise mit dem Ding im Mund, die mich Richtung Schwarzwald führte, löste sich beim Mümmeln des Frühstücksbrötchens prompt ein Bracket vom Schneidezahn. Weshalb ich einen Kieferorthopäden brauchte. Es war Freitagnachmittag, nach etwas Herumtelefonieren fand ich einen in Freiburg, der mich netterweise noch drannehmen würde. Auf dem Weg zu ihm geriet ich ins Träumen: Wäre es nicht grandios, wenn ich mich in den Arzt verlieben würde? Und somit das erste Investment in meine Zukunft gleich aufginge? In meinem Freundeskreis gab es ja sogar eine Ehe zwischen Patient und Zahnärztin, die über einer Wurzelbehandlung entstanden war! Zudem hatte mir mal eine Kieferorthopädin versichert, Zahnärzte seien sehr gute Liebhaber, wenn auch wenig intellektuell. Ich versuchte nicht allzu enttäuscht auszusehen, als ich schließlich vor einem dicken älteren Herrn stand, der minutenlang von Trump schwärmte.

Immerhin kam ich wieder ins Träumen und war immer öfter ohne Eheringe unterwegs. Es war an der Zeit, an ihre Reinkarnation zu denken. Kurz darauf entdeckte ich im Schaufenster bei einer Goldschmiedin um die Ecke Entwürfe, die es mir spontan antaten. Ringe mit Kuben als Schmucksteine, Ketten mit Anhängern, die aussahen, als hätte sie ein Jugendstildekorateur entworfen. »Ich interessiere mich sehr für Architektur«, erklärte die Goldschmiedin Felicitas Seidler den Stil ihres Labels Felicious. Nach ein bisschen Geplauder – wir waren sofort beim Du – machte sie mich auf einen Anhänger aus ihrer Reihe »Bond« aufmerksam: An einem großen Ring hing ein kleinerer Ring, beide sahen nicht aus wie Fingerringe, eher wie filigrane Varianten von Vorhangringen. Das war's.

Bei dem Kostenvoranschlag musste ich etwas schlucken. 410 Euro für den Anhänger. (Umarbeitung Platinring in großen Reif/Lötung: 150 Euro, Umlegierung Goldring 900- auf 750-Gelbgold/Umarbeitung in kleinen Reif sowie beide Scharniere: 190 Euro, sonstige Montage/Arbeitskosten: 70 Euro.) Hinzu kamen eine schlichte Silberkette mit sogenannten Schlangengliedern plus Verschluss für 70 Euro. Die Expertinnen aus meiner Stilredaktion rieten zu. »Passt doch zu dir.« Und so erstand ich – nach den Eheringen – das zweite amtliche Schmuckstück meines Lebens.

Als ich es nach ein paar Wochen abholen durfte, war ich etwas aufgeregt. Zwischendurch hatte Felicitas immer mal wieder den Stand der Dinge durchgegeben. »Der erste Teil vom Anhänger ist fertig, der andere ist beim Platinkollegen.« Und: »Die Materialkombination sieht super aus.« Nun war es so weit. Felicitas holte die Ex-Eheringe aus dem Hinterzimmer und überreichte mir ihre Kreation mit den Worten: »Danke, dass ich das machen durfte.«

Mir schossen die Tränen in die Augen, als ich den Anhänger in der Hand wog und wiegte. Ein Schmuckbaby! Aus einem Teil von Volker und einem Teil von mir hatte Felicitas etwas perfektes Neues geboren. Volkers massiven Ehering hatte sie in einen eleganten, Zwei-Euro-Stück-großen Metallkreis verwandelt, daran hing in Centgröße der güldene Kreis aus meinem Ehering. Das übrige Gold hatte sie in den beiden Scharnieren verarbeitet: Das eine verband die hellere Silberkette mit dem dunkleren Platinkreis, das andere wiederum den Platin- mit dem Goldkreis. Zum Abschied zeigte sie mir noch ihren Instagram-Eintrag zum Schmuckstück: »*for a very special customer*«. Schnüff!

Beim nächsten Besuch bei meinem Friseur Chris trug der im linken Auge eine Kontaktlinse, die seine Iris weiß färbte, und ein selbst geklebtes, hellgelbes Latex-Überhemd. Während er mir die Haare schnitt, erzählte er mir vom letzten Musikfestival, das er besucht hatte. »Stell dir vor, da habe ich den Tod getroffen.« Wir er aussah? »So ein Typ ganz in Schwarz mit dunkel geschminkten Augen. Er kam sofort auf mich zu und meinte: ›Du bist dran, da muss ich gar nicht nachdenken.‹ Crazy.« Später habe er ihn wiedergesehen. »Und da mampfte der Tod Butterkekse.«

Ich überlegte kurz, ob die Kontaktlinse oder das Todes-Outfit etwas Konstruktives zu meinem Witwenstil beitragen könnten. Ich verwarf die Idee mit dem Argument »Eher etwas für Freiberufler«. Dann zeigte ich Chris meinen neuen Anhänger. Sein Kommentar: »Sehr schön. Der hat so etwas Astrologisches. Wie zwei Planeten, die umeinander kreisen.« Schließlich schmierte er mir noch ein bisschen Frisiercreme in die Haare, die inzwischen eine ordentliche Tolle bildeten. Eigentlich kein schlechter Witwenlook. Motto: Immerhin Elvis lebt.

Die große Reise

Lektion 6:

Terraintraining I

Warum ich nicht als Trauerkloß vor den Klos
sitzen wollte. Und wie ich den Alltag ohne
Volker in der Ferne lernte

Schon vor der Beerdigung war mir klar: Ich brauchte so bald wie möglich eine Art Reha. Mit Rekonvaleszenz kannte ich mich aus, hatte ich doch mehrmals erlebt, wie Volker nach fiesen Operationen in diversen Umland-Kliniken allmählich wieder an Gewicht zulegte, seinen Bewegungsradius Tag für Tag erweiterte und nach und nach seinen Lebensmut zurückgewann. Allerdings wollte ich mich definitiv nicht berlinnah erholen, zu oft hatte seine Krankheit uns Brandenburg oder Balkonien verordnet. Und so verschrieb ich Patientin Strohmaier eine Weltreise mit von Monat zu Monat schwierigeren Etappen in immer abgelegenere Gebiete. Trauer-Reha de luxe, fast ein halbes Jahr lang.

Als ich deshalb meine Kündigung einreichen wollte, gewährten mir meine Chefs stattdessen anstandslos ein Sabbatical. So wurde ich schicksalsbedingt eine »Wander Woman«, wie man unsereins auf manchen Internetseiten nennt. Also eine Frau, die allein durch die Welt marschiert oder fliegt oder fährt. Und die auch eine Wonder Woman ist, weil sie viel Verwunderung auslöst, speziell wenn es sich um eine Wander Widow handelt. Schon vor der Abreise geriet ich wegen meines Plans in Erklärungsnot. Freunde und Verwandte wollten wissen: Sind fünf Monate nicht zu lang? Wird das nicht zu einsam? Wäre es nicht vernünftiger, sich in meiner Situation an etwas Struktur und Vertrautheit – vulgo: Arbeit – zu klammern? Alle diese Fragen rumorten auch in mir. Nach und nach fand ich ein paar Antworten. Und eine heilsame Route.

Ich begann behutsam mit beschaulichem Fremdwohnen in der Ferne, erst in Brüssel, dann in Los Angeles. Erstes Reha-Ziel: den Alltag ohne Volker wieder allein auf die Reihe zu bekommen, ohne Geheimnummern zu vergessen und Espressokannen auf dem brennenden Gasherd stehen zu lassen. Meine Planung sah vor, erst nach sieben Wochen Wohnen vorsichtig mit dem Herumreisen zu beginnen, zunächst allein in Kalifornien, dann mit Begleitung durch Japan und nach Hongkong, kurz mit einer Freundin nach Bali, schließlich allein durch Indonesien und Australien. Insgesamt ein Wander-Widow-Trip light: alles Erste Welt oder zumindest ausgetrampelte Touristenpfade. Wenn man von dem Terrornest absieht, das ich als Startpunkt gewählt hatte.

Im August 2016 zog ich nach Brüssel-Molenbeek, in ebenjenes Viertel, das in den Monaten zuvor immer wieder in den Nachrichten gewesen war, weil so viele islamistische Attentäter von dort stammten. Eine Bekannte einer Bekannten vermietete mir ihr Apartment für ein paar Hundert Euro, nachdem die Anzeige dafür auf Airbnb gestanden hatte wie Blei. »Dabei ist die Gegend super«, schwärmte sie. Erst im März hatte man allerdings bei ihr um die Ecke den Drahtzieher der Pariser Anschläge verhaftet, der mit ein paar islamistischen Gesinnungsgenossen im November 2015 einhundertdreißig Menschen umgebracht hatte.

Die Attentate in Brüssel selbst, zwei Monate vor dem Tod meines Mannes, hatten Volker und ich vom heimischen Sofa aus im Fernsehen verfolgt und jedes Nachrichtenfitzelchen dazu erschrocken bestaunt. Schließlich waren wir beide Brüssel-Fans.

Ich hatte schon immer mal dort wohnen wollen, wegen diesem wilden Mix aus europäischem Polit-Jetset, Einwanderern aus aller Welt und Pommes-Belgiern. Volker hatte ich mit meiner Begeisterung angesteckt, als wir dort gemeinsam ein paar Tage verbrachten. Einer unserer wenigen Pärchen-Städtetrips. Natürlich musste er, der Tim-&-Struppi-Freund, einen Ort lieben, in dem die beiden Comic-Figuren als Nationalhelden gelten.

Nun also ganz allein einen Monat Brüssel-Molenbeek, ein ebenso skurriler wie bestens geeigneter Ort, um über unnötige Tode nachzudenken und Alltag angesichts von Schrecken zu üben. In meinem neuen Domizil begrüßten mich im Foyer Gartenzwerge und Topfpflanzen. Die Wohnung lag im siebten Stock, aus dem Wohnzimmer blickte ich auf einen Platz, auf dem Kinder spielten, Frauen mit Kopftüchern tratschten, Männer rauchten. Aus dem Schlafzimmer sah ich die Skyline der Stadt. Ich schaute oft und lange aus dem Fenster. Die Wolken sahen tatsächlich so aus wie die auf den Bildern des Brüsseler Malers René Magritte.

Zwischendurch betrachtete ich immer wieder zwei Fotos von Volker, denen ich Rahmen verpasst und die ich neben dem Bett aufgestellt hatte. »Schmerz, zeig mal, was du so draufhast«, forderte ich ihn heraus. Okay, harter Schlag, der Kollege. Aber irgendwann brauchte auch er eine Handtuch-wedel-Pause. Und auf einmal war es wieder so leise, dass ich bei der kleinsten Bewegung meine Knochen knacken hörte, insbesondere meine Schultern machten enormen Krach. »Da lastet halt viel Gewicht drauf«, sagte mir ein Yogalehrer dazu.

Ich machte viel Yoga in diversen Studios (Fun Fact: In Brüssel übt man, warum auch immer, besonders gerne in schicken, extra überheizten Studios mit verspiegelten Wänden). Und ich ging noch mehr spazieren, nahm meinen Job als Wander Widow ernst. »Terraintraining« hieß das in der Reha. Ich entdeckte, dass es einen Wanderweg gibt, der um ganz Brüssel herumführt. La Promenade Verte. Der grüne Spaziergang. Daran arbeitete ich mich mithilfe öffentlicher Verkehrsmittel nach und nach ab. Ich ging vorbei an grasenden Kühen und entlang der Molenbeek, die sich als umwuchertes Rinnsal entpuppte. Tod, Idylle, Zwerge, Terroristen, alles schien plötzlich seltsam nah beieinander.

Ich dachte an den inzwischen berühmt gewordenen öffentlichen Brief des Parisers Antoine Leiris, der nach dem Tod seiner Frau im Bataclan schrieb: »Freitagabend habt ihr das Leben eines außerordentlichen Wesens geraubt, das der Liebe meines Lebens, der Mutter meines Kindes, aber ihr bekommt meinen Hass nicht.« Natürlich lag mein Fall ganz anders, Volker hatten seine beknackte Krankheit und Ärztepfusch umgebracht, Hélène Leiris war von islamistischen Trotteln ermordet worden. Aber ich verstand nur zu gut, dass Antoine sich die Spielregeln nicht von diesen Typen diktieren lassen wollte. Monsieur Leiris war der lebende Beweis dafür, dass man sich sogar in tragischen Situationen Spielraum verschaffen kann.

Auch ich suchte nach einer Möglichkeit, mich in der Klemme zu bewegen. Gehen tat gut, ich latschte an gegen die Hilflosigkeit. Gemächlich, immer den Schildern nach, mit viel Watte und zugleich unendlich vielen Gedanken im Kopf. Schritt für Schritt in mein neues Leben ohne Volker, immer schön im Kreis auf dem grünen Weg. Urbanes Pilgern.

Ich erinnerte mich an den denkwürdigen Flug mit Volker gen Brüssel. Unser Sitznachbar, ein Mann um die fünfzig, hatte uns erst den Weg zu unserer Abendverabredung erklärt, dann die Welt. Er entpuppte sich als Ex-Geheimdienstler, erfahren mit allen Tücken der Feindtäuschung per Desinformation – und einem ausgefallenen Hobby. Einmal im Jahr, so erzählte er, plane er mit seinen Ex-Kollegen, »seinen Jungs«, ein Spaß-

Projekt. Gerade hatten sie einen US-Amerikaner namens Samuel F. erfunden und waren dabei, ihn mit einer nachprüfbaren Biografie zu versorgen. »Wir haben ihm sogar einen Eintrag in ein echtes College-Jahrbuch verschafft.« Zum Abschied gab ich dem Mann meine Karte und fragte, wie er heiße. Er sagte: »Ich melde mich. Sie werden den Absender schon erkennen.« Kurz darauf bekam ich auf Facebook die Freundschaftsanfrage einer gewissen Brenda Strohmaier aus Kentucky. Was hatten Volker und ich über diese Brenda aus Kentucky gerätselt, mit der ich mir dann hin- und herschrieb und die behauptete, eine Farm zu besitzen. Wir hatten nie herausgefunden, ob es diese Brenda wirklich gibt. Oder ob sie »ein Projekt« war.

Seit Jahren hatte ich nicht mehr an Kentucky-Brenda gedacht. Nun googelte ich sie noch mal. Siehe da, ich fand sofort eine total unglaubliche, ganz frische Meldung mit Foto. Es zeigte eine verwirrt aussehende Frau, darunter hieß es: »Brenda Strohmaier, 66, aus Jackson County ist angeklagt worden, Schüsse auf ihren Mann abgegeben zu haben, weil sie dachte, er habe eine Affäre.« Tss. Wollte mir der Geheimdienstler so kondolieren?

Ich fühlte mich Volker sehr nah in Brüssel. Da war sie endlich, die Ruhe, nach der ich mich gesehnt hatte. Und ich war tatsächlich froh, mit mir und den Erinnerungen an Volker sehr viel allein zu sein. Als ginge es darum, ihn noch mal ganz für mich zu haben, die letzten Strahlen von ihm einzufangen. Ich hielt virtuell Kontakt zu meinen Freunden, vor allem per Mail, aber sonst hatte ich, die Übersoziale, kaum Begegnungen mit Menschen aus Fleisch und Blut. Ein Geisterleben. In vier Wochen traf ich nur zweimal Freunde von Freunden, einen Tag besuchte mich eine Freundin. Tagelang sprach ich lediglich mit Angestellten von Lebensmittelläden, Yoga-Mitmenschen und vor allem: Angestellten in Fahrradgeschäften.

Meine Vermieterin hatte mir ihr gelbes Rennrad überlassen,

nach drei grünen Etappen zu Fuß stieg ich darauf um. Terraintraining, die nächste Stufe. Es fuhr flott, aber mich nervte, dass das Tape am Lenker in Fetzen hing. Es war einer dieser kleinen Jobs, die sonst Volker übernommen hätte. Ein Teil des Trennungsschmerzes, so hatte ich mal gelesen, rührt daher, dass man in Beziehungen Aufgaben verteilt. Darüber verlernen die Partner die unterschiedlichsten Fähigkeiten. Nach Tod oder Trennung müssen sie sich erst alles wieder aneignen. Gut, dass es dafür YouTube gibt. Unzählige Male schaute ich das Video »Wrap your bars like a pro« (weshalb es nun mehr als eine Million Klicks hat). Schließlich wickelte ich im Hof beherzt los, während mir ein kiffender Mann stoisch zuschaute (in Molenbeek wird gekifft statt gesoffen). Et voilà: Mein Lenkerwerk sah wirklich aus wie vom Profi. Die Reha-Patientin machte Fortschritte.

In Brüssel übte ich vieles wieder ein, was ich bisher delegiert hatte, angefangen bei allem Handwerklichen über Kinofilme-Aussuchen bis hin zum tagtäglichen Einkauf und Kopfrechnen. Ich lernte auch einiges erneut, was mir nach Volkers Tod zunächst unmöglich erschienen war. Vor allem Musik hören. Und gut essen. Nach Wochen totaler Appetitlosigkeit fing es wieder an zu schmecken, die Fischsuppe am legendären Imbiss De Noordzee am Place Sainte-Catherine, die Wassermelone vom Gemüsehändler an der Ecke, Steak-Frites allüberall. »Na hepp!«, hatte ich dabei öfter im Ohr. Das hatte Volker immer gesagt, wenn ich ihn fragte, ob ich etwas von seinem Teller haben durfte.

Ich vermisste meinen Job nicht. Im Gegenteil, ich war dankbar, mich in Ruhe der Trauerarbeit widmen zu können. Nichts gegen meinen Beruf als tippender Trend-Scout für das Stil-Ressort der *Welt am Sonntag*. Aber ich saß damals in einem stark bevölkerten Großraumbüro, kurz hinter dem Eingang, schräg vor der Küche, direkt vor den Toiletten. Ich war in Brüssel und auch später auf der Reise jeden Tag mindestens einmal froh, nicht als Trauerkloß vor den Klos lustige Sachen verfassen zu müssen. Nein, ich brauchte die Arbeit nicht als Ablenkung vom Leid. Die Trauer erwies sich als erstaunlich diskrete Reisebegleiterin: Statt sich in jede Sekunde des Tages zu drängeln und mich stundenlang heulen zu lassen, begnügte sie sich damit, dass ich mich alle paar Stunden intensiv um sie kümmerte.

An einem der letzten Tage in Brüssel schlenderte ich zu Magrittes Wohnhaus, das inzwischen ein Museum ist und nur zwanzig Fußminuten von meiner Wohnung entfernt lag. An den Wänden hängen Gemälde von ihm, in denen man Möbel aus dem Haus entdecken kann, in Vitrinen erzählen Fotos sein Leben. Auf vielen ist der Künstler mit seiner Frau Georgette zu sehen, die zugleich seine Muse war. Sie zeigen die rührende Innigkeit von zwei Menschen, die sich jung ineinander verliebten und dann zusammenwuchsen. Paul Simon hat sogar einen Song über eines der Fotos geschrieben. Er gab ihm den sehr langen Titel: »Rene and Georgette Magritte with Their Dog After the War.« Georgette, die ihren Mann um zwanzig Jahre überlebte, sagte über den Alltag ohne ihn: »Natürlich muss ich den körperlichen Tod meines Mannes akzeptieren. Aber ebenso muss der Tod akzeptieren, dass ich meinen Mann in meinem Kopf und meinem Leben lebendig halte.«

Auf dem Rückweg glaubte ich kurz, eine Erscheinung zu haben. Da, mitten in Moslemhausen, wo ich als Frau ohne Kopftuch die Ausnahme war, stand plötzlich ein Nachbau der berühmten Grotte von Lourdes. Ich zog an einem alten mechanischen Automaten eine Kerze, zündete sie an, stellte sie zu den anderen brennenden Kerzen, setzte mich auf die Bänke, wo schon ein paar alte Leutchen saßen, und starrte auf das »Ave Maria«, das als futuristisch anmutende Konstruktion aus blauen

Neonröhrenbuchstaben über dem Altar schwebte. Und heulte. Volker hätte diesen Ort sicher auch grandios gefunden.

Hätte er sich noch eine allerletzte große Reise wünschen können, wären wir allerdings bestimmt nicht nochmals in Brüssel, sondern irgendwo in den USA gelandet. Mich dagegen zog nicht viel gen Amerika, nachdem ich im Jahr 2000 an der Wall Street als Börsenreporterin dilettiert hatte und nach einer verzweifelten Wohnungssuche in einem New Yorker Heizungskeller gelandet war. Aber Volker liebte amerikanische Filme, lange Autofahrten, Tankstellen. Und tatsächlich wohnte ich im September 2016 trotz meines Widerstands plötzlich auf einem Hügel mit Meerblick bei Los Angeles.

Letztlich hatte mich die Wohnungstauschbörse HomeExchange dorthin katapultiert, bei der ich mich mitten im Trauerstupor angemeldet hatte. Noch in der zweiwöchigen kostenlosen Testphase, die einem die Seite gewährt, hagelte es fünfzig Angebote aus aller Welt, Spanien, Schweden, Mexiko. Die meisten wollten allerdings nur ein paar Tage tauschen. Und dann kam Helen. Ob ich einen Monat lang in ihrem Haus im noblen Pacific Palisades wohnen wolle? Mit Haushälterin, Gärtner und vier Badezimmern? Während sie Deutsch in Berlin lernte? Auf keinen Fall. Wofür brauchte ich vier Badezimmer? Und was wollte ich in Kalifornien? Obwohl. Sie war sehr nett, diese Helen. Ein bisschen Sonne würde auch nicht schaden. Und die Yogastudios in der Nähe hatten einen sensationellen Ruf. Ich fragte eine Bekannte aus Los Angeles. »Pacific Palisades? Um die Ecke vom Thomas-Mann-Haus? Sei nicht doof, mach das.«

Und schon war ich mitten im Terraintraining für Fortgeschrittene – und brauste mit einem Alamo-Mietwagen durch Los Angeles. Denn ohne Auto, das war klar, ist man in dieser Stadt kein vollwertiger Bürger, kommt nicht mal zum nächsten

Yogastudio. Es war immer Volkers Job gewesen, in komplizierten Gefilden Auto zu fahren, ich hatte ihn dann per Handy geleitet, wir verfuhren uns und stritten. »Nimm doch eine richtige Landkarte, immer dieser Google-Maps-Scheiß.« Nun steuerte ich mit meinem Handy-Navi vom Flughafen über die verknäulten Autobahnen des Molochs L. A. zu meinem neuen Heim, ohne mich auch nur einmal zu verirren. Ich war meine eigene Beifahrerin geworden. Und eine bessere denn je.

Ein positiver Nebeneffekt der wegen der vielen Staus eigentlich nervigen Autofahrerei: Ich stieg ohne viel Mühe ein paar Wochen lang von Bier und Wein auf Kokoswasser um. Die Abstinenz kompensierte ich damit, im ertauschten Garten tote Tiere auf dem Gasgrill zu erhitzen, der so groß war wie meine ganze Berliner Küche (und wie von Zauberhand von der Haushälterin gereinigt wurde). Ich hatte etwas nachzuholen. Volker war kein Griller gewesen. Als ich mal für mein Stil-Ressort einen aufwendigen Grilltest mit den unterschiedlichsten Modellen organisierte und ihn dafür wie selbstverständlich einspannte, gab es einen Riesenstreit. »Ich bin nicht so ein Mann-Mann. Warum müssen Männer immer grillen? Macht das doch selbst.« Recht hatte er. Nun, als ich da mit einer Riesenzange in der Hand vor dem Riesenrost stand, fühlte ich mich wie eine dieser Pionierinnen, die auf Schwarz-Weiß-Bildern wegen irgendeiner Großtat (Atlantik überflogen, erste weiße Frau in der Arktis) triumphal lächeln. Selbst ist die Witwe.

Langsam begann diese Weltreise, die ja bisher noch eine Weltwohnerei war, Spaß zu machen. Ich badete in der kalifornischen Sonne und duschte in der Freundlichkeit der Kalifornier. Tatsächlich halfen mir einmal zwei junge Frauen an der Strandbrause, den Sand loszuwerden. Eine drückte den Knopf, damit der Strahl konstant plätscherte, die andere schrubbte meinen Rücken. Sollen sie doch ruhig *superficial* sein. Oberflächeneinigung hat auch was. »*Nice necklace*«, »*great hairstyle*« riefen mir ständig wildfremde Menschen zu. Ob beim Einkaufen, Wandern, Schwimmen, dauernd kam ich mit irgendjemandem ins Gespräch. Von wegen Small Talk. Groß war das zuweilen. Beim Lunch im Bioladen lernte ich einmal eine sichtlich schönheitsoperierte Frau kennen, die ich auf Mitte dreißig schätzte. Wie wir schnell feststellten, waren wir beide Witwen und uns einig darüber, dass sich seither alles viel bedeutsamer anfühle. »*There is beauty in grief*«, sagte sie. Diese Kalifornier. Was für ein sonniger Blick auf den Tod.

Meine Tage verbrachte ich vor allem am Strand, in Museen und bei wirklich fantastischen Yogalehrern. Unter anderem übte ich auf den Matten eines Internet-Yogastudios, das im Netz Unterricht für alle Levels per Abo anbietet. Wir Schüler zahlten nichts für die Stunden, dafür waren wir Bildfutter. Von mir existiert deshalb ein Video, das zeigt, wie eine Lehrerin mich inmitten von rund fünfzig Yogatreibenden immer wieder exklusiv umsorgt. »*Your shoulders, darling, a drama.*«

Abends machte ich mich an die Planung für den Rest der Reise, buchte Flüge und ein paar erste Hotels. Zwischendurch packte mich dann doch kurzzeitig das Muffensausen. Der Schritt vom Wohnen zum Reisen schien mir riesig. Ich sah mich mit dem Wohnmobil in Australien unter einer Brücke feststecken, mit Dengue-Fieber in einer indonesischen Hütte vor mich hin vegetieren, auf einer überfüllten Bootsfähre absaufen. Kurz überlegte ich, alle sieben Flüge zu stornieren, sogar (oder gerade) die mit so toll exotischen Fluglinien wie Vanilla oder Garuda Air.

Es gab aber auch Elementares zu befürchten, hatte Volker doch gerade bewiesen, dass wir tatsächlich sterblich sind. Andererseits: Ein bisschen fordern soll man sich ja schon in der Reha. Ich beschränkte mich darauf, das Wohnmobil in Tasmanien in

einen Kleinwagen umzubuchen und anstelle zweier berüchtig-
ter Fährpassagen in Indonesien (kurz zuvor war mal wieder ein
Schnellboot explodiert) lieber zwei jeweils fünfundzwanzigmi-
nütige Flüge zu reservieren. Ich war stolz auf mein Reha-Pro-
gramm, Stufe 2 und 3.

Lektion 7:

Terraintraining 2

*Allein unter Pärchen. Wie ich meine Rolle als
Alleinreiserin und Alleinmensch fand*

Nach drei Wochen in Pacific Palisades wagte ich mich auf den Highway Number One gen San Francisco, diesen pittoresk-zerklüfteten Küstenabschnitt, der einen romantischen Sonnen-untergang nach dem nächsten raushaut. Und auf dem selbst Volker und ich uns niemals verfahren hätten. Hier weinte ich besonders oft um den Highwayman, nur zu gerne hätte ich all diese zum Niederknien schönen Ausblicke mit ihm geteilt und gemeinsam die fetten, müffelnden See-Elefanten bestaunt. Ich war Highwaywoman number one and only. Und zugleich war ich zutiefst dankbar, dass ich das hier noch erleben durfte. Mehr Kontrast zu einer Intensivstation in Berlin geht kaum. Das war Outdoor-Reha at it's best.

Die Rekonvaleszenz-Aufgabe Nummer zwei wurde mir auf dem Trip gen Norden schnell klar: eine neue Identität finden als Witwe, als Single, als Alleinmensch. Volker und ich waren zu einer Einheit verschmolzen gewesen, mit ihm fühlte ich mich oft sogar wie ein Kugelmensch, dieses von Platon beschriebene mythische Wesen mit vier Armen, vier Beinen und zwei Gesich-tern, die jeweils in entgegengesetzte Richtungen schauten. Die Götter hatten es der Saga nach irgendwann in zwei Teile gespal-ten, das Ergebnis war der Mensch und dessen ewige Sehnsucht nach einem Gegenpart.

Während ich in Brüssel und L. A. wohnte, war mein neuer Status selten Thema gewesen. Beim Alleinreisen dagegen wurde ich ständig damit konfrontiert – und sogar zuweilen zum Outing gezwungen. Auf einer Aussichtsplattform kam ich mit einem Rentner-Duo aus der Schweiz ins Plaudern. Über Buschfeuer, Trump, Schweizer Uhren. Plötzlich fragte die männliche Paarhälfte: »Sind Sie wirklich allein hier?« Ich rechtfertigte mich mit der Wahrheit: »Ja, bin seit Kurzem verwitwet.« Die weibliche Hälfte – sichtbar erschüttert – setzte nach: »Haben Sie denn keine Freunde?« Hach. Zu gerne hätte ich dem alten Rumpelduo geantwortet: »Von Ihnen ist sicher auch bald einer dran.«

Natürlich hatten sie irgendwie recht, so wie auch die Ober im Restaurant, die fragten: *»Oh, is it just you?«* Aber warum nur? Hey, ich war immerhin Wonder Widow! Ich war eine Überlebende! Warum gibt's die nicht längst als Superheldin? Mit einer weiblichen Variante des Rocky-Soundtracks. *»Just a woman and her will to survive.«* Ein paar Stunden später überquerte, ach was, überflog ich allein die Golden Gate Bridge, die im Sonnenuntergang glänzte. Keiner, vor allem ich nicht, quatschte in die Erhabenheit. Was für ein Staun-Flow.

Ich fuhr zu einer Jugendherberge in den Marin Headlands, einem zum Heulen schönen Naturschutzreservat, das direkt nördlich der Brücke liegt. Schluss mit Double Room: Ich ergatterte einen Platz im Acht-Bett-Frauenzimmer. Ich blieb drei Tage und redete und redete und redete, immer mit allen überall. Ich hatte dann doch offenbar Nachholbedarf. Ich plauderte mit einer über achtzigjährigen toughen Rechtsanwältin aus Monterey, die Migranten beim Einwandern half und nachts schnarchte wie ein Bär. Mit einer Französin, die seit Jahren durch die Welt reiste und gerade ihre häusliche, miesepetrige Schwester mit sich herumschleppte. Mit dänischen Erziehern, georgischen Investoren, Bikern aus Wuppertal.

Ich war allein, ja. Aber genau deshalb kam ich überall mit Leuten ins Gespräch. Auf dem Weg zurück nach Los Angeles nahm ich ein grundsympathisches junges Pärchen im Auto mit, das lustig Deutsch sprach. Sie kam aus der Schweiz, er aus den Niederlanden. Der Holländer – Komponist, DJ, Musiker, Jeans-verkäufer – spielte mir pausenlos Lieder von neuen Bands vor, die ich kennen müsse. Ich lauschte der Musik und zugleich in mich hinein. Hätte ich jetzt auch gerne so einen Mann als Rei-sebegleiter? Spürte ich gar etwas wie Pärchensehnsucht? Noch nicht. Ich lud die beiden ein, bei mir in Los Angeles zu über-nachten, fragte vorher aber noch mal vorsichtshalber meine Tauschpartnerin, wo der Komponist draußen rauchen könne. Helen hatte mich vorher eindrücklich ermuntert, Besuch zu be-kommen. Nun schrieb sie: »Sorry, dass ich da Nein sagen muss. Selbst wenn sie draußen rauchen, der Geruch hängt in ihren Kleidern, Haaren, der Haut und überträgt sich auf Kissen, das Sofa, etc.« Wie lange war die Gute schon alleinstehend? Ich lud das Pärchen wieder aus. Und nahm mir vor, nicht ganz so son-derlich zu werden.

Dann war schon wieder ein Monat vorbei, ich flog kurz nach Berlin, Todesbürokratie erledigen – und weiter nach Tokio zu einer Cranach-Ausstellung, die ein Freund kuratiert hatte. Etliche weitere Freunde hatten das als Anlass für einen Japan-Trip genommen, sodass wir schließlich mit zwölf Leuten durch die Ausstellung schlenderten. Vier Pärchen, zwei Kinder, meine tolle Freundin Melli und ich. Keine Sekunde verschwendete ich für den Wunsch, mit einem Partner unterwegs zu sein. Über-haupt war ich gerade sehr dankbar für alles. Japan mit all seinen höflichen Menschen und den vielen Tempeln erwies sich als der perfekte Ort für etwas angeschlagene Gemüter wie mich, die sich nach Zen-Ruhe und Exotik zugleich sehnen.

Wir reisten in verschiedenen Konstellationen per Zug weiter,

Melli und ich machten uns auf nach Kyoto, einer Tempel- und Heiratsstadt. Hier sieht man allenthalben Pärchen im Kimono auf Holzschuhen durch die Gegend trotten und für Fotografen posieren. Ob den jungen Leuten bewusst war, welch Schmerz sie mit ihrem »Ja« riskierten? Schließlich konnte der Tod sie nun jederzeit zu Witwe oder Witwer machen. Nein, wirklich kein Pärchenneid. Mir fielen sie jetzt nur überall auf. Die da. Und wir, die Alleinmenschen. In einer Tempelanlage kamen Melli und ich mit einem britisch-amerikanischen Weltreisenden ins Gespräch, fast ein Jahr war er bereits unterwegs. Er zeigte uns magische Fotos von dem Antarktis-Trip, den er gerade hinter sich hatte. Und da war er plötzlich, der Neid. 6000 Euro für zehn Tage hatte er bezahlt.

Melli und ich fuhren weiter Richtung Kōya-san-Gebirge, einer Pilgerregion mit dem größten Friedhof Japans. Meine Idee, natürlich. Wie Witwen sich halt so amüsieren. Der Friedhof namens Okunoin hatte sich um die Ruhestädte des buddhistischen Mönches Kōbō Daishi gebildet, der im 9. Jahrhundert nach Christus den ersten Tempel am Ort errichtet hatte. Sein Todesjahr wird mit 835 angegeben. Es heißt allerdings, er sei nicht wirklich gestorben, sondern meditiere seither. Und weil die Nähe zu ihm Unsterblichkeit verspricht, gibt es inzwischen zweihunderttausend Gräber und Gedenksteine auf dem Friedhof. Der wohl berühmteste stammt von einer Firma für Termitenvernichtungsmittel, spendiert für alle Insekten, die sie auf dem Gewissen hat.

Japan ist wirklich ein magisches Land, will man Toten gedenken. Okunoin ist wundersamerweise nachts geöffnet. (Volkers Berliner Ruhestätte schließt dagegen vorsichtshalber spätestens um 20 Uhr.) Melli und ich machten uns nach Einbruch der Dämmerung auf zum Friedhofsbummel, in der Tasche ein Etikett aus einem Volker'schen T-Shirt. Es soll der Seele eines

Verstorbenen schon auf die Sprünge gen Unsterblichkeit helfen, wenn man einen Gegenstand von ihm dort deponiert. Der Hauptweg führt kilometerlang durch den bewaldeten Friedhof, Laternen weisen den Weg. Es war kalt und nieselte ein wenig. Trotz Beleuchtung und einiger anderer Besucher war Melli unheimlich zumute, mir eher feierlich. Irgendwo ganz in der Nähe des Mausoleums von Kōbō Daishi, dort, wo man einen Bach rauschen hört, habe ich das Etikett beerdigt, unter einem Baum, an dem eine Nummer stand. Die Zahl hatte ich schon wieder vergessen, als wir in unserem unglaublich minimalistisch-hippen Hostel ankamen, in dem wir übereinandergestapelt in kleinen Kabinen einschliefen.

Es war großartig, mit der vergnügten, neugierigen Melli zu reisen. Sie hatte zwei Pässe für die japanische Bahn organisiert, und nun durften wir uns mit Mitte vierzig noch mal wie auf Interrail fühlen. Stolz betrachteten wir die Stempel, die wir darin gesammelt hatten. Ich genoss diese Art Reisefreiheit, die ich so schon lange nicht mehr gekannt hatte. Das letzte Mal, dass Melli und ich in Fernost unterwegs gewesen waren, war ich mit schwerem Herzen gereist. Wir waren nach Schanghai auf eine Hochzeit eingeladen und gingen danach mit unseren Freunden noch ein paar Tage im Huangshan-Gebirge wandern. Ursprünglich hatte ich einen ganzen Monat unterwegs sein wollen, aber Volker musste kurz zuvor noch mal operiert werden. Ich war froh, überhaupt fliegen zu können, doch kaum war ich in China angekommen, landete Volker wieder im Krankenhaus, diesmal mit Blinddarmentzündung, eine Folge der OP zuvor. Es gibt ein Foto von mir, das mich in einem Regencape auf dem Berg zeigt, sehr blass, mit einem Telefon am Ohr. Ich vollendete unseren Kurztrip wie geplant, war aber im Geiste mehr bei Volker als in der Natur. Und von Berlin-Tegel fuhr ich direkt in die Virchow-Klinik.

Ich hatte wirklich einiges nachzuholen, hatte mich doch Volkers Krankheit immer wieder in der Ferne heimgesucht. So war ich 2014 drei Monate in Australien stationiert gewesen, als tags arbeitender Nachtdienst für die Onlineseite der *Welt*. Die Zeitverschiebung macht's möglich. Als hätte ich geahnt, dass ich noch genug Zicken machen müsste, hatte ich anstandslos den schlechtesten Slot für den Aufenthalt akzeptiert. So flog ich im deutschen Frühsommer in den australischen Winter – und fror schließlich fast anderthalb Jahre am Stück. Denn ursprünglich hatte mich Volker besuchen und wir den beginnenden australischen Frühling genießen wollen. Ganz plötzlich allerdings musste der Arme wieder operiert werden, die Hälfte seiner neuen Leber sollte er wieder hergeben. Also flog ich vorzeitig zurück, die Kollegen mussten meinen Nachtdienst von Berlin aus erledigen. Auf dem 24-Stunden-Flug weinte ich viel. Seinetwegen natürlich. Aber auch meinetwegen. Ewiger Winter wegen dieser Dreckskrankheit. Wie symbolisch sollte es denn noch werden?

Unbedingt wollte ich bei meiner Trauer-Reha deshalb nach Australien, und zwar Ende November, wenn es dort in den für mich entscheidenden Gegenden richtig warm wurde. Es ging darum, eine Rechnung mit dem Schicksal zu begleichen. Ich wollte ein Jahr Sommer! Erst mal aber flogen Melli und ich von Tokio nach Hongkong, zu Freunden von ihr. Und ich musste mich ausnahmsweise um überhaupt gar nichts sorgen. Ich genoss hemmungslos die verrückt chinesisch-britische Stadt samt Doppeldeckerstraßenbahnen und all der Natur, die wider Erwarten dazugehört.

Während Melli mit ihrem neuen Freund, der in Berlin geblieben war, fernmündlich die üblichen Anfangsprobleme einer Beziehung klärte und sich für eine Millionärsparty in einem Kostümverleih in eine Prinzessin verwandelte, traf ich mich mit einem charmanten Hongkonger, den ich aus Berlin kannte. Er schipperte mich über die Inseln vor der Stadt, auf denen er aufgewachsen war, und lud mich in Restaurants ein, die wohl selten ein Tourist vor mir betreten hatte. Und als ich so hervorragend aß und er mir von seinen Patchworkfamilien in Berlin und Hongkong berichtete, war ich ganz froh über mein Leben. Ich, Wonder Widow. Schließlich hatte ich noch ein paar Abenteuer vor mir.

Lektion 8:

Terraintraining 3

Never try, never know. Was ich verlor und gewann, als ich die Komfortzone verließ

Von Hongkong flog Melli nach Hause, ich weiter nach Bali. In Indonesien landete ich vor allem deshalb, weil es auf dem Weg nach Australien lag, man dort gut Yoga machen konnte und es meine Reisekasse schonte. Zum sanften Einstieg traf ich für ein paar Tage eine liebe Schulfreundin im aufstrebenden Surferstädtchen Canggu, bevor ich allein weiterzog. Schon bald lernte ich eine indonesische Lebensweisheit kennen, die perfekt als Motto für den dritten Teil meiner Reise taugte. *»Never try, never know.«* Frei übersetzt: Wer nicht wagt, bleibt dumm. Es war Zeit für den letzten Teil des Reha-Programms. *Wonder Widow goes adventure.*

Von Bali aus machte ich mich auf den Weg zu den drei Gili-Inseln und nach Lombok (Genau dorthin, wo zwei Jahre später Dutzende Menschen durch Erdbeben sterben würden). Weil ich inzwischen schon so unglaublich viele Herbergen und Trips gebucht hatte, war ich nachlässig geworden. Ich weiß nicht genau, wie ich das angestellt hatte, jedenfalls landete ich aus Versehen für ein paar Tage auf Gili Trawangan, einer Art Ballermann für junge Australier. Wäre ich klar bei Verstand gewesen, hätte ich natürlich eine der ruhigeren Nachbarinseln angesteuert, wo auch andere Europäer sich erholen, doch nun saß ich da, mutmaßlich als einzige Deutsche, auf einer Insel voller Müll und Krach. Morgens um 2.30 Uhr lärmte mich der Hahn wach, zwei Stunden später gab mir der Muezzin den Rest. Das Überraschende: Ich hatte eine großartige Zeit.

Gleich an meinem ersten Tag lernte ich ein paar Leute kennen, Trump sei Dank. Ich hatte gerade einen Salat bestellt, als durchgegeben wurde, dass der Irre tatsächlich Hillary geschlagen hatte. Ich hätte es ahnen können, hatte mir doch der Sicherheitsbeauftragte meines kalifornischen Tauschhauses einen langen Vortrag gehalten, dass er Trump wählen würde, weil sein Chef Latino und das ungerecht sei. (Warum er selbst keine Firma gründe? Zu viel Arbeit.) Ich war trotzdem geschockt vom Trump-Sieg, an Salat-Essen war nicht zu denken. Der junge Mann am Nachbartisch schaute ähnlich entsetzt auf sein Handy und genauso appetitlos auf sein Essen. Er entpuppte sich als Amerikaner, wahrscheinlich wie ich ein Unikat auf der Insel. Ein paar Stunden später waren er, ein paar Australierinnen und ich sturzbetrunken und genossen laute elektronische Musik in einer Strandbar. Das war vielleicht das unvernünftigste und beste Rekonvaleszenz-Programm zugleich: Yoga, Strand, Bier, Techno und über Trump stöhnen.

Nach ein paar Tagen fuhr ich zum Ausnüchtern auf die Nachbarinsel Gili Air. Dort stand auf dem Abenteuer-Reha-Programm: furchtbares Getier vertreiben ohne Volkers Hilfe. Große Spinnen und Heuschrecken hatte er immer ohne Murren vor die Tür gesetzt. Gut, dass mir ein Freund ein Stärkungsmittel für Inscktenphobikerinnen mitgegeben hatte: das Buch *Uns gehört die Welt* von Armin Strohmeyr. »Das musst du haben, Strohmeyr«, hatte der Freund gesagt.

Das Buch schildert die Schicksale von neun Reiseschriftstellerinnen, die sich allein in die Welt wagten, als Reisen wirklich noch ein Abenteuer war, mit Segelschiffen, Kannibalen und ätzendem Ungeziefer aller Art. Spätestens auf Seite 131 fühlt man sich wie eine verweichlichte Luxustouristin. Da beschreibt Frieda von Bülow, eine überzeugte Kolonistin, ihre Fahrt mit einem Dampfer der British India Line: »Besonders graute uns vor den Kokerutschen [vom englischen »cockroach« für Kakerlake], einer etwa zehnfach vergrößerten Auflage der heimischen Küchenschaben, die raschelnd überall herumliefen, leider auch scharenweise an den Wänden unserer Kabine.« Jedenfalls verhielt ich mich nach der Lektüre ganz ruhig, als ich in einer Hütte mitten in der Nacht entdeckte, was mir da regelmäßig am Nachmittag aufs Bett defäkierte: Eine armlange Echse wohnte direkt über mir im Dachgebälk. Hey, immerhin keine Kakerlaken! Ich konnte erst zwei Tage später die Hütte wechseln, aber ich schlief trotzdem halbwegs.

Nach dem Coolness-Triumph über die Monsterechse verlor ich aber das erste und einzige Mal auf meiner ganzen Reise tagelang die Nerven. Es fing damit an, dass ich auf Gili Air nach einem dösigen Nachmittag am Strand mein geliebtes gelbes Telefon verbummelte, samt noch geliebterem Bildschirmfoto. Dafür hatte Volker sich passend zur Hülle alle gelben Kleider und Gegenstände unseres Haushalts angezogen, inklusive Putzeimer und Gummihandschuhen. (Als ich kurzzeitig mal in Berlin Geflüchtete mit meinen Deutschkenntnissen belästigte, zeigten die mir gerne Fotos ihrer Familie. Ich konterte dann mit dem gelben Volker und der Bemerkung, dass er eben so sei, der deutsche Mann.) Ich war untröstlich. War das ein Zeichen? Ich amüsierte mich wieder, und darüber musste ich ein Stück Volker verlieren?

Alles schien sich plötzlich gegen mich verschworen zu haben. Die Service-Hotline meines Handy-Providers war tagelang nicht zu erreichen, um die Karte zu sperren. Und auch die Natur war gegen mich. Eigentlich war für diese Nacht »Supermond« angesagt, der Mond sollte so hell und groß erscheinen wie seit siebzig Jahren nicht mehr. Nachdem ich die ganze Insel nach dem Telefon abgesucht hatte, fiel mir das wieder ein. Kaum berührte mein Hintern den Barsessel mit bestem Himmelsblick, schob sich eine Wolke vor den Mond. Noch so ein Zeichen? Erstmals seit Langem musste ich wieder weinen. Mein Hüttenvermieter wollte mich aufmuntern und schlug vor, eine Suchmeldung im Hafen aufzuhängen. »Ach«, sagte ich. »Da hab ich keine Hoffnung.« Und er so: *»Never try, never know.«*

Ich würde den Satz schon wenige Tage später wieder von einem Vermieter hören, diesmal auf der Insel Lombok, wo ich mir einen Roller von dem Besitzer meines Guesthouse lieh. Roller sind das wichtigste Verkehrsmittel in Indonesien, so ein Ding brauchte ich dringend. Mit der Arroganz einer Frau, die einen Motorradführerschein besitzt und einst eine SR 500 steuerte (so ein Einzylinder-Monster, das man ankicken muss), fuhr ich eine Proberunde. Und schlitterte beim triumphalen Einparken unter eine Gruppe parkender Mopeds. Wie genau, das ist mir jetzt zu peinlich zu erklären. Jedenfalls holte ich mir dabei ein blaues Auge und schürfte mir einen Fuß derart auf, dass ich wochenlang keine Schuhe anziehen konnte. Schmerzhaft. Und nach der Telefonklatsche noch so ein Rückschlag. An Schwimmen im Salzwasser war nicht zu denken. Im Rückblick, nach den Erdbeben 2018, scheinen meine Probleme von 2016 fast lächerlich. Aber damals plagte mich die Frage: Hatte ich mir doch etwas zu viel zugemutet mit der Fernreise? Würde ich nachher gar urlaubsreif sein wegen meiner Abenteuer-Reha? Warum hatte ich nicht doch einfach Malle pauschal gebucht? Oder war im Büro geblieben?

Schließlich gab ich mir den Rest, indem ich Akim aufs Zimmer bestellte, einen Masseur, der mir von einem österreichischen Bekannten als Wunderheiler empfohlen worden war. Mit den Worten: »Gemütlich wird das nicht.« Stimmte. Erst mal behandelte Akim meine Unfallwunden mit irgendeinem Zeugs, das unfassbar brannte, aber sie tatsächlich sofort verschorfen ließ. Es folgte die »Massage«: eine Mischung aus Knüffen, Schlägen, Geschüttel und Handgriffen, die sich wie Elektroschocks anfühlten. »No pain, no gain«, rief er dazwischen immer wieder fröhlich, auch als er gerade auf mir stand. Ich heulte die ganze Zeit. Als er bei meinen Schultern anlangte, schrie ich. Zum Abschied erteilte er mir noch eine Zeit lang Yogaverbot. Dabei hatte ich gerade eine nette Yogalehrerin kennengelernt, die ebenfalls von einer Roller-Verletzung etwas beeinträchtigt in ihren Bewegungen war. Ich war auf dem Tiefpunkt meiner Reise angekommen.

Dafür kutschierte mich nach dem Unfall ein junger Guesthouse-Angestellter – mit auffälligen Narben von einem Scooter-Unfall im Gesicht – auf einem roten Roller unbeirrt von Strand zu Strand, wo dann wilde Hunde nach mir schnappten. Jedes Mal, wenn ich mich bei ihm für die Umstände entschuldigte, die ich ihm machte, und mich über meine Tollpatschigkeit ärgerte, sagte er ihn wieder, diesen Satz. »Never try, never know.« Vielleicht hatten sie recht, die Indonesier. Ich hatte dort definitiv meine Komfortzone verlassen. Und ich wusste jetzt, dass Indonesien trotz seiner gut gelaunten Menschen nicht mein Land war. Schließlich traf ich auch noch eine Bayerin mit gebrochenem Schlüsselbein, deren Mann im Krankenhaus lag und demnächst per Spezialtransport nach Hause geflogen würde. Rollerunfall, logo. Da war mir endgültig klar: Terraintraining ist mir in diesem Land ohne öffentlichen Nahverkehr definitiv zu gefährlich. Eine richtige Reha im Berliner Umland wollte ich mir dann doch lieber ersparen.

Ich machte mich auf nach Perth, an die Westküste Australiens. Als ich dort nach dreieinhalb Stunden landete, war plötzlich alle Trübsal wieder weg. Als ich die Gangway hinunterstieg, hätte es mich nicht gewundert, laute Fanfaren zu hören. Hier war ich nun, um die Australien-Reise anzutreten, die mir das Schicksal erst verwehrt hatte. Und ich würde nicht die brave Route wählen, die Volkers Krankheit uns erlaubt hätte, sondern eine, für die man wirklich gesund sein musste.

Von Perth aus fuhr ich per Bus eine Nacht und einen Tag lang die Westküste hoch. Ein Arme-Leute-Transport, ich war als eine der wenigen Insassen mit einem vollständigen Satz Zähne gesegnet. Wir fuhren und fuhren, durch wüstes rotes Land voller Termitenhügel, vorbei an endlosen Kuhweiden. Mein Ziel: das Ningaloo-Reef, eine Korallenbank, »viel schöner als das Great Barrier«, wie ortskundige Freunde geschworen hatten. Was für ein Trip. Endlich angekommen, sah ich erst Emus am Straßenrand, dann in den Bäumen überall Galahs – pinkfarbene Kakadus –, im Wasser schließlich Schildkröten, grellbunte Fische, wabernde Korallen. Ich fühlte mich wie auf Ecstasy. Abenteuer lohnt sich doch.

Sogar die berüchtigte Tierwelt Australiens, der ich nun begegnete, erschütterte mich nur kurzzeitig. Keine zwei Tage mied ich am legendären Cable Beach in Broome das Wasser wegen der Würfelquallen, Stinger genannt. Es war Hochsaison für die Tiere, die Lifeguards arbeiten in dieser Zeit nicht, zu gefährlich. Schwimmen ist dann nur was für Irre. An Land hängen Essigflaschen, soll irgendwie helfen im Ernstfall. Trotz der tödlichen Gefahr warfen sich viele in die Wellen. Und ich irgendwann auch. »Fuck it, das Leben ist kurz«, dachte ich. Und wäre das nicht ein spektakuläres Ende für eine Witwen-Reha? Allemal glamouröser als ein Tod auf dem Roller.

Zuletzt erfüllte ich mir meinen ultimativen Traum: Ich flog von Perth quer über Australien nach Tasmanien, sammelte mein Mietauto ein, wagte mich in den Linksverkehr (super Terraintraining fürs Hirn), besuchte Tasmanische Teufel, Wombats,

Ameisenigel, wohnte allein in einer abgelegenen Hütte mit Kamin, roch immer mehr nach verbranntem Holz, ging wandern, kam an Orten vorbei, die »Nowhere else« hießen. Ich dachte an Volker, natürlich, aber sein Tod schien oft so unwirklich wie die Landschaft.

Irgendwo im Nirgendwo wurde ich dann aus Versehen zur Eheberaterin. Ich hatte mich via Airbnb auf einer kleinen Farm eingemietet. Den ersten Tag jammerte mich die Gattin wegen ihrer Sexsucht voll, deretwegen sie aus der Stadt in die Einöde gezogen waren. Am nächsten Abend hörte ich mir die Version des traumatisierten Ehemanns an (»all die Bilder von ihr mit anderen Männern in meinem Kopf«) – zur Musik einer japanischen Teenie-Metalband in Klublautstärke. Ja, natürlich würde ich es an ihrer Stelle weiterhin miteinander versuchen. *Never try, never know.*

Die amerikanische Feministin Gloria Steinem schrieb 2015 in ihrer Autobiografie über ihre Reisen, Fremde hätten ihr Sachen erzählt, die sie nicht einmal ihrem Therapeuten anvertrauten. »Meiner Erfahrung nach wird eine reisende Frau zu einer Art Barmann des Vertrauens, vielleicht insbesondere wenn sie Feministin ist.« Oder Witwe. Beim Wandern durch einen abgelegenen Nationalpark traf ich im Hagelsturm einen jungen Mann, wir kamen ins Plaudern, liefen vierzehn Kilometer miteinander. Ungefähr bei Kilometer zwölf vertraute er mir an, er leide unter Angststörungen, weil demnächst seine Freundin bei ihm einziehe. »Ich wachte nachts auf mit Herzrasen«, erzählte er. »Ich dachte erst, ich bekomme einen Herzinfarkt. Aber ich hatte Panikattacken.« Ich verschwieg dem netten Kerl, dass das Geheimnis meiner guten Ehe zwei getrennte Wohnungen gewesen waren. »Das wird schon«, log ich. Auseinanderziehen könnten sie ja immer noch. Dann gab ich ihm noch einen Rat mit auf den Heimweg, einen indonesischen, versteht sich.

Am Flughafen harrten Melli, meine Freundin Annette und die Co-Witwe meiner Ankunft. Ich war so dankbar, dass sie mich in Truppenstärke abholten. Zu Hause wartete schließlich niemand. Ich war so oft aus der Ferne heimgekommen, immer war Volker da gewesen. Keine Frage, Alltag in Berlin ohne ihn war viel schlimmer als Strand ohne Volker. Am 2. Januar 2017 ging ich wieder zur Arbeit. Es gab wirklich nur eine Sache, die ich an der Reha-Reise bedauerte: Fünf Monate waren dann doch etwas kurz gewesen.

Praktisches

Lektion 9:

Liebster, wo ist dein Scheiß?

*Ein paar Erkenntnisse zu Testamenten,
Erbschaftssteuer und dem Raubzug der
Krankenkasse*

Ungefähr ein Jahr nach Volkers Tod musste ich in einer kuriosen Angelegenheit zum Amt: Für eine geerbte Mini-Rente hatte eine Versicherung eine Lebensbescheinigung verlangt. Nachdem ich dem Beamten mein Anliegen vorgetragen hatte, berlinerte er vergnügt: »Dann muss ick Sie jetzt piksen.« Ein Scherz. Den Lebensbeweis bekam ich einfach gegen Vorlage meines Personalausweises. Seither habe ich es schriftlich mit Stempel: »Es wird bescheinigt, dass Frau Brenda Strohmaier (...) am Leben ist.«

Manchmal macht Sterbe-Bürokratie doch Spaß (siehe Lektion 26 über die lustige Witwe). In den ersten Monaten als Witwe waren mir allerdings all die Amtsgänge wie die Hölle vorgekommen. Und erst recht diese ständige Verschickerei der Sterbeurkunde, auf der Volker unter »Verstorbene Person« in aller Kürze abgehandelt wird. Familienname, Vorname, Todeszeitpunkt, Sterbeort, letzter Wohnsitz, Geburtstag, Geburtstort, Familienstand, Ehefrau. In der Tat, auch ich stand da auf der Sterbeurkunde. Dann doch lieber Lebensbescheinigung.

Wer diese Sterbeurkunde alles haben wollte! Von der Brillenversicherung bis hin zur Rentenkasse. Der Bestatter übernahm einen Teil der Abmeldungen und Amtsgänge, aber das, was an Nachlassverwaltung übrig blieb, reichte, um mich ein paar Wochen halbtags in Beschlag zu nehmen. Dabei war mein Fall eher harmlos, hatte ich doch – anders als Bekannte von mir – nicht noch Kanzleien, Feriensiedlungen oder gar Arztpraxen geerbt. Aber Standard ist kompliziert genug. Vieles von dem, was ich damals im Trauernebel erledigt hatte, verstand ich seinerzeit selbst nicht ganz. Immer noch fragte ich mich zum Beispiel, ob ich mir den Erbschein mit ein bisschen Geschick hätte sparen können. Deshalb verordnete ich mir für dieses Buch postposthum Nachhilfe in Sachen Erbrecht, Rentengedöns und Krankenkassengebühren. Es schien mir Zeit für etwas Theorie zur Praxis, schließlich fragten mich Freunde gerade dazu immer wieder aus. Wir, die Generation der Erben, hatten offenbar keine Ahnung, was da auf uns zukam. Vielleicht auch deshalb, weil wir fürchteten, zu viel Kompetenz auf dem Gebiet könnte uns geldgierig und lieblos aussehen lassen.

Egal, ich war bereit, mich unsympathisch zu lernen. Und so saß ich anderthalb Jahre nach Volkers Tod bei einem Anwalt in Prenzlauer Berg mit Fachgebiet Erbrecht. Mein Hipster-Bestatter hatte mir eigentlich einen Bekannten empfohlen, mit coolem Logo und vielerlei Geschäftsfeldern, aber in diesem Fall wollte ich jemanden, der Akten-Akribie und Spezialwissen ausstrahlte. Und so war ich auf der Webseite *testamenterbe-und-pflichtteil.de* gelandet, auf der sich ein René Wolf vorstellt als Mitglied der Arbeitsgemeinschaft Erbrecht beim DAV und Mitglied des DVEV – Deutsche Vereinigung für Erbrecht und Vermögensnachfolge e.V. Klang kompetent. In der Tat: Nach einer Stunde Beratung würde ich Wolfs Kanzlei schlauer sowie mit ein paar Zeichnungen zum Thema Erbfolge in der Tasche verlassen. Und etwas Lob würde es sogar auch gegeben haben.

»Das war natürlich gut, dass Sie verheiratet waren und außerdem ein Testament hatten«, sagte Wolf – und malte das erste Diagramm; es sah nach Stammbaum aus. »Das Testament hat Sie zur Alleinerbin gemacht, Sie sind als Einzige in die Rechtsnachfolge Ihres Mannes gerückt. Hätte es kein Testament gegeben, hätten Sie gemeinsam mit seinen Verwandten eine Erbengemeinschaft gebildet.« In Volkers Fall wäre dann seiner Mutter und seinen zwei Schwestern (anstatt des verstorbenen Vaters) insgesamt ein Viertel des Erbes zugefallen: der Mutter ein Achtel und den Schwestern jeweils ein Sechzehntel. »Am besten erklärt man das normalerweise anhand einer Immobilie. Hätte Ihr Mann eine Wohnung gehabt, wären die Verwandten Miteigentümer geworden.«

Tatsächlich besaß nur ich eine Immobilie. Deshalb hatte ich Volker auch in seinem Interesse unbedingt heiraten wollen, weil ich wusste, dass bei Unverheirateten der Freibetrag fürs Erbe gerade mal 20 000 Euro beträgt. Nach meinem Ableben hätte er für alles darüber Hinausgehende 30 Prozent Steuern zahlen müssen. Hätte ich mehr als 13 Millionen besessen (man darf ja mal träumen), wären es sogar 50 Prozent gewesen. Verheiratete dürfen sich dagegen Vermögen in Höhe von 500 000 Euro abzugsfrei vermachen. Dazu kommen sogenannte Versorgungsfreibeträge von 256 000 Euro, die mögliche Unterhaltsleistungen an Hinterbliebene vor der Erbschaftssteuer schützen sollen. Auch Hausrat bis 41 000 Euro und das Familienheim wären steuerbefreit. Hach, selten war Romantik so vernünftig.[1]

Aber damit nicht genug. Schon kurz nach unserer Hochzeit hatte meine Mutter uns zudem ermahnt, ein so genanntes »Berliner Testament« abzuschließen, in dem sich Ehepartner gegenseitig als Alleinerben bestimmen – und somit die Verwandten vom Erbe ausschließen. »Das ist gerade für euch wichtig, weil ihr ja keine Kinder habt«, hatte meine Mutter gesagt. Dann erzählte sie ein paar Geschichten von befreundeten kinderlosen

---

[1] Stand der Gesetzeslage: Oktober 2017

Witwen, deren Schwäger und Neffen gleich nach dem Tod ihrer Männer nach einem Testament fragten, alles in der Hoffnung, dass keins da sei und sie sich den gesetzlichen Erbhappen schnappen könnten. Wir hörten brav auf meine Mama, die sich durch diesen Rat mit Verve selbst enterbt hatte.

Nun erfuhr ich von René Wolf, dass meine Schwiegermutter trotz Heirat und Berliner Testament Anspruch auf den sogenannten Pflichtteil hatte, in ihrem Fall ein Sechzehntel (die Hälfte ihrer Quote für das gesetzliche Erbe). Dabei handelt es sich aber nicht um ein Erbe, sondern lediglich um einen Geldanspruch. Ich rief meine Schwiegermutter nach dem Termin vorsichtshalber noch mal an. Ihr Kommentar: »Lass mal.«

Aber der Vollständigkeit halber (und weil Wolf jetzt gerade noch ein Diagramm malte):

Wären Volker und ich nicht verheiratet gewesen und hätten wir kein Testament gehabt, hätte die Mutter nach der gesetzlichen Erbfolge die Hälfte geerbt. Die Hälfte des Vaters wäre an die beiden Schwestern gegangen, also je ein Viertel. Hätten wir, ohne verheiratet zu sein, wenigstens ein Testament gemacht, hätte die Mutter immer noch ein Viertel als Pflichtteil verlangen können. Der Pflichtteil beträgt die Hälfte des gesetzlichen Erbteils. Die Schwestern wären leer ausgegangen. Ausschließlich Ehegatten sowie Abkömmlinge des Erblassers und, wenn es wie bei Volker keine bekannten Abkömmlinge gibt, die Eltern können einen Pflichtteil verlangen. Geschwister haben also keinen Pflichtteilsanspruch.

Merke: Heiraten und Testament machen lohnt sich gerade für Kinderlose. Wenn in meinem Fall alle Verwandten auf ihren Ansprüchen bestanden hätten, hätten sich für mich folgende Optionen ergeben:

- Unverheiratet, kein Testament: null Prozent von allem

- Unverheiratet, Alleinerbin laut Testament: 75 Prozent von allem für mich, 25 Prozent Pflichtteil für Volkers Mutter und Erbschaftssteuer für alles über 20 000 Euro

- Verheiratet, kein Testament: 75 Prozent von allem für mich, aber in Erbengemeinschaft mit der Mutter und den Schwestern, denen die übrigen 25 Prozent gehörten. Freibetrag Erbschaftssteuer 500 000 Euro plus Versorgungsfreibetrag usw.

- Verheiratet, Alleinerbin laut Testament: 93,75 Prozent für mich, 6,25 Prozent Pflichtteil für Volkers Mutter. Freibetrag Erbschaftssteuer 500 000 Euro plus Versorgungsfreibetrag etc.

Maximal also hätte ich in meinem speziellen Fall ein Sechzehntel des Nachlasses auszahlen müssen. »Aber Ansprüche kommen von ansprechen«, erklärte Wolf. »Man muss aussprechen, dass man etwas haben möchte. Der Erbe dagegen rutscht von selbst in die Rechtsfolge ein.«

Ich war da in etwas reingerutscht. So hatte sich das auch angefühlt. Ich wusste zwar genau, in welcher Schublade unser handschriftlich verfasstes Testament lag. Aber wohin damit nun? Ich schob die Frage zunächst auf und versuchte, mir eine Übersicht über mein Erbe zu verschaffen. Volker hatte zwar nicht über den Tod gesprochen, aber es war klar, dass er sich und mich zumindest ein bisschen darauf vorbereitet hatte. Längst besaß ich eine Vollmacht über sein Girokonto, wenn auch nicht über seine anderen Bankkonten. Welche hatte er ansonsten überhaupt? Und kam ich da ran? Plötzlich drängte sich mir die Frage vehement auf: »Liebster, wo ist dein Scheiß?«

Ich erinnerte mich, dass er ein paar Passwörter und Geheimnummern in einem dicken Buch gelagert hatte. Nur in welchem? Er hatte so viele. Ich stand eine Weile vor dem wandfüllenden Regal. Irgendwo rechts unten musste das Ding sein. Ah ja, klar, in dem Karl-Marx-Wälzer *Das Kapital*. Typischer Volker-Witz. Doch zu was genau gehörten all die Nummern und Zahlen? Einen Tag lang wühlte ich mich durch seine Ordner, die gespickt waren mit handschriftlichen Notizen. Wie weh es tat, seine Schrift zu sehen, sein Leben zu durchblättern. Ich fühlte mich wie eine Spionin. Was ging mich sein Erspartes an? Das war doch alles seins! Eigentlich wollte ich davon nichts. Das brauchte er doch noch fürs Alter!

Nach ein paar Tagen Schonpause machte ich weiter. Mithilfe der Akten und der Geheimnummern war es letztlich doch ziemlich leicht, mir eine erste Übersicht zu verschaffen. Sosehr mich Volkers Akribie zu Lebzeiten manchmal genervt hatte, jetzt war ich ihm unendlich dankbar, dass er mir das alles halbwegs geordnet hinterlassen hatte. Gleichzeitig war ich geschockt. Was hatte ich nicht alles geerbt! Von dieser privaten Rente, die ein paar Zehner im Monat abwerfen würde (für die ich den Lebensbeweis brauchte), bis hin zu ein paar Tausend Euro in Fonds und einem noch größeren Batzen Tagesgeld. Eine Lebensversicherung hatte er auch noch. Hatte ich nicht dauernd vor Volker geprahlt, was ich für eine gute Partie sei, um ihn in die Ehe zu locken? Hatte ich nicht insgeheim gefürchtet und gehofft, ihn mal durchfüttern zu müssen und zu dürfen? Nun wurde mir klar, dass er, mein lieber Erwerbsunfähigkeitsrentner, auch in finanzieller Hinsicht eine gute Partie gewesen war.

Gerade das Bargeld konnte ich gut brauchen, und zwar sofort, die Beerdigung war schließlich teuer. Im *Kapital* fand ich sogleich den Zugangscode für das Konto, eine lange Reihe aus Zahlen und Buchstaben. Nur: Sie funktionierte nicht. Ein paar Nächte lang tippte ich sie immer wieder ein, fühlte mich wie in einem dieser Thriller, in denen jemand ebenso an einem Code verzweifelt. Irgendwann begriff ich: Volker, der Sicherheitsfanatiker, hatte sich tatsächlich ein zweizeiliges Password ausgedacht gehabt. Für ein Konto wohlgemerkt, von dem man nicht direkt abheben konnte, sondern lediglich mithilfe einer TAN-Nummer auf das eigene Girokonto überweisen. Jetzt erklärte mir Wolf: »Sie hätten auch einfach die Bank kontaktieren können. Wenn ein Konto vorhanden ist und Beerdigungskosten anstehen, wird das bei ausreichender Deckung über das Konto abgewickelt. Das wissen viele nicht.«

Ich auch nicht. Erst jetzt lernte ich von Wolf zudem, was man eigentlich mit einem Schubladen-Testament macht, wie ich es hatte. »Dafür gibt es eine Ablieferungspflicht«, sagte er und holte das *Bürgerliche Gesetzbuch* aus dem Zimmer nebenan. »Hier steht es. § 2259. ›Wer ein Testament, das nicht in besondere amtliche Verwahrung gebracht ist, im Besitz hat, ist verpflichtet, es unverzüglich, nachdem er von dem Tode des Erblassers Kenntnis erlangt hat, an das Nachlassgericht abzuliefern.‹« Und wenn man kein Testament hat? »Dann gilt die gesetzliche Erbfolge, ohne dass das Nachlassgericht beteiligt ist. In der Regel wird man aber einen Erbschein für die Bank oder das Grundbuch benötigen.«

Tatsächlich hatte auch ich trotz Testament bald einen Erbschein beantragt. Die Bank, die Volkers Fondsanteile verwaltete, hatte einen ebensolchen verlangt, zu Unrecht, wie ich jetzt erfuhr. »Es gibt eine noch recht junge Rechtsprechung, dass auch bei handschriftlichen Testamenten kein Erbschein erforderlich ist, wenn keine konkreten Zweifel an der Gültigkeit des Testaments und seinem Inhalt bestehen«, so Wolf. In der Praxis ließen sich aber dennoch einige Banken davon nicht beeindrucken. »Wenn die Bank sich querstellt, empfiehlt sich ein Erbschein. Die Alternative wäre, die Bank darauf zu verklagen, das handschriftliche Testament anzuerkennen. Den Erbschein erhält man schneller und ohne Prozessrisiko.« Wegen der unnötigen Erbscheinkosten – bei einem Geschäftswert von 10 000 Euro betragen die zum Beispiel 150 Euro, geht es um eine Million, sind es knapp 3500 Euro – könne man die Bank anschließend auf Schadensersatz in Anspruch nehmen. Wenn man denn gerade die Nerven dafür hat.

Also ein Erbschein. In meinem Fall hatte mir das Nachlassgericht geraten, deswegen lieber zum Notar zu gehen. »Bei uns warten Sie ein paar Monate auf einen Termin. Beim Notar bekommen Sie sofort einen. Das ist nicht viel teurer, da kommt lediglich die Umsatzsteuer dazu«, erklärte mir eine Sachbearbeiterin am Telefon. Ich marschierte zu einem betagten Notar, der in einer Büroflucht in Bestlage am Leipziger Platz residiert, man will ja etwas haben für seine Umsatzsteuer. Er kondolierte sehr freundlich (»Sie sind ja noch so jung!«) und wollte dann die Namen und Adressen von Volkers nahen Angehörigen wissen. Die gab er ans Amt weiter, das Amt wiederum eröffnete das Testament und informierte die Angehörigen, die als gesetzliche Erben infrage kamen, über ebendieses Testament. Das wurde in einem sogenannten Testamentseröffnungsprotokoll festgehalten. Im Erbscheinverfahren wurde zudem geklärt, wer Erbe ist. Darüber kann dann theoretisch auch gestritten werden, das heißt die Frage geklärt werden, ob und wie das eröffnete Testament überhaupt wirksam ist. In meinem Fall hätte der entscheidenden Bank (der mit dem Batzen Bargeld) das Testamentseröffnungsprotokoll gereicht, um mir das Restguthaben zu überweisen und das Konto aufzulösen.

Je länger ich mit Wolf sprach und je mehr er von seinen üblichen Streitfällen erzählte (meist beharkten sich dabei Kinder mit Stiefeltern oder Geschwister untereinander), desto bewusster wurde mir mein Glück im Pech. Ich hatte mich nicht mit Verwandten herumstreiten müssen, Auskunftsansprüche, Herausgabeansprüche, Rechenschaftsansprüche konnten mir herzlich egal sein. Schulden hatte Volker auch nicht. »Da hätten Sie nur sechs Wochen Zeit gehabt, Ihr Erbe auszuschlagen«, so der Anwalt. Interessant fand ich das alles aber dennoch, vor allem dass so etwas wie eine »Dreimonatseinrede« existiert, mit der man sich Gläubiger vom Hals halten kann. »Es gibt ein Recht darauf, in Ruhe zu trauern«, erklärte Wolf.

Eine Ruhe, die ich mir nicht gönnte. Rein rechtlich hätte ich mir mit meiner Nachlassarbeit wohl mehr Zeit lassen können. Aber ich liefere Dinge eben gerne lange vor der Deadline ab. Oder in diesem speziellen Fall: kurz danach. Ich wollte das Bürokratie-Gedöns flugs hinter mich bringen, schließlich stand meine Weltreise an. Und so saß ich schon in den ersten Monaten meiner Witwenschaft eines Morgens bei der Deutschen Rentenversicherung, ließ mir von einer warmherzigen Mitarbeiterin kondolieren (mal wieder: »Sie sind ja noch so jung!«) und erklären, dass es sinnvoll sei, mich um eine Witwenrente zu bemühen. »Sie werden zwar nichts ausbezahlt bekommen, Ihr Gehalt ist zu hoch. Aber es lohnt sich für den Fall, dass Sie mal Ihren Job verlieren.«

Außerdem ging es um drei Monate volle Volker-Rente, die mir als Witwe unmittelbar nach seinem Tod ungeachtet meines Verdiensts zustehen würden. War mir auch neu. Nun lernte ich, dass sich das »Sterbevierteljahr« nennt. Langsam brummte mir der Kopf vor lauter neuen Vokabeln. Mir schien es eigentlich schon genug an Datenverwaltung, dass in meinem Hirn neuerdings außer Volkers Geburtstag und unserem Hochzeitstag (30.9.2015) nun auch noch ein Todesdatum (25.5.2016) abgespeichert war. Dass Heirat und Tod gerade mal acht Monate auseinanderlagen, erwies sich als Problem. Und bescherte mir noch eine Vokabel: »Versorgungsehe«. Dabei handelt es sich laut Rentenversicherung um »die rechtliche Vermutung, dass eine Ehe/Lebenspartnerschaft mit der Dauer von weniger als einem Jahr zum Zweck der Erlangung einer Hinterbliebenenversorgung geschlossen/begründet wurde«. Die Sachbearbeiterin, der diese Sache sichtbar unangenehm war, erklärte mir unter Entschuldigungen, dass ich deshalb nachweisen müsse, dass Volkers Tod überraschend gekommen sei.

Als wäre ich eine Erbschleicherin. Mit einer gewissen Empörung schickte ich dem Amt ein paar Tage später ein paar Fotos, die einen fidelen Volker im Anzug vorm Standesamt zeigten. Letztlich überzeugender war dann wohl das Schreiben seiner Leberärztin, die von Volkers Tod geschockt gewesen war. Sie bescheinigte, dass »ein septisches Geschehen«, das »absolut nicht vorhersehbar war«, ihn das Leben gekostet hatte. Außerdem schrieb sie: »Herr Gunske lebte in langjähriger Lebenspartnerschaft. In den außerordentlich schwierigen Krankheitssituationen war die Lebenspartnerin ihm eine Stütze und Begleitung. Die gemeinsame Entscheidung zur Heirat erfolgte in einer Zeit des relativen Wohlbefindens mit guter Zukunftsprognose. Im Jahr 2015 wurde die Lebenserwartung nicht als aktuell limitiert eingeschätzt, es lag keine Krebserkrankung vor.« Die ärztliche Liebeserklärung wirkte: Ein paar Wochen später war ich auch nach Ansicht der Rentenversicherung eine richtige Witwe.

Je länger die Bürokratiemühlen mahlten, desto intensiver musste ich an mein Magisterstudium an der Freien Universität Berlin denken, an der damals über 60000 Studierende eingeschrieben gewesen waren. Sehr viele Stunden hatte ich damals in und vor Prüfungsbüros verbracht, um alle Anforderungen in Haupt- und Nebenfächern auseinanderzuklamüsern. Einer meiner Lieblingsprofessoren war nicht müde geworden, uns zu predigen, dass ein großer Lernerfolg des Studiums an einer Massenuniversität darin bestehe, die vertrackte Bürokratie zu

bewältigen. »Da lernt man was fürs Leben.« Und für die Todesbürokratie. Mein Uni-Erfolgsprinzip bewährte sich tatsächlich
posthum: ein bisschen einlesen – und dann einen geduldigen
Experten finden, der einem die Details erklärt.

Bei einem Punkt geriet ich dann doch an meine Grenzen.
Und hörte mich plötzlich eine arme Krankenkassenmitarbei-
terin ankeifen, so unglaublich fand ich das, was ich schlucken
musste, als ich mein Sabbatical antrat. Fünf Monate hatte mich
mein Arbeitgeber bei niedrigem Gehalt freigestellt, mein Krankenkassenbeitrag sank unter die Maximalgrenze, die ich sonst
erreichte. Prompt bekam ich eine Rechnung von der Techniker
Krankenkasse, die fortan von meiner geerbten Betriebsrente
einen Teil einforderte. »Diese Einnahme ist grundsätzlich für
zehn Jahre beitragspflichtig«, hieß es in dem Brief.

Ich konnte gar nicht glauben, dass das legal sein sollte, einen
beträchtlichen Teil der Summe wieder einzukassieren, hatte
doch Volker darauf schon mal Krankenkassengebühren bezahlt. Aber nach heftigem Gegoogel musste ich feststellen: War
es. Zahlreiche andere empörte Menschen hatten dagegen schon
erfolglos geklagt, etliche Artikel mit Überschriften wie »Krankenkassen schröpfen Rentner« befassten sich mit der Regelung.
Es war also wahr: Sobald es sich um eine betriebliche Alters-
vorsorge handelt – wie in meinem Fall –, kassiert die Kasse bei
der Auszahlung den vollen Beitragssatz plus Pflegeversicherung,
das heißt knapp 18 Prozent.

In ihrem Infoschrieb rechnete mir das die TK an einem Beispiel vor. Angenommen, jemand bekommt 25 000 Euro ausge-
zahlt, die der Verstorbene für seine betriebliche Altersversor-
gung zurückgelegt hat. Dann kassiert die Kasse zehn Jahre lang
davon Beiträge, die sie wie folgt berechnet: Erstmals teilt sie
den Betrag durch 120, also durch zehn Jahre mal zwölf Monate. Macht bei 25 000 Euro 208,33 Euro. Dann rechnet sie aus,

dass der Krankenkassenbeitrag (derzeit 14,6 Prozent) in diesem Fall 30,42 Euro beträgt, der TK-Zusatzbeitrag (1 Prozent) zudem 2,08 Euro und die Pflegeversicherung (2,35 Prozent) noch mal 4,90 Euro. Macht zusammen 37,40 Euro pro Monat, die es zu berappen gilt. Über zehn Jahre summiert sich das auf 4488 Euro.

Das hat Volker garantiert nicht gewusst. Er wäre sicher auch ausgerastet beim ersten Brief von der TK, wenn ihm klar geworden wäre, dass sie ihm mal fast ein Fünftel seines mühsam Ersparten abknöpfen würden. Das bisschen Steuererleichterung, das ihm seinerzeit bei der Einzahlung der Betriebsrente gewährt worden war, wog das nicht auf. Was für ein Ärger! Immerhin etwas an Last, das ich ihm abnehmen konnte. Die Rente hätte ich ihm allerdings doch gerne überlassen. Und den lustigen Lebenstest auch.

Lektion 10:

Und tschüss.

Was ich für meine Nachwelt
nun geregelt habe. Plus ein paar Ideen dazu,
was man beim Testament alles
falsch machen kann

»Jetzt bloß nicht sterben«, hatte ich nach Volkers Tod öfter gedacht. »Das kann man ja keinem zumuten.« In meinen Albträumen sah ich meine arme Familie vor mir, wie sie sich mit verheulten Augen gleich durch zwei Nachlässe fräste. Und nahm mir vor, nach Volkers Erbe auch meinen eigenen Kram möglichst bald zu regeln, vom Testament bis hin zu einer vernünftigen Passwort-Übergabe. Zwei Jahre später bin ich zwar immer noch nicht ganz fertig damit. Aber ich bin ein paar große Schritte weiter Richtung geordnetes Ableben, Patientenverfügung und Betreuungsvollmacht inklusive.

Auch dank Herrn Rose, einem neunundsechzigjährigen ehrenamtlichen Mitarbeiter des Arbeiter-Samariter-Bundes, der Menschen in Sachen Vorsorgevollmacht und Patientenverfügung berät. Die Aufgabe suchte er sich als Pensionär, nachdem er bereits in seinem Berufsleben reichlich Erfahrung mit Krankheit und Tod gesammelt hatte, erst als Krankenpfleger, dann als Pfarrer und Klinikseelsorger. Zu seinen Begrüßungssätzen gehört: »Erst mal möchte ich Sie beglückwünschen, dass Sie sich mit dem Thema auseinandersetzen.« Eigentlich waren wir von Angesicht zu Angesicht verabredet, aber ich war viel zu erkältet, um aus dem Haus zu gehen, also telefonierten wir miteinander. Ich zerging in Selbstmitleid, es schien mir der passende Zustand für die Lebensend-Planung. »Die meisten haben Gedanken, Ängste und Erfahrungen zu dem Thema, und ich helfe, einen Raum zu schaffen, sie überhaupt auszusprechen«, erklärte Rose mit leicht vogtländischem Akzent.

Tatsächlich hatte ich mir wegen Volkers Krankheit schon öfter den Kopf darüber zerbrochen. Kurz vor seiner Lebertransplantation hatte er einen Vordruck zu einer Patientenverfügung ausgefüllt, in dem er für jeden möglichen Fall verfügte, man solle stets alles versuchen, um sein Leben zu retten. In den zwei Monaten vor seinem Tod, als er besonders unter Entzündungsschüben litt und mir plötzlich lebensmüde vorkam, hatte ich ihn noch mal danach gefragt. »Muss ich drüber nachdenken«, hatte er gesagt. Genau das erzählte ich dem Intensivmediziner, als er mich angesichts des hoffnungslosen Zustands, in dem Volker sich befand, nach dessen Patientenverfügung fragte. »Dann gilt, was er geschrieben hat«, war sein Fazit. Machte achtundvierzig Stunden Leidensverlängerung.

Während der letzten Tage in Volkers Leben fragte ich eines Nachts eine Pflegerin, was sie denn in so eine Verfügung schreiben würde. »Auf jeden Fall will ich keine Magensonde, wenn ich zu dement bin, um selbst zu essen.« Genau so etwas war auch meine Hauptsorge. Wollte Volker unbedingt sein Sterben vermeiden, wollte ich meins in bestimmen Fällen dringend vorantreiben. Das erzählte ich nun Herrn Rose, der mit diesem Wunsch schon Erfahrung hatte: »In so einem Fall ist es besonders hilfreich, wenn man seine Patientenverfügung regelmäßig aktualisiert. Wenn Sie das bei einer beginnenden Demenz noch mal explizit hineinschreiben, dann sehen die Ärzte, dass Sie sich damit beschäftigt haben.« Was heutzutage gar nicht mehr funktioniere: einfach notieren, dass man partout keine lebensverlängernden Maßnahmen wolle. »Das ist zu blabla.«

Schließlich gehe es in der Regel darum, in bestimmten Fällen bestimmte Maßnahmen auszuschließen, sei es, dass ein austherapierter Krebskranker keine Chemotherapie und Bestrahlung mehr wolle oder ein Sterbender im Endstadium genug habe von einer quälenden Beatmung. Ich dachte kurz an meinen Hausarzt, den ich gerade vollgehustet und nebenher zu seinen Vorstellungen vom Ende ausgefragt hatte. Seine Variante: »Meine Frau ist viel jünger als ich. Ich möchte unbedingt vermeiden, eines Tages für sie als Pflegefall zur Last zu werden.« Und was steht genau in seiner Patientenverfügung? »Ich schreibe noch dran. Aber falls ich dauerhaft bettlägerig werde, will ich kein Antibiotikum mehr bekommen. Dann sterbe ich an einer Lungenentzündung, das ist schön.«

Klang in meinen Ohren irre-originell. War es aber nur bedingt, wie ich feststellte, als ich die Mappe des Arbeiter-Samariter-Bundes durcharbeitete, die mir Herr Rose am Tag nach unserem Telefonat in den Briefkasten warf (Samariter eben!). Der Punkt »Antibiotika« stand in der Vorlage zur Patientenverfügung zwischen Dialyse und Bluttransfusion. Wer will, könnte darin einfach die entsprechenden Antworten auswählen, sodass dann etwas in der Art herauskäme: »Wenn ich mich im unmittelbaren Sterbeprozess befinde, will ich keine künstliche Beatmung.« Rose hatte mir allerdings dazu geraten, die Verfügung lieber selbst zu verfassen, weil »dann die Persönlichkeit da auch ein Stück drin zu finden ist«.

Brav arbeitete ich das Samariter-Material samt Beispiel-Verfügungen durch und nahm mir danach noch die informative Seite des Bundesjustizministeriums zum Thema vor (auf der sich zudem gute Broschüren zum Thema Erben und Betreuungsrecht finden). Dann bastelte ich mir mit Copy-Paste plus ein paar eigenen Zeilen meine ganz persönliche Patientenverfügung. Darin bestimmte ich in schachteligen Sätzen, dass ich keine lebensverlängernden Maßnahmen wünsche, falls mein

Hirn unwiederbringlich hinüber sein sollte, sei es wegen Demenz oder aufgrund eines Unfalls. Alle anderen Endzeitprobleme beschloss ich im Ernstfall meiner großen Schwester Anja zu überlassen. Durch Volkers Krankheit hatte ich gelernt, dass man nicht alles genau regeln kann. Und dass im Zweifelsfall ein Angehöriger besser über die aktuellen Wünsche Bescheid weiß.

Weshalb ich nun auch noch die Vollmacht ausfüllte, die sich ebenfalls in der Samaritermappe befand. Eifrig kreuzte ich alles an, was ich Anja im schlimmsten Falle anvertrauen wollte, von Gesundheitssorge/Pflegebedürftigkeit über Aufenthalt und Wohnungsangelegenheiten bis hin zu Behörden, Vermögenssorge, Post und Fernmeldeverkehr. »Das ist eigentlich der erste Schritt, der noch vor der Patientenverfügung kommt«, hatte mir Rose erklärt. »Sie brauchen jemanden, der Sie so gut kennt, dass er Ihre Interessen vertreten und schwere Entscheidungen treffen kann, und mit dem Sie vorher über alles sprechen.« Falls man so eine Vollmacht nicht erteilt hat, so lernte ich von dem Samariter, übernimmt im Zweifelsfall ein gesetzlicher Bevollmächtigter, der vom Gericht eingesetzt wird. »Was der dann tut, würde wahrscheinlich nicht immer Ihren Wünschen entsprechen.«

Zuletzt schnitt ich mit kindlicher Bastelfreude noch die »Informationskarte Patientenverfügung/Vorsorgevollmacht« aus dem Samariterbogen, füllte sie aus und steckte sie neben meinen Organspendeausweis in den Geldbeutel. Das fühlte sich mal richtig erwachsen an! Am nächsten Tag fiel mir eine volle Flasche Olivenöl auf den Kopf und zerschellte danach auf dem Steinboden. Während ich mich um die gigantische Sauerei kümmerte, fackelte auf dem Gasherd der Plastikgriff einer Espressokanne ab. Als ich zum Herd rannte, rutschte ich aus. Dick & Doof in Personalunion. Ob Anja weiß, worauf sie sich da einlässt?

Solange noch kein Volker-Nachfolger in Sicht ist, würde sie für diesen Hardcore-Job immerhin durch ein ordentliches Erbe entlohnt (was ihr sicher erst mal genauso unangenehm wäre wie mir Volkers Nachlass, aber hey, Anja, man gewöhnt sich dran). Schließlich ist mein Testament vor allem auf sie zugeschnitten und spielt ihr über Bande meine Eigentumswohnung zu. Die Idee dazu entwickelte ich beim und mit dem Erbrechts-Spezialisten René Wolf (siehe Lektion 9). »Geschwister haben nur einen Freibetrag von zwanzigtausend Euro, die Eltern von hunderttausend Euro«, hatte er erläutert. Weshalb es sich anbot, meiner Mutter die Wohnung zu vererben, die – anders als mein Vater – alleinstehend war. Sollte sie sterben, wäre meine Schwester die Alleinerbin. Und hätte Tausende von Euro Erbschaftssteuer gespart. Wolf schlug noch vor, vorsichtshalber für den Fall vorzusorgen, dass ich vor meiner Mutter abträte. Und so schrieb ich, handschriftlich, wie es der Gesetzgeber erfordert:

Ich bestimme die gesetzliche Erbfolge. Davon abweichend erhält meine Mutter Christa Strohmaier die Wohnung als Vermächtnis, als Ersatzvermächtnisnehmerin bestimme ich meine Schwester Anja Strohmaier.

Unterschrift drunter, Ort, Datum, fertig. Ich war ein bisschen stolz. »Ersatzvermächtnisnehmerin«, was für ein Wort. Was ich inzwischen allein an posttraumatischer Vokabel-Vermehrung zu bieten hatte. Und Erbrechts-Know-how (ob sich Jurastudenten über den Imperativ »Erbrecht euch« amüsieren können?). Ich wusste zum Beispiel, dass ich das Testament nun gegen eine Gebühr von fünfundsiebzig Euro beim Nachlassgericht hinterlegen könnte, dann würde es im Todesfall automatisch eröffnet. Bietet sich an in Fällen, bei denen man möglichen Findern nicht traut. Tat ich aber. Und so verstaute ich das Ding in der Schublade und verriet sowohl meiner Mutter als auch meiner Schwester, in welcher. »Wo ein Wille ist, ist auch ein Weg«, hatte ich bei der Recherche irgendwo als Testamentsweisheit gelesen. Und innerlich mit dem Kalauer kommentiert: »Wo ein Wille ist, ist er trotzdem weg.«

Funktioniert auch in der Variante: »Wo ein Wille ist, ist das Geld dennoch manchmal weg.« Ich dachte an das, was Anwalt Wolf über die dämlichsten Fehler beim Testamentverwahren erzählt hatte. »Gerade die Verwahrung in Bankschließfächern ist gefährlich. Um an das Schließfach heranzukommen, muss in der Regel ein Erbschein vorgelegt werden. Wenn sich aus dem Testament im Schließfach dann eine andere Erbfolge ergibt als aus dem Erbschein, ist man von der Redlichkeit des Finders abhängig.« Für den ist es schließlich verlockend, das Testament verschwinden zu lassen. Prinzipiell nicht ins Testament gehörten Verfügungen zur Beerdigung. »Ist natürlich ärgerlich, wenn nach drei Monaten das Testament eröffnet wird, und da steht drin: Ich will eine Seebestattung.«

Stimmt, darüber sollte ich vielleicht noch nachdenken. Nach dem Stand der Dinge würde ich mich derzeit einfach zu Volker ins Stadion legen, da ist noch Platz für zwei Urnen. Ich würde den netten, aber doch sehr ordentlichen Friedhofsgärtner mit der Grabpflege beauftragen, unter der Bedingung, dass er sich ein bisschen an dem bislang herrschenden Durcheinander orientiert. Statt des pflegebedürftigen Rasens könnte man – um ihm die Sache einfacher und es mir heimeliger zu machen – ein Stück grüne Yogamatte verlegen. Und natürlich, klar, siehe Lektion 28, wünsche ich mir eine Yoga-Trauerstunde für die Beerdigungsgäste. Der ganze Rest? Sollen doch die Erben bestimmen. Sie brauchten ja Trost. Letztlich war ich froh, dass Volker – bis auf den Highwayman-Song – keine Anweisungen hinterlassen hatte. So konnte ich tun, was ich für richtig hielt.

Fehlt jetzt nur noch das leidige Thema Passwörter, bei dem ich plötzlich den mahnenden Blick des Ich-habe-zweizeilige-Codes-Mannes Volker im Nacken spüre. Ich bin leider der Schnucki123456-Typ. Nur dass meine Passwörter meistens aus Flüchen bestehen, die mir beim Erstellen immer einfallen. Kurz zwinge ich mich noch, mich mit Passwort-Managern auseinanderzusetzen. Aber schon als ich den Bericht der Stiftung Warentest dazu anklicke, werde ich plötzlich ganz, ganz müde. Ich tippe die Wörter einfach uraltmodisch in eine Mail und schicke sie an meine Schwester. Hat etwas davon, sie als Runen in einen Felsblock zu meißeln. Egal, Hauptsache, sie muss sich eines Tages nicht mit Facebook herumschlagen, wie andere Erben ohne Password. Dann kann sie jedenfalls mein Profil auf den neuesten Familienstand bringen. Wollte ich da immer schon mal lesen: »Es ist kompliziert.«

Etwas Theorie

Lektion 11:

Vom Tod quatschen statt totschweigen

*Wieso der olle Gevatter gerade en vogue ist.
Und bitte keiner mehr von Tabu spricht*

Ich weiß nicht mehr, wann genau ich was an meinen allerersten Abenden als Witwe gemacht habe. Aber ganz sicher flüchtete ich mich an mindestens einem davon zu meinem Nachbarn Klaus. Denn Klaus ist einer von denen, die sich neuerdings mit dem Tod auskennen. Fast pünktlich zu Volkers Ableben war er mit seiner hundertsechzigstündigen Ausbildung zum ehrenamtlichen Sterbebegleiter fertig geworden. Warum er damit überhaupt angefangen hatte? »Ich interessiere mich für Grenzen, dahin zu gehen, wo es dunkel ist.«

So einen brauchte ich gerade dringend, und nicht nur ich. Just hatte das Deutschlandradio ein Interview mit Klaus geführt. Der Tod, »eigentlich ein Evergreen«, wie er anmerkte, hatte Konjunktur. Die Lokalzeitungen waren voll mit Berichten über ehrenamtliche Todesexperten (unter poetischen Überschriften wie »Gemeinsam den letzten Weg gehen«), der NDR sammelte 2016 mal eben 3,6 Millionen Euro für die Hospizbewegung, und es entstanden – nach englischem Vorbild – ständig neue sogenannte »Death Cafés«, in denen man über das Sterben plaudert. Während ich das hier schrieb, machte in Minden »Hospizkreis« Nummer siebzehn auf. Vierzig Leute kamen zum Auftakt. Offenbar quatschte man nun vom Tod, statt ihn – wie Volker zu Lebzeiten – totzuschweigen.

Anscheinend war ich, die hauptberufliche Trendforscherin, aus Versehen mal wieder in meinem Element. Als hätte es nicht gereicht, dass Volker ein besonders prominentes Sterbejahr erwischt hatte. 2016 hatte der Tod offenbar zur Inspiration ein paar *People*-Magazine und alte *Bravos* studiert. Vom Starschnitt (wir erinnern uns, diese Sammelposter in dem Jugendheftchen) zum Starschnitter. Nebst jungen bis mittelalten Menschen wie David Bowie, Roger Willemsen, Guido Westerwelle, Roger Cicero, Zaha Hadid, Prince und George Michael kassierte er auch von den über Siebzigjährigen etliche Bekannte ein, angefangen bei Umberto Eco über Hans-Dietrich Genscher, Götz George, Bud Spencer, Walter Scheel, Schimon Peres bis hin zu Manfred Krug, Leonard Cohen und Fidel Castro. Volker hatte den Slot zwischen Muhammad Ali und Prince erwischt. Es war nicht wirklich ein Trost, aber Sterben schien noch nie so angesagt.

Volker und ich hatten zusammen besonders um David Bowie getrauert, Prince' Tod ließ ihn dagegen kalt, bis ich ihm »Sometimes It Snows in April« vorspielte, dieses wahrhaft todtraurige Lied über einen Freund, den das Sterben vom Leiden erlöst. (»Just after I'd wiped away his last tear, I guess he's better off than he was before.«) Es wäre ein guter Moment gewesen, um mal über den Tod zu reden, so wie wir es bis dato nur ein einziges Mal geschafft hatten. Aber Volker schwieg. Zu der Zeit quälte ihn mal wieder ein Entzündungsschub, erstmals kam er mir nachhaltig lebensmüde vor, und ich fragte ihn eines Abends nach seiner Patientenverfügung. Die letzte war sieben Jahre alt, sie stammte noch vom Beginn seiner Krankheit. Damals hatte er noch um jeden Preis leben wollen. »Ist das immer noch so?«, fragte ich ihn. »Ich muss darüber nachdenken«, antwortete er.

Jetzt bin ich mit Nachdenken dran, über Volkers Schweigen zu Hause und all das Gerede übers Sterben in der Öffentlichkeit. Über Volkers Angst vor dem eigenen Ableben und seine Liebe zu Filmen mit vielen Toten. Da passte etwas nicht zusammen. Wir, die Metropolen-Menschen, hatten nicht mitbekommen, dass die Sache längst ein Thema für unsereins geworden war. Wie ich inzwischen weiß, engagieren sich in den USA gleich eine Reihe nach Indie-Musikern aussehende Aktivisten dafür, »den Tod zum Teil des Lebens« zu machen, allen voran die youTubende und bestsellernde Bestatterin Caitlin Doughty aus Los Angeles. Sie gründete 2011 den »Orden für einen guten Tod«. Mission-Statement laut *orderofthegooddeath.com*: »Der Angst vor dem Tod ins Auge zu schauen, sei es der vor dem eigenen Tod oder davor, dass geliebte Menschen sterben.« Es gehe darum, zu akzeptieren, dass der Tod natürlich sei, aber die Todesangst unserer modernen Kultur nicht. Death-Positive-Bewegung nennt sich das.

Ich und vor allem Volker waren noch im Death-Negative-Modus. Dabei hätte es ihm sicher gutgetan, wenn er einen Weg gefunden hätte, sich mit seiner Todesangst auseinanderzusetzen, die ihn quälte, wie er in unserem einzigen, sehr kurzen Gespräch zum Thema zugegeben hatte. Aber auch mit Klaus, den Volker sehr mochte und mit dem er öfter Mittag essen ging, sprach er nicht über das, was ihm – und natürlich jedem von uns – bevorstand. Die Trauerbegleiterin Chris Paul glaubt, dass die Art, wie jemand stirbt, häufig zur Persönlichkeit des Sterbenden passt. Erst fiel mir dazu in Volkers Fall nichts ein, zu diesem Finale auf einer Intensivstation, vollgeknallt mit Opium, längst schon hirntot. Was hatte das mit ihm zu tun? Irgendwann wurde mir klar: Weniger kann man wohl von seinem eigenen Tod nicht mitbekommen. Einen bewussten Abschied vom Leben – wie ich ihn vorzöge – hätte Volker wohl weder gewollt noch ausgehalten. Hospiz war nicht sein Ding. Wäre Volker doch dort gelandet, hätte er sicher noch ein paar Möbel bestellt.

Hätte, hätte, hätte. Hätte Volker rechtzeitig entschieden, dem Tod offenen Auges zu begegnen, hätte er sich von unserem Nachbarn etliche Bücher für die Zielgerade des Lebens ausleihen können. Klaus, im Hauptberuf Headhunter, kümmerte sich nach Feierabend um die menschliche Seele. Und so standen bei ihm im Schrank nebst viel spiritueller Literatur unter anderem Werke wie *Fünf Dinge, die Sterbende am meisten bereuen*, ein Bestseller, den die Palliativpflegerin Bronnie Ware 2011 landete. Den hatte Klaus sogar doppelt. Doch Volker, der viel mehr Sachbücher kaufte, als er je lesen konnte (Antibibliothek nannte er seine Sammlung in Anlehnung an Umberto Eco), besaß kein einziges Werk zu ebenjenem Thema, das ihn doch sicher zumindest unbewusst andauernd beschäftigte.

Aber er wollte partout nichts wissen über die Überlebenschancen für seine Krankheit. Die hab immer ich nachgeschlagen oder dem Arzt entlockt und für ihn verwaltet. Ich hätte für ihn auch brav den später preisgekrönten Text in der *Süddeutschen* darüber gelesen, was genau im Körper beim Sterben passiert. Doch der erschien erst drei Wochen nach Volkers Tod.

Posthum fragte ich Klaus, ob er mir etwas zum Thema Sterbebegleitung empfehlen könne. »Ilka Piepgras hat gerade ein Buch geschrieben, die *Zeit*-Journalistin, die auch bei mir im Hospiz hilft«, sagte er. Im Laden fand ich es neben Titeln wie *Selbstbestimmt sterben* oder *Wie wir die Angst vor dem Sterben überwinden*. Auch auf dem Buchmarkt hatte die menschliche Vergänglichkeit offenbar gerade einen *moment*. Das Piepgras-Buch hieß: *Wie ich einmal auszog, den Tod kennenzulernen, und dabei eine Menge über das Leben erfuhr*. Darin berichtet sie, dass der Schock ob des Todes eines Bekannten sie ins Hospiz getrieben hatte. Nie wieder wollte sie so unvorbereitet sein. Gute Idee, Learning by Dying konnte ich nun wirklich nicht empfehlen.

Auch Piepgras hatte registriert, wie sehr solch ein Präventiv-Training gerade en vogue ist: »Die Suche nach neuen, zeitgenössischen Formen der mittelalterlichen Ars Moriendi ist im vollen Gange.« Mittelalter reloaded. Von der Kunst des Sterbens hatte ich noch nie gehört. Ich wusste nichts davon, dass es eine Literaturgattung namens Ars Moriendi gibt, die im 15. Jahrhundert entstanden war, als Krieg, Hungersnöte und Seuchen oft ganz plötzlich zuschlugen. Nun lernte ich, dass die Priester damals mit dem Seelsorgen kaum hinterhergekommen waren. Deshalb wurden Anweisungen für Rituale zum Lebensende, die ursprünglich für Geistliche bestimmt waren, nun in »Todesbüchlein« veröffentlicht. Im Internet stößt man schnell auf Illustrationen daraus, die aus heutiger Sicht herrlich skurril anmuten. Sie zeigen, wie man auf dem Totenbett dämonischen Versuchungen mit der richtigen Konterstrategie widersteht, etwa indem der Sterbende der Ungeduld, dargestellt durch eine Frau mit Haube, einen ordentlichen Tritt versetzt. Vielleicht hätte man Volker, den atheistischen Comic-Fan, mit einer zeitgenössischen Helden-Variante animieren können, sich mit seinen Ängsten auseinanderzusetzen. Irgendetwas in der Art: »Supermann versus Sensenmann«.

Aber auch ich, so todesmutig ich im Vergleich zu Volker war, hatte mich trotz Ratgeberflut nicht sonderlich gut vorbereitet auf seinen Tod. Immerhin, ich hatte mit meinen Freunden und meinem Psychologen ausführlich über meine Ängste gesprochen. Ich war es, die unbedingt ein Testament machen wollte. Und ich habe Volker zum Heiraten überredet, auch weil ich wusste, wie sehr das die Sterbebürokratie erleichtern würde (siehe Lektion 9). Doch hatte ich etwa Klaus mal ausgefragt? Nun aber. Schließlich hat er sogar eine soziologische Erklärung parat, warum Sterbebegleitung gerade so ein großes Thema ist. »Die Achtziger- und Neunzigerjahre waren supermaterialistisch. Jetzt leben wir im postmateriellen Zeitalter«, sagt Klaus.

»Ich merk das an mir. Shoppen interessiert mich einfach nicht.«
Dann schwärmt er von seinen Ausbilderinnen im Hospiz. »Da
hatte ich auf einmal eine ganz andere Liga von Elite vor Augen,
Menschen, die im Stillen dienen und lieben.«

Das passt gut zu der ersten großen Geschichte, die ich als
Witwe (zusammen mit meiner Kollegin Dagmar von Taube)
für die *Welt am Sonntag* geschrieben hatte. »Safari zum Selbst«,
hieß die Überschrift. Auf zwei Zeitungsseiten führten wir aus,
dass der wahre Luxus heute darin besteht, sich um sein eigenes Wohlbefinden zu kümmern. Zum Ich-Trip gehören Fitness,
Superfood und Detox-Kuren, aber auch spirituelle Erfahrungen, gerne mit bewusstseinserweiternden Drogen und Nackt-
meditation in der Wüste. Angeben heißt entsprechend nicht
mehr: »Mein Haus, mein Auto, meine Jacht«, sondern »Meine
Darmreinigung, meine Meditationspraxis, mein Drogentrip mit
Indianern.« Der »Healster«, so unsere These, hat das Zeug, den
Hipster abzulösen.

Der Frankfurter Soziologe Robert Gugutzer, den ich für die
Geschichte interviewte, nennt die neue Beschäftigung mit dem
Selbst »Bodycaring«. Seiner Beobachtung zufolge hat die Sorge
ums eigene Wohlbefinden geradezu »kultische Ausmaße« angenommen. »Früher schleppte man seinen Körper mit sich herum,
heute kümmert man sich um ihn.« Das will er gar nicht negativ
bewerten oder gar als Ausdruck eines neuen Narzissmus abtun.
»Der Mensch hat ein Sinnbedürfnis«, sagt er. Und das lebe er
heutzutage eben durch den »Selbstkult« aus. Klingt einleuch-
tend. Nun, da die Religion an Bedeutung verloren hat, weder
Beziehung noch Job sicher sind und selbst eine Institution wie
die Demokratie plötzlich wacklig scheint, konzentrieren wir uns
eben auf das Naheliegende, nämlich unseren Körper, den wir in
jeder Form hegen und pflegen und unbedingt mit allen Sinnen
spüren wollen. Bis zuletzt.

Das neue Interesse für unsere Sterblichkeit, so könnte man folgern, hat mit einem neuen Interesse am Körper generell zu tun. Selbstoptimierung bis zum letzten Atemzug. Vielleicht erklärt das auch, warum jemand wie Christiane zu Salm, einst MTV-Chefin, inzwischen als ehrenamtliche Sterbebegleiterin sowie Autorin von Büchern rund um den Tod (*Dieser Mensch war ich*, *Weiterleben*) Karriere und Furore macht. Hauptsache, hin zum Wesentlichen. So schafft man es von der alten Elite in die neue Liga.

Eigentlich ein Wunder, dass ich, die ich Yoga wie eine Religion betrieb, mich bestens ernährte und mich auch sonst ernsthaft für meinen Körper interessierte, mich bis zu Volkers Tod noch nicht näher mit dem eigentlichen Akt des Sterbens befasst hatte. Dabei war ich doch sehr lange vorgewarnt worden. Nun saß ich plötzlich bei schwülen 38 Grad im Schreibexil auf einer Dachterrasse in Tel Aviv und schickte E-Mails in die Welt und nach Hause. Wie hing das zusammen, das Trendhobby Sterbebegleitung und der Umstand, dass viele meiner Freunde nicht mal ein Testament oder eine Patientenverfügung hatten? Waren die einfach hinter dem Zeitgeist zurückgeblieben? War der Tod gar wirklich noch das »letzte Tabu«, wie Henning Scherf 2016 in einem Buch behauptete?

Auf der Suche nach Antworten schrieb ich unter anderem dem Augsburger Soziologieprofessor Werner Schneider, der gerade ein Forschungsprojekt zu ehrenamtlicher Hospizarbeit betreut. Seine erhellende Auskunft: »Seit Mitte der Neunziger habe ich in fast allen meinen Publikationen immer wieder argumentiert, dass wir weit davon entfernt sind, Sterben und Tod in unserer Gesellschaft zu tabuisieren oder zu verdrängen. Im Gegenteil: Wir leben mittlerweile in einer Gesellschaft, die sich intensiv insbesondere mit dem Thema Sterben beschäftigt.«

Seiner Meinung nach hat vor allem die Hospizbewegung

dazu beigetragen, die »in der Rückschau auf die letzten dreißig Jahre eine sehr bedeutsame und erfolgreiche Bürgerbewegung« gewesen sei. Die Zahlen belegen den Erfolg. 1986 eröffnete in Deutschland das erste stationäre Hospiz. Inzwischen gibt es hier weit über zweihundert davon und zusätzlich eintausendfünfhundert ambulante Hospizdienste.

Dann liefert der Soziologe Schneider auch noch eine Erklärung dafür, warum der Tod nicht für jedermann ein Thema ist – aber eben trotzdem kein Tabu. »Wir können unser Alltagsleben über viele, viele Lebensjahre in der Haltung einer ›potenziellen Unsterblichkeit‹ organisieren – und das ist gegenüber den vielen Menschen, die heutzutage in anderen Regionen unter existenziellen Risiken und Gefährdungen leben müssen, ein besonderes Privileg.« Auch das ist moderner Luxus: Ich kann mich dafür interessieren – oder eben nicht. In der Regel eilt es wenig.

Das passte durchaus zu meinen Erfahrungen mit meinen Mitmenschen. Die wenigsten schienen davon befremdet, wenn ich über Volkers letzte Tage redete. Okay, einige lobten mich für meine Offenheit, als würde ich mich zu einer Syphilis bekennen. Manche hatten Probleme mit Beileidsbekundungen. Wahrscheinlich waren sie einfach ungeübt mangels Masse. Die meisten schienen aber letztlich recht interessiert zu sein an Volkers Multiorganversagen, Vitalparamater inklusive. Sterben, das letzte Abenteuer.

»Du erwähnst in deinem Buch doch auch *Six Feet Under*, oder?«, fragten mich gleich mehrere Freunde. Natürlich, nun ist es endlich so weit. Hier muss stehen, dass diese Serie beweist, wie sehr sogar Bestatter als Fernsehhelden taugen. Der Akt des Sterbens ist längst Kult in der Kultur, auch und gerade in Film und Fernsehen. Da scheidet man nicht mehr eben schnell aus dem Leben, indem man theatralisch guckt und umfällt. Der Tod wird bis zum Seziertisch anatomisch detailgetreu und realistisch inszeniert. *Die neue Sichtbarkeit des Todes* heißt ein über sechshundertseitiger Sammelband, den der Berliner Kulturwissenschaftler Thomas Macho und die Kunsthistorikerin Kristin Marek schon 2007 herausgaben.

Entsprechend hemmungslos wird inzwischen allüberall öffentlich getrauert, online und offline. Nach Attentaten tröpfelt an den Orten des Terrors individueller Schmerz zum Blumenmeer zusammen, nach dem Tod von Prominenten füllen sich im Internet Online-Kondolenzbücher. Von meiner Tel Aviver Dachterrasse aus wechsle ich auch noch ein paar innerstädtische Mails mit der vor Ort lehrenden kanadischen Trauerforscherin Leeat Granek. »Spontane Schreine« nennt sie die neuen Trauerplätze. Sie schreibt: »Dass Menschen solche Orte kreieren, ist ein neuer Weg für etwas, das historisch gesehen eine ganz normale Praxis war, um mit anderen zusammen in der Öffentlichkeit zu trauern.« Ein Anfang, findet sie. Ansonsten hält sie unsere moderne Trauerkultur für stark überholungsbedürftig. Immer noch werde Trauer zu sehr privatisiert und pathologisiert. Dass Sterben hip ist, heißt eben noch lange nicht, dass man nun in Ruhe und ausgiebig trauern darf.

Zurück in Berlin, verabredete ich mich mit Antonia, einer meiner *Welt*-Kolleginnen, von der ich wusste, dass sie früher mal als ehrenamtliche Hospizmitarbeiterin Menschen beim Sterben begleitet hatte. Damals war ich noch nicht bereit gewesen, ihr richtig zuzuhören. Nun trafen wir uns auf einen Death-Kaffee. Und Antonia erzählte mir davon, wie sie waren, ihre ersten Begleitungen. »Da fragst du natürlich nicht: Wie geht's? Was sollen die Leute da antworten? Ich habe einfach Hallo gesagt und mich hingesetzt. Da kommt schon etwas.« Sie hörte vor allem Sorgen um die, die zurückbleiben. Und bedauerte noch viel mehr jene, bei denen keine Fotos von Angehörigen auf dem Nachttisch standen und die kaum Besuch bekamen. »Ich denke das Leben jetzt von hinten her. Wenn man Bilanz zieht, sind es doch Freunde und Familie, die wirklich zählen.« Genau deshalb schafft Antonia es momentan nicht mehr, ihr Ehrenamt auszuüben: Sie hat inzwischen drei kleine Kinder.

Klaus' Berichte klingen ähnlich. »Ich bin da wie ein Schwamm. Ich setze mich hin und sauge auf, was kommt. Das kann übrigens unglaublich langweilig sein.« Und gerade deshalb so lehrreich. »Da geht es nicht mehr um Selbstoptimierung, da fragt man sich, was wirklich wichtig ist.« Eine Antwort, die er fand: »Man sollte sich rechtzeitig eine solide spirituelle Praxis zulegen, die man auch noch abrufen kann, wenn man im Graben liegt.« Er erzählt, wie er einer dementen Patientin kurz vor dem Tod vorlas. »Ich hatte das Gefühl, dass da gar nichts mehr ankommt. Aber dann habe ich mantramäßig das Vaterunser wiederholt, und plötzlich schaute sie nach oben, als erkennte sie etwas Höheres.« Klaus übt sich jetzt noch intensiver im Meditieren.

Ich überlegte kurz, ob meine Yoga-Mantras vielleicht schon reichten für den Graben. Oder sollte ich mich doch etwas akribischer auf meinen eigenen Tod vorbereiten? Vorsichtshalber las ich das entsprechende Kapitel in *Das tibetische Buch vom Leben und vom Sterben*, dem 1992 erstmals erschienenen Dauerbestseller des Meditationslehrers Sogyal Rinpoche, von dem hier noch öfter die Rede sein wird (obwohl 2017, kurz nach meiner Lektüre, einige langjährige Schülerinnen und Schüler in einem Brief von sexuellen Übergriffen, Schlägen, Verschwendungssucht berichteten und auch sein Freund, der Dalai Lama, ihn hart kritisierte. Aber er scheint sich wirklich mit dem Kollegen Tod auszukennen, vielleicht gerade deshalb, weil der auch so ein Arsch ist). Das Buch enthält jedenfalls ein paar praktische Übungen (ab Seite 256!) für die letzten Lebensmeter. Im Wesentlichen geht es dabei darum, sich jemand oder etwas Heiliges vorzustellen, der/die/das einem etwas sagt. Buddha, Maria oder zur Atheistennot einfach nur reines, goldenes Licht. »Lassen Sie einfach Ihren Geist mit dem Weisheitsgeist der reinen Präsenz verschmelzen.« Das musste vorerst genügen.

Nein, ich wollte nicht zurück in die Haltung einer ›potenziellen Unsterblichkeit‹. Doch dringender, als das genaue Ableben zu trainieren, schien es mir gerade, etwas vom Tod fürs Leben zu lernen und meine Erkenntnisse mit anderen zu teilen. So dachte ich ernsthaft darüber nach, eine »Schule des Todes« zu gründen, quasi als Antwort auf den Philosophen Alain de Botton (siehe Sinnquickie in Lektion 14), der eine »School of Life« betreibt, eine Art Volkshochschule für angewandte Philosophie. Kaum hatte ich das Curriculum im Kopf erstellt, den Einführungskurs »Sterben für Dummys« schon so gut wie organisiert, da war jemand schneller. Seit Oktober 2017 gibt es in Berlin eine »School of Death«, die Veranstaltungen rund um den Tod organisiert. Das Schul-Motto: »Lass uns den großen Elefanten im Raum umarmen.« Aber ja.

Zwischenbilanz 1

Lektion 12:

Hallo Volker

Warum du ganz oft fehlst, manchmal aber auch nicht und genau deshalb doch. Eine Zwischenbilanz ans Jenseits in Briefform

Liebster,

heute habe ich ein Jahr ohne dich geschafft. Und was für eins. Einmal Fußball-EM, Brexit, mein fünfundvierzigster Geburtstag, Trump, der Lkw-Killer auf dem Breitscheidplatz, Weihnachten, George Michaels Tod mit dreiundfünfzig, Silvester, meine neue Kolumne bei der Welt am Sonntag, *du wärst fünfundfünfzig geworden, Deutschlandpremiere von* Lalaland, *Hertha verlor im Pokal-Achtelfinal-Elfmeterschießen, Martin Schulz bekam hundert Prozent, Ostern, ich küsste jemanden, ein viel zu später Frühling, der Franzose-mit-der-zweiundzwanzig-Jahre-älteren-Frau wurde Präsident, die FDP stand mit zwölf Prozent in NRW von den Toten auf, Buchvertrag bei Penguin, Terror in Manchester, Kirchentag in Berlin.*

Dreihundertfünfundsechzig Nächte. Dreihundertfünfundsechzig Tage. Zweiundfünfzig Montage. Alles ohne dich. Ein Jahr ohne deine Gedanken, deine Arme, deine Augen. Ein Jahr ohne gemeinsames Nickerchen, Sofasitzen, Yogamachen. Auf deinem Computer poppen immer noch Mitteilungen auf wie: »Kette ölen. Rad aufpumpen 3,5 Bar«. Du fehlst, fast immer bei allem. Ehrlich. Und ganz ehrlich: Manchmal fehlst du auch nicht.

Die Trauerberaterin Chris Paul rät, den toten Partner nicht zu verklären, sonst hätten Nachfolger/-innen es schwer. Deshalb hier eine Bilanz mit vielen Ehrlichs, inklusive eines Berichts über mein posttraumatisches Wachstum. Noch so einen Begriff, den ich nach deinem Tod gelernt habe.

Posttraumatisches Wachstum nennt man das, was man durch eine Krise lernt. In meinem Fall gehörte dazu: mich viel gesünder zu ernähren.

Stell dir vor, ich habe ein Jahr ohne sonn- und feiertägliche Pfannkuchen hinter mir! Ich kann die einfach nicht mehr essen ohne deinen Mund, ohne unseren Pas de deux beim Teiganrühren. Ich kümmerte mich um die richtige Dosis von Milch und Mehl, du fischtest die weißen Knubbel aus den Eiern, die dir so eklig schienen. Ich habe gerade gegoogelt, Hagelschnur heißt der Knubbel. Noch ein Post-Todes-Wort. Ich sehe dich vor mir in der gestreiften Schürze am Herd. (Weißt du noch, wie du mich mal nur in ihr bekocht hast?) Wir buken abwechselnd. Wer den meisten Hunger hatte, bekam den ersten Pfannkuchen. Ich glaube, letztes Mal warst du zuerst dran.

Ich vermisse unser Ritual. Aber superganzehrlich? Ich bin auch froh, die Dinger samt Ahornsirup los zu sein. Zu süß, zu fettig, zu viele. Ich esse generell so gut wie keinen Quatsch mehr. Ich habe damit einfach aufgehört, weil die Schublade voller Gummibärchen, Schokolade und Chips bei dir in der Wohnung nebenan war. »Der Stash«, sagten wir dazu, so wie in der Serie The Wire *die Dealer zu ihrem Drogenversteck.*

Du hattest mich wieder angefixt. Ich hatte mir Süßigkeiten und Chips in der Pubertät nach der ersten Essstörung fast ganz abgewöhnt, nun war ich wieder voll drauf. Wenn wir zusammen Serien schauten, und wir schauten viel, warst du es meist, der irgendetwas in eine Müslischale kippte und vor uns stellte. Wenn du mir einen Cappuccino in meine Wohnung brachtest, serviertest du dazu ein Stück Rausch-Bitterschokolade auf einem Unterteller. Manchmal legtest du mir auch eine Line: sechs Gummibärchen nebeneinander, jeweils eins weiß, gelb, orange, hellrot, dunkelrot, grün.

Jetzt bin ich weg von Fernsehserien und Knabberzeugs. Ich hatte keine Entzugserscheinungen.

Aber mir fehlt jeden Tag, wie deine Hände Tüten öffneten, Schokoladenstückchen brachen, Bärchen sortierten: Der Service ist wirklich unter aller Kanone, seit du nicht mehr da bist. Beim Brotnachschub hapert es, ich frühstücke öfter auf dem Rad. Überhaupt ist mein Kühlschrank wieder so leer wie zu Studentenzeiten. Nur dass dort jetzt neben Ketchup, Senf und Milch auch Craft Beer steht. Neues Hobby von mir. Wäre zu deinen Lebzeiten wohl nicht so passiert, du hast wegen deiner Leber ja nichts getrunken. Das war sehr gut für mich. Du warst sehr gut für mich trotz der paar Gummibärchen.

Ich habe den Alltag mit dir geliebt, sogar Essen einkaufen. Bei unserem Rewe hier (das Gemüse wird übrigens Tag für Tag noch schlechter) habe ich mehr um dich geweint als irgendwo sonst. Besonders oft kamen mir am Kartoffelschuber die Tränen. »Was mit Kartoffeln«, hast du gesagt, wenn ich fragte, auf was du Lust hast. Und wenn ich nach Hause kam, hattest du oft Kartoffelbrei mit Röstzwiebeln vorbereitet. I liked! Habe ich seither auch nicht mehr gegessen. Äpfel mag ich übrigens immer noch nicht. So weit geht sie dann doch nicht, meine neue Orthorexie, also die zwanghaft gesunde Ernährung. (Da habe ich doch mal eine Kolumne zu geschrieben und einen Veganer-Shitstorm geerntet, weil ich Green Smoothies als Selbstverstümmelung deklarierte.)

Manchmal vermisse ich dich gerade bei Alltäglichkeiten, bei denen du mich ein bisschen genervt hast. Wenn du mich beim Wäscheaufhängen sehen könntest! Totales Gedrängel auf dem Ständer. Du mochtest es luftig und wohlgeordnet, die Socken wie eine kleine Armee in Formation. Hängte ich die Wäsche auf, arrangierst du sie danach um, trotz meiner Schwüre, sie sei bisher auch nach meiner Methode stets trocken geworden. Jetzt bin ich voll wieder zurück beim Aufhäng-Chaos (und ja, unglaublich, es wird trotzdem trocken). Aber ich bügle immer noch die Kopfkissenbezüge und die Schlafshirts, so wie du es gemacht hast. Total unnötig, aber am Bügelbrett bist du irgendwie dabei.

Wie beim Tagesthemen-Schauen. Du als News-Junkie hast gerne eine zweite Tonspur zu den Bildern geliefert, mit Zusatzinformationen plus Meinung. Daneben hatten es andere Ansichten schwer. Wenn der Kommentar dran war, rangen wir um die Fernbedienung. »Ich kann das nicht ertragen«, hast du gestöhnt und stelltest den Apparat auf stumm, wenn du sie ergattern konntest. Ich schaue nun meist hemmungslos und laut. Aber manchmal, da mache ich den Ton aus, dir zu Ehren.

Ich darf auch ungezügelt wieder Lilien kaufen, diese weißen/rosa/orangefarbenen Blumen, die dir so stanken. Botanik war nicht deine Stärke, der Unterschied zwischen Gewächsen wie Iris und Hyazinthen blieb dir zeitlebens ein Rätsel. Nun, da ich deine Zeugnisse studiert habe, weiß ich auch, warum. »Wegen Lehrermangels nicht erteilt« steht da ganz oft bei Biologie. Übrigens, das Grüne, Brennnesselartige auf deinem Grab ist Zitronenmelisse. Du mochtest doch alles, was nach Zitrus roch. Und natürlich Fußballrasen.

Hast du bemerkt, dass die kleine Grasfläche vor dem Tor große braune Flächen hat? Schnüff! Als würde das kleine Fußballfeld langsam verfaulen, ein Drama! Ich habe mit dem Hertha-Rasenwart vor ein paar Tagen dazu telefoniert. Er war im Stress wegen des Pokalfinales, aber sehr mitfühlend. »Das kann an allem Möglichen liegen«, sagte er. Zu viel Wasser, zu wenig Wasser, zu wenig Sonne, pickende Vögel. »Die Pflege ist sehr schwer für Laien.« (Findest du es eigentlich übertrieben larmoyant, bei einem Toten über einen sterbenden Rasen zu wehklagen? Oder machst du dir ebenfalls Sorgen ums Grün?) Auch der Friedhofsgärtner sprach mich schon auf den Rasen an. »Sieht nicht gut aus.« Nee. Ich tippe übrigens auf zu viel Dünger.

Immerhin hat das Tor jetzt endlich einen Torwart, eingeschweißt in einen durchsichtigen Flummi, streckt er die Ärmchen gen Querlatte, in den Händen einen frisch gefangenen Ball. Robert, der Gute, hat ihn als Spieler für deinen Platz verpflichtet. Hat er dir erzählt, was wir heute vorhaben?

Wir gehen ins Arsenal, das »Institut für Film und Videokunst«, in dem wir so oft zusammen auf die Leinwand schauten. Während du dich über alte Schwarz-Weiß-Komödien kaputtlachtest oder an anderen Film-Raritäten erfreutest, bin ich dabei regelmäßig eingeschlafen. Gerne zitiertest du dann den Regisseur Jean-Luc Godard: »Im Kino schlafen bedeutet, dem Film zu vertrauen.« Das Beste an diesen Filmkunstabenden war deine Freude darüber. Ich werde dich heute sicher besonders vermissen. Aber total ehrlich? Nach dem Film – so einer Indieproduktion, in der pausenlos geredet wird – werde ich wahrscheinlich ein bisschen froh sein, dass ich nicht *mehr so oft ins Arsenal muss. Aber noch ehrlicher: Natürlich würde ich alles geben, um dort neben dir zu schlummern.*

Manchmal schaue ich auf das Spülmaschinendisplay und hoffe, dass wieder jemand wie ein unsichtbarer guter Geist Salz und Klarspüler nachgefüllt hat. Passiert nicht mehr. Alles muss man jetzt selbst machen. Kinofilme auswählen, neue Musik entdecken, Klarspüler klarmachen. Sogar die Schlussgags für meine Kolumnen sind nun allein meine Sache. Dabei hast du mir so viele gute geschenkt. Aber das Verblüffende ist: Es geht. Als wäre der gute Geist in mich gefahren.

Das ist wohl damit gemeint, mit diesem »posttraumatischen Wachstum«. Den Begriff haben übrigens zwei Psychologen von der University of North California geprägt. Perverse Idee eigentlich, du stirbst, ich wachse. Oder besser: erstarke. Was ich plötzlich alles kann! Wenn ich mal beim Schreiben hängen bleibe, werkle ich halt einfach weiter an dem Text, statt dich anzurufen und dir mit theatralischem Schreiberschmerz die Ruine vorzutragen. Sogar rechnen und handwerkeln lerne ich langsam wieder, was du mir all die Jahre abgenommen hast. Und diese dämliche Druckerpatrone für deinen schicken Laserdrucker, mit der ich gerade kämpfe, bekomme ich sicher auch noch installiert.

Ach so, ich schreibe übrigens ein Buch darüber, was ich alles nach deinem Tod gelernt habe, quasi ein Buch über posttraumatisches Wachstum. Ich hoffe, du hast nichts dagegen, ist ja irgendwie auch dein Werk. Da fällt mir ein, ich sollte wenigstens einen Teil des Honorars für den Kampf gegen Nazis ausgeben, der dir so am Herzen lag. Amadeu Antonio Stiftung? Oder lieber Vereinigung der Verfolgten des Naziregimes?

Zu der Kategorie »posttraumatisches Wachstum« gehört auch, neue Möglichkeiten im Leben zu entdecken. Stell dir vor, der Jemand, den ich geküsst habe, war eine Frau. Hatte ich dir jemals von meinem Hang zu Frauen erzählt? Ihr würdet euch mögen, diese Frau und du, ich glaube, ihr habt so einen ähnlichen Humor. Aber es ist erst mal nur eine Affäre, eine schöne. Ansonsten suche ich noch nach einer neuen Liebe. Aufregend, oder? Dass ich nun nicht mal mehr sicher bin, welches Geschlecht sie haben wird.

Mach dir also keine Sorgen um mich. Ich komme irgendwie klar. Auch deshalb, weil ich von und mit dir so viel gelernt habe, vor allem, jeden klitzekleinen Augenblick zu genießen. Wenn ich die Augen schließe, fühle ich noch ganz genau unsere Lieblingsverabschiedung: Du legtest dein Kinn auf meine Schulter und ich meines auf deine, wie Pferde auf der Weide, und so standen wir eine ganze Weile da. Bitte habe keine Angst, dass ich dich vergesse. Und denk ja nicht, dass ich aus Pflichtbewusstsein fast täglich auf dem Friedhof erscheine. Ich brauche einfach mein daily date mit dir. Das »uns« gibt es noch, trotz alledem und meiner Frau.

Gestern Nacht habe ich von dir geträumt. Ärgerlicherweise war es nicht eines dieser schönen Filmchen, die viel zu selten nachts in mir ablaufen. In denen lebst du, und wir sind ganz glücklich. Aber ich schreibe sie nie auf, und deswegen vergesse ich sie wieder. Nein, es war einer dieser surrealen Albträume, wie ich sie ein paarmal schon in den Monaten nach deinem Tod hatte. Von einem schrieb ich dir aus Brüssel. Darin begegnete ich erst in einer Turnhalle einem großen Einhorn aus Watte, lief dann die hundert Meter schneller als Usain Bolt, schließlich fingen die Handys an zu leben, Leute auf Fotos konnten vom Display aus nach mir greifen. Schnitt. Plötzlich saßen wir am Tisch, du auf einem Stuhl links neben mir, und ich sagte, ich müsse jetzt zur Arbeit fahren, aber ich traue mich nicht wegen dieser sonderbaren Vorkommnisse. »Geh ruhig«, sagtest du. Und dann sank dein Kopf auf die Brust. Ich schüttelte dich, aber du warst tot.

Und nun wieder so ein Horrortraum, ausgerechnet in der Nacht vor deinem Todestag. Wir hatten uns auseinandergelebt und eigentlich schon getrennt, waren aber die ganze Zeit noch irgendwie zusammen. »Mingles« heißt das ja, dieser Zombiestatus zwischen Single und Zusammensein (Mi von Mixed). Und dann kam eine dunkelhaarige, schauspieleresk attraktive Frau hineinspaziert, und mir wurde klar, dass du mit ihr verabredet bist. Da fing ich an zu schreien und zu schluchzen, bis ich mit feuchten Augen aufwachte. Mann, war ich eifersüchtig!

Eigentlich ganz schön egoistisch, als würde ich mich nicht selbst vergnügen. Solltest du da drüben wirklich eine schicke Dunkelhaarige gefun-

den haben: *Enjoy!* Aber *mega-ehrlich:* Ich will es lieber nicht so genau wissen. So viel gewachsen bin ich dann doch noch nicht. Und einen typischen Volker'schen Schlussgag könnte das Kapitel jetzt auch vertragen.

Miss-you-hug
   B.

Eso-Ecke

Lektion 13:

Totenstellung inklusive

Warum mir Yoga trotz oder gerade wegen Shavasana den nötigen Atem schenkte

Egal welchen Yogastil man in der westlichen Welt übt, gegen Ende der Stunde wird es meist makaber. Dann heißt es: sich auf den Rücken legen, die Beine hüftbreit öffnen, die Füße nach außen fallen lassen, die Arme mit den Handflächen nach oben neben den Körper legen, dabei darauf achten, dass die Achseln etwas Luft bekommen. Nur nicht einschlafen und schnarchen. Shavasana, die Totenstellung. Im Yoga ist Sterben das Allertollste, noch besser als Regredieren bei Übungen wie »Happy Baby« (auf dem Rücken liegen und Füße festhalten) und »Kind« (auf den Knien kauern, Stirn auf dem Boden, die Arme nach hinten oder vorne ausgestreckt). Außerdem ist da noch dieses tolle Synonym für die Totenstellung: Endentspannung. So kann man das auch sehen mit dem Tod. Oder, wie die Yogalehrerin sagt: »Es gibt nichts mehr zu tun.«

In den ersten Wochen meines Witwenlebens fiel mir das ultimative Entspannen sehr schwer. Kaum berührte mein Rücken die Matte, hatte ich Volker in ebenjener Stellung vor Augen, wie er dalag, wirklich am Ende und so gar nicht entspannt wirkend trotz einer riesigen Morphium-Dosis und jahrelanger Yogapraxis. Jedes Mal liefen mir bei der Vorstellung vom toten Volker mit den gebrochenen Augen die Tränen herunter, manchmal schluchzte ich sogar vernehmlich. Und obwohl mir das so unangenehm war, als wäre ich einer von den Shavasana-Schnarchern, war ich doch dafür dankbar. Die Yoga-Tränen fühlten sich nach Therapie an, wieder mal.

Über zehn Jahre hatte ich bis dahin schon Yoga praktiziert. Wenn ich darüber redete, klang ich bereits genauso verstrahlt wie all jene Jünger, die mich als Anfängerin noch komplett mit ihrem Gesäusel verstört hatten. Ich sagte und meinte nun Dinge wie: »Yoga hat mir ein neues Leben geschenkt.« Und: »Yoga hat mich gelehrt, meinem Körper zu vertrauen, wenn auf die Psyche kein Verlass mehr ist.« Tatsächlich hatte es sich für mich bewährt, umso mehr zu praktizieren, je stressiger das Leben wurde, je verwirrter mein Geist war. Wie hatte eine meiner ersten Lehrerinnen gepredigt, wenn sie einen in einer ungemütlichen Drehung besonders lange verharren ließ? »Es geht darum, weiterzuatmen, auch wenn es ganz eng wird. Das braucht ihr im Leben.«

In Volkers letzten Tagen war alles eng. Yoga, die Schule des Lebens, wurde nun auch eine fürs Überleben. Das Credo der Lehrerin im Ohr, praktizierte ich umso intensiver, je schlechter es um ihn auf der Intensivstation stand. Kaum waren die Besuchszeiten vorbei, eilte ich in die nächste Klasse. Wenn es irgendwie ging, besuchte ich Fortgeschrittenenstunden, in denen überwiegend ehrgeizige Männer akrobatisches Zeug machten, bis sie – eigentlich ein Yoga-No-Go – komplett außer Atem gerieten. So etwas tue ich mir sonst selten an, lieber mache ich es mir bei Stunden namens »Basic-Relax« oder »Yin« gemütlich. Aber plötzlich strengte ich mich an wie nie, die schwitzenden Muskelkerle wirkten neben mir wie eine Seniorentruppe. Es war wohl so: Je machtloser ich mich fühlte, desto mehr wollte ich tun. Als kämpfte ich auf der Matte um Volkers Leben.

Götter mit Elefantenköpfen und zehn Armen waren mir trotz alledem weiterhin suspekt, allzu Esoterisches blieb mir hartnäckig verschlossen. Nichts gegen Beten, ich wusste nur nicht, zu wem. Ich beneidete meinen Vater, der sich in Stunden der Not gerne ein paar Fledermäuse (»meine Krafttiere«) vorstellt und sich von ihnen führen lässt. Schließlich, so sein Argument, flatterten die doch mit Ultraschall durchs Leben und bemerkten daher Dinge, die wir nicht mal ahnten. Von dieser Fähigkeit zu glauben hatte ich leider nichts geerbt.

Rein theoretisch fand ich es einleuchtender, was der Dalai Lama mal Westlern geraten hatte, nämlich statt fernöstliche Entspannungstechniken zu studieren, lieber Bier trinken zu gehen, das passe einfach besser zu unserer Kultur. Ob er wohl schon von dem Trend »Bieryoga« gehört hat? Wäre vielleicht ein Kompromiss zwischen hüben und drüben. Sicher fände er es lustig, dass die Tochter einer Freundin eine Weile geglaubt hatte, das Adjektiv zu Spiritualität heiße »spirituos«. Prost statt Om.

Ich hatte mit Bier allerdings schon zu eifrig versucht, mein Über-Ich unter den Tisch zu trinken (und war durch hohe Cholesterinwerte gestraft worden). In der Praxis bekam mir Yoga besser, war zu meiner Kirche geworden, zum Ort der Besinnung, die Matte mein Gebetsteppich. Und Volker hatte ich angesteckt mit meiner Begeisterung, konnte er doch beim Üben etwas Frieden schließen mit seinem Körper, der ihn so oft im Stich ließ. Nach dem Jawort im Standesamt radelten wir deshalb prompt zu unserem Stammstudio. Dort wartete schon unsere Lieblingsyogalehrerin auf uns, wir hatten eine Partnerstunde bei ihr gebucht, die sie zum Fest machte. Mit meditativer Musik und vielen Übungen, bei denen Volker und ich uns gegenseitig stützten, streckten, herausforderten. Es gibt ein Bild von unserer yogischen Trauung, er im schwarzen Anzug, ich im weißen Kleid, jeweils auf einem Bein stehend, den anderen Fuß in die Leiste gestemmt, in einer Übung namens »Baum« balancierend.

In ebenjenes Studio zu ebenjener geliebten Lehrerin ging ich am Tag vor seinem Tod. Das erste Mal in meinem Yoga-Leben ließ ich mein Handy in der Stunde extra an (Klingeln ist noch schlimmer als Schnarchen). Falls die Klinik anrufen würde. Wir übten in der Stunde den Tänzer. Dabei steht man ebenfalls auf einem Bein, den Unterschenkel in der Luft nach hinten angewinkelt, den Fuß in der Hand. Ich dachte während des Übens immer wieder an die Geschichte von Shiva, dem Gott, der sich auf dem Schlachtfeld totstellt, weil seine Gefährtin Kali (die mit den vielen Armen) es im Blutrausch zu sehr krachen lässt. Erst als sie auf Shiva tanzt, wird ihr bewusst, was sie da tut.

Am nächsten Morgen kam der Anruf. Volker war tot. Shavasana, jetzt in echt. Und ich? Überlegte schon beim Treffen mit dem Bestatter am Nachmittag ernsthaft, ob wir nicht auch während der Trauerfeier alle etwas Yoga machen sollten. Oder wenigstens ein Mantra singen. Aber so irre yogaverrückt wie ich war Volker dann doch nicht gewesen.

Dass Yoga für mich eine geradezu unheimliche Magie besitzt, hatte ich schon bei meiner allerersten Yogastunde in einem saarländischen Heizungskeller gemerkt. Die Lehrerin, eine flamboyante Mittfünfzigerin, hatte versucht, den Kellermief mit dem Eau de Toilette ihres Gatten zu vertreiben, den Unterricht hielt sie auf starkem Saarländisch. Ich erinnere mich nicht mehr genau an die Übungen, aber ich weiß noch, dass sie nicht sonderlich anstrengend waren und ich nachher trotz alledem entspannt war wie nie zuvor.

Bis dato hatte ich das Om-Zeichen für ein etwas verunglücktes Logo für die Fünfunddreißigstundenwoche gehalten. Nun war ich bereit für die Silbe, die den Hindus als Urklang gilt. Zurück in Berlin, suchte ich mir sofort ein Studio. Mein Yoga-Anfang dort war allerdings ein eigentümliches Trauerspiel. Monatelang flossen mir zwischendurch die Tränen. Ich kann bis heute nicht ganz genau erklären, warum. Wahrscheinlich hatte ich damals auch eine Art Trauerphase, lagen doch ein paar entscheidende Abschiede hinter mir, vor allem von der Illusion, dass irgendjemand oder irgendetwas von außen mich glücklich machen würde. Vielmehr fühlten sich alle vermeintlichen Sinnquellen – Männer, Arbeiten, Sport – nach Steinbruch an. Ich war unendlich müde, Atmen schien damals genau das, was ich gerade noch leisten konnte. Es war an der Zeit, loslassen zu lernen.

Loslassen klingt auch so nach Fledermaus, nach Eso-Gedöns; aber ich bin überzeugt, dass es sowohl die zentrale Fähigkeit für ein gutes Leben ist als auch für das ultimative Abschiednehmen. Beim Loslassen geht es nicht darum, dem Schmerz zu entkommen. Sondern darum, ihn wahr- und anzunehmen. Oder, wie der Meditationslehrer Jack Kornfield mal facebookte: *»To let go does not mean to get rid of. To let go means to let be.«* (»Loszulassen bedeutet nicht, etwas loszuwerden. Loslassen bedeutet, dass man die Dinge sein lässt.«) Das war es wohl, was auf der Matte in meiner ersten Yogazeit geschah: Der Schmerz durfte sich endlich bemerkbar machen. Und wurde genau dadurch erträglich.

Sich einfach bewegen und dabei in sich hineinspüren, dabei alles akzeptieren, was man entdeckt – das hatte ich noch nie gemacht. Immer war es um höher, weiter, mehr Tore, mehr Punkte, mehr Ausdauer, mehr Leistung gegangen. Auf einmal stellte ich fest, dass es da einerseits diese Gefühle und Gedanken gab und andererseits meinen Körper und den Atem. Und dass dieser Körper – unabhängig von allem anderen – durch seine bloße Existenz ein Quell der Freude war. Selbst wenn etwas zwickte, so fand sich doch mit ein bisschen Scannen auch vieles, was gerade gut funktionierte. »Ist das nicht ein Wunder, dass wir unsere Aufmerksamkeit lenken können, wohin wir wollen?«, jubelte einer meiner Lieblingsyogalehrer regelmäßig. Oh ja. Genau diese Fähigkeit bescherte mir fortan auch jenseits des Studios in größter Not Oasen der Freude.

Nach ein paar Monaten Anfänger-Yogapraxis versiegten meine Tränen fast vollständig. Und zwar für sehr lange Zeit. In den zwölf Jahren bis zu Volkers Tod hatte ich, vorher eine große Heulsuse, vielleicht noch fünf-, sechsmal geweint. Und erstmals in meinem Leben war ich voller Energie. Ausgerechnet ich, die schon in der Grundschule dauermüde gewesen war und im Gymnasium ein gewisses Ansehen dafür genossen hatte, im Unterricht so einzuschlafen, dass der Kopf auf die Tischplatte knallte. Ich brauchte auch deshalb siebeneinhalb Jahre für mein Studium, weil ich kaum eine Veranstaltung wach überstand.

Yoga machte dieser Narkolepsie ein Ende. Und mehr noch: Tatsächlich gelang es mir – trotz zugegeben typbedingter, immer noch anhaltender Grundverbissenheit – immer wieder, in der Enge zu atmen. Wenn mich meine Freunde fragten, wie ich es schaffte, Volker meist gut gelaunt und gelassen durch die Krankheit zu begleiten, dann war die Antwort klar: Yoga. Auch in einer Klinik ließ sich spüren, dass beim Ausatmen die Luft am Nasenflügel wärmer ist als beim Einatmen. Bis zum 25. Mai 2016, als Volker in der Berliner Charité seinen letzten Atemzug nahm.

Schon am zweiten Tag meines Daseins als Witwe zog es mich wieder in ein Yogastudio, allein deshalb, weil ein Hexenschuss drohte. Mein Nacken, meine Schultern waren wie Beton. Ein Klassiker, wie die Trauerliteratur versichert. Seelischer Stress, so erfuhr ich schmerzhaft am eigenen Leib, lässt auch physisch erstarren. Weil man die Schultern automatisch hochzieht und außerdem hyperventiliert, ohne es zu merken. Genau daher rührten wohl meine Verspannungen: Ich hatte zu viel Sauerstoff und zu wenig Kohlendioxid im Blut, was dazu führt, dass sich zu wenig freies Kalzium im Blut befindet. Kalzium wiederum ist dafür zuständig, dass Muskeln perfekt arbeiten.

Irgendwann fragte ich mich, ob es eigentlich spezielles Traueryoga gibt. Wäre ja kein Wunder in Zeiten, in denen man Yoga schon auf dem Paddelbrett, mit Heavy-Metal-Begleitung und speziell für eine top Verdauung praktizieren kann. Na klar: Volltreffer. Nicht nur ich habe erfahren dürfen, dass mein gutes, uraltes Hobby eine perfekte Möglichkeit ist, gleichzeitig Bewegung und Beruhigung ins Leben zu bringen. »Aktive Trauer« nennt das die Mainzer Yogalehrerin Melanie Probst, die – nachdem kurz zuvor ihre Mutter gestorben war – ihre Diplomarbeit im Fach Pädagogik über »Yoga als ein Konzept zur Trauerbewältigung in der Erwachsenenbildung« geschrieben hat. Sie bietet seither gelegentlich entsprechende Workshops an, um »selbst-tätig und -bewusst eine Verbindung zu sich und zum Leben (wieder-)herzustellen«. Ruhig atmen hilft auch dabei. Allein schon deshalb, weil es dem Hirn so etwas wie Normalität signalisiert. *Feeling follows form* sozusagen. Eine von Melanie Probsts Lieblingsübungen, die sie mir auf Nachfrage via Facebook schildert: auf den Rücken legen, Fußsohlen zusammenbringen, Arme hinter den Kopf ausstrecken (bleiben dabei am Boden), Hände berühren sich (schaut von oben wie eine 8 aus). Knie können auch durch eine Decke oder einen Block gepolstert werden. Bei der Übung, so erklärt sie, gehe es darum, zu »erfahren, dass alles miteinander verbunden und eins ist«.

Auch Bücher sind bereits zum Thema geschrieben worden, etwa *Seelen-Yoga* von Antonio Sausys, einem kalifornischen Yogalehrer mit einem Abschluss in »körperorientierter Psychotherapie«. Unter anderem erklärt er darin die Funktionsweise der sieben Chakren, also jener Energiezentren, die sich entlang der Achse der Wirbelsäule finden, angefangen vom Beckenboden (Wurzel-Chakra) bis hin zu einer Stelle über dem Kopf (Kronen-Chakra). Trauer setze sich vor allem im Herzraum fest, im Anahata-Chakra. Tatsächlich landete ich immer ebendort, wenn ich in den Monaten nach Volkers Tod im Geiste meinen Körper nach schmerzenden Stellen abtastete.

Sausys erklärte mir auch, warum ich in der Zeit so überdurchschnittlich oft krank war: »Das Herz-Chakra entspricht der Thymusdrüse, die wiederum mit der Immunfunktion zu tun hat.« Thymus. Noch nie gehört. Aber mit ein paar Klicks wusste ich, dass das Ding auch Bries heißt. Das kannte ich vom Kalb und schätzte es auf der Speisekarte. Nun lernte ich die Funktion der Drüse: Darin reifen Stamm- zu T-Zellen, die wissen, wie sie Bakterien, Viren oder auch Tumorzellen zerstören können. Irgendwie interessant, dass der Tod ausgerechnet diesen Killern zusetzt. Ein Battle auf Augenhöhe.

Einige Übungen, die Antonio Sausys zur Trauerarbeit vorschlägt, klingen simpel, aber wirken selbst für mich als lang praktizierende Yogafreundin durchaus verblüffend, insbesondere die »Windmühle«. Dabei nimmt man die Arme einatmend vor dem Körper nach oben, beim Ausatmen schwingt man sie nach hinten, währen man A tönt. Soll den emotionalen Panzer aufbrechen, schreibt der Meister: »Die Übung löst Blockierungen im Herz-Chakra, reichert die Brustmuskeln mit Sauerstoff an und lockert sie, während Gefühle sowohl im Körper als auch im Bewusstsein ihren Weg nach außen finden können.« Warum nicht.

Auch der amerikanische Psychologieprofessor Robert Neimeyer, der den Effekt von Sport auf die Psyche Trauernder erforscht, hält Yoga (nebst Joggen) für eine besonders gute Idee, weil diese Form von Meditation in Bewegung dabei helfe, das Gedankenkarussell im Kopf zu stoppen. »Wenn wir unsere Gefühle und Gedanken objektiv betrachten, ohne ihnen zu widerstehen oder uns mit ihnen näher zu beschäftigen, dann wird uns klar, dass das nur subjektive Zustände sind, die kommen und gehen wie Wellen im Ozean. Wir schauen ihnen zu wie vom Strand aus und erkennen, dass wir darin weder waten noch ertrinken müssen.«

Tatsächlich vertraute ich auch im größten Schmerz darauf, dass er wieder abebben würde. Und wenn der tote Volker mir im Shavasana erschien, so begrüßte ich ihn eben und schluchzte. Ganz allmählich verstand ich, was die Buddhisten meinten, wenn sie predigten, dass »Anhaftung« an den physischen Leib und Liebe nicht dasselbe seien. Es ging darum, Volker gehen zu lassen und darauf zu vertrauen, dass die Liebe zu ihm bleiben würde. Der Meditationsmeister Sogyal Rinpoche schreibt in *Das tibetische Buch vom Leben und vom Sterben*: »Loslassen bedeutet, den Geist aus dem Gefängnis des Greifens zu befreien, weil Sie erkannt haben, dass alle Angst und Verzweiflung aus der Begierde des greifenden Geistes entstehen.«

Inzwischen sind auch die Shavasana-Tränen versiegt, ich kann die Endentspannung wieder trockenen Auges genießen (solange keiner schnarcht). Oft denke ich dabei aber immer noch an Volker. Nicht an den toten, sondern an den atmenden, der einst neben mir im Yogastudio endentspannte. Und manchmal versuche ich auch, mir auszumalen, wie das sein wird, wenn es mal bei mir richtig ans Sterben geht. Ich hoffe, es wird ein bisschen wie Shavasana. Auch deshalb wünsche ich mir unbedingt ein Stück Yogamatte auf dem Grab. Für die Endentspannung.

Lektion 14:

Findet mich der Sinn des Lebens?

Wie sich mir die Frage aller Fragen plötzlich überall aufdrängte – aber leider nur vage Antworten auftauchten

Ungefähr ein Jahr nach Volkers Tod bemerkte ich an einer Laterne einen gelben Zettel. Mit einer Sanduhr drauf, daneben warb ein gewisser Mahalila Das für seinen Vortrag über »Ein Leben, das Sinn macht«. Am nächsten Morgen fand ich in meinem Postfach die Ankündigung für ein Buch mit dem Titel: *Was meinem Leben echten Sinn gibt.* Abends auf dem Weg zum Yoga sah ich auch noch den passenden Sinnspruch. Ein Erdgeschossbewohner hatte in sein Fenster gepinselt: »Findet mich der Sinn des Lebens?« Keine Ahnung. Aber zumindest die Frage nach dem Sinn im Leben drängte sich mir – und, wie Studien zeigen, auch anderen Trauernden – plötzlich penetrant auf.

Schon zu Volkers Lebzeiten hatte ich das Gefühl gehabt, essen, arbeiten, lieben könne noch nicht alles gewesen sein. Spätestens nachdem das Schicksal für uns die Kinderfrage mit »Nö« beantwortet hatte, war als Nachfolgefrage in mir aufgestiegen, wie ich auf andere Art Spuren hinterlassen könnte. Mich drängte es, der Gesellschaft, in der ich so privilegiert unterwegs war, irgendetwas zurückzugeben. Ein paar Monate lang bestotterte ich deshalb Geflüchtete, die hofften, Deutsch von mir zu lernen. Als ich mal wieder bei einer einfachen Frage (Gerundium?) passen musste, sah ich ein, dass das ein Fall für Profis ist. Und ich meine Zeit sinnvoller einbringen könnte.

Angesichts meines neuen, zwei Quadratmeter großen Gärt-
leins auf dem Friedhof drängte die Sinnfrage noch stärker.
Hatte ich mein Leben genug gelebt? Die Bilanz lief bis jetzt
hinaus auf: ein paar tolle Freunde, ein paar lustige Texte und
etwas Grundlagenforschung zum Berlinertum und zur Binnen-
migration. Nicht schlecht, aber da ging doch sicher noch mehr.
Frisch zurück von meiner Weltreise, nahm ich deshalb sofort
einen theatralischen Anlauf bei der SPD, erzählte jedem von
meinem großen Demokratie-erhaltenden Vorhaben, mich politisch zu engagieren, sah mich schon im Sommer 2017 in Winter-
klamotten gegen die soziale Kälte wahlkämpfen (war echt mal
eine Idee der Genossen gewesen). Innerlich kalauerte ich bereits Durchhalteparolen wie »Genossen kommt nicht von genießen«. Dann fand ich aber nicht mal meinen Ortsverband.

»SPD? Nee, das wüssten wir, wenn die sich hier treffen«, hieß
es in der Kneipe, die im Internet als Versammlungsort angegeben war, allerdings inzwischen längst von »Honigmond« in
»Neumond« umfirmiert hatte. Bei der Hotline im Willy-Brandt-
Haus meinte ein Scherzbold, das sei bei ihnen eben wie bei den
Freimaurern. »Schwer reinzukommen.« Schließlich gab er mir
noch ein paar E-Mail-Adressen. Nach etwas Schreiberei fand
ich tatsächlich den richtigen Treffpunkt heraus – und ging nicht
hin. Nur ein Termin im Monat stand auf dem Plan, und entweder hatte ich an diesem speziellen Tag keine Lust, keine Zeit
oder war krank. Oder alles auf einmal. Dann kam der Messias
(Schulz). Und das Thema SPD war für mich als Atheistin vorerst gestorben.

Aber auf der Suche nach einem sinnvollen Lebensinhalt war
ich weiterhin. Davon hielt mich auch *Das tibetische Buch vom
Leben und vom Sterben* nicht ab, in dem der bereits erwähnte Lama
Sogyal Rinpoche Westlern wie mir mal eben erklärte, dass ich
das mit dem Sinn gleich vergessen könne. Einfach deshalb, weil

ich nicht unbeirrt an ein Leben nach dem Tod glaube. Und »ohne einen wirklichen, authentischen Glauben an ein Leben danach führen die meisten ein Leben ohne jeden letztendlichen Sinn«, schrieb der Meister. Danke auch. Klar hoffte ich, dass Volkers Geist noch irgendwo rumschwirrte. Aber wusste ich's? Oder konnte mir gar einen »authentischen Glauben« bescheinigen? Leider nein.

Ich beschloss, eine Geschichte über den Sinn des Lebens zu schreiben. Und schrieb dafür alle Leute an, die mir nun dauernd zum Thema Sinnsuche begegneten, den Laternenmann ebenso wie ein paar Autoren und Forscher. Als Erstes antwortete – der Name ist Programm – Tatjana Schnell, eine Psychologieprofessorin aus Innsbruck mit dem Schwerpunkt »Empirische Sinnforschung«. Heißt: Sie und ihr Team ergründeten zunächst in den unterschiedlichsten Ländern, was überhaupt alles für Menschen im Leben Bedeutung besitzt. Sechsundzwanzig solcher Bedeutungen trugen sie zusammen. »Was den meisten zuerst einfällt, Spiritualität/Religion, ist nur eine davon«, erzählte sie mir am Telefon. »Was sich überall als stärkster Sinnstifter herausstellt, ist die Generativität.«

Den Begriff hat der Psychologe Erik Erikson geprägt, und er meint damit alles, was dazu beiträgt, dass die Generationen nach uns auch ein gutes Leben haben. Schnell zählte auf: »durch Erziehung, Lehre, Weitergabe von Sinnsystemen, Politik, Ehrenamt, all diese Dinge«. So hieß das also, wonach auch ich mich so sehnte. Generativität. Bisschen sperrig, aber klang nach einer guten Nachricht für Ungläubige. Ich versuchte, mir ein paar passende Songs vorzustellen. »I Can't Get No Generativity«, »All I Want Is to Give Generativity a Chance«, »Talking 'bout My Generativity«. *Well...*

Auch Journalismus gehört laut Schnell dazu. Siehe da. Müsste ich vielleicht einfach noch öfter statt Trend- nun Ratgerthemen beackern? Oder vielleicht harte Sujets wie Politik oder Wirtschaft? Hab ich immerhin beides mal studiert. Schon mal eine neue Idee.

Aber noch lieber wollte ich unmittelbar helfen, direkt etwas bewirken. »Instant get«, heißt das in der Mode, wenn man Kleider vom Laufsteg weg gleich bestellen kann. So etwas suchte ich als Helferlein. Eine Aufgabe to go. Am Höhepunkt der Flüchtlings- und Hilfsbereitschaftswelle 2015 hatte ich ja höchstselbst recherchiert, wie glücklich Wissenschaftlern zufolge Geben macht. Schon schnöde Geldspenden erzeugen demnach große Gefühle. Wie simpel das funktioniert, zeigte ein Experiment der kanadischen Glücks- und Konsumforscherin Elizabeth Dunn. Ihr Testteam drückte morgens wildfremden Menschen ein paar Dollar in die Hand mit der Bitte, sie für sich selbst oder andere auszugeben. Diejenigen, die Geld für andere ausgaben, waren abends deutlich besser gelaunt als die Egoisten.

Dieses Ergebnis hätten die Probanden kurioserweise selbst nie vorhergesehen. »Menschen können nicht glauben, dass Geld zu verschenken sich besser anfühlt als ein Frappuccino«, sagte Dunn. »Das Thema Geld versetzt Menschen sofort in einen Unabhängigkeitsmodus: Man selbst will autark sein und verlangt das auch von den anderen.« Sollte ich vielleicht einfach mein Konto räumen und das Geld an Bedürftige verteilen?

Vielleicht nicht gleich alles. Laut den Daten von Tatjana Schnell reicht es für ein sinnerfülltes Leben nicht, sich ausschließlich um andere zu sorgen: »Man sollte sich auch um das eigene Wohlgefühl kümmern, etwa indem man Beziehungen pflegt und sich Freiräume schafft.« Dazu hätte man doch gerne eine Dosierungsanleitung oder noch besser: einen genauen Zeitplan. Einen Abend Freunde treffen, einen rumhängen, einen helfen?

Höchste Zeit für einen Sinn-Quickie mit dem Pop-Philosophen Alain de Botton. Der Bestsellerautor betreibt in London und in Berlin seit ein paar Jahren die in Lektion 11 kurz erwähnte »School of Life«. Auf deren Lehrplan steht alltagstaugliche Lebensnachhilfe zu Themen wie »Polyamorie« oder »Wie man die innere Ruhe bewahrt«. Tatsächlich erschien de Botton als ein perfekter Jünger der eigenen Lehre, wie er da wenige Minuten vor einem Vortrag angeschlendert kam, den er doch gleich halten sollte. Trotz vollem Saal setzte er sich in aller Ruhe mit mir in einen Nebenraum, als hätte er alle Zeit der Welt – und schaffte es dann in vier Minuten, seine gesammelte Weisheit druckreif auf den Punkt zu bringen. Mein kürzestes und prägnantestes Interview in fünfundzwanzig Berufsjahren.

»Wir glauben, der Sinn des Lebens muss diese eine Sache sein, und irgendjemand erzählt uns, was das ist«, formulierte der Philosoph in seinem *adorable English*. Früher hätten die Kirche oder Regierungen diese Aufgabe übernommen. Heute müsse man das selbst erledigen (selber machen, das kam mir inzwischen vertraut vor). »Die Antwort darauf ist eine ganz persönliche, aber sie wird sich bestimmt um zwei Aspekte drehen: Arbeit und Liebe«, so de Botton. »Der Mensch ist viel selbstloser, als man denkt. Ein sinnvoller Job ist somit einer, mit dem man das Leid anderer Menschen vermindert oder das Wohlbefinden erhöht.« Unter Liebe verstehe er nicht nur eine romantische Beziehung zu jemandem, mit dem man nach Venedig fahre. »Ich meine damit alles, was einen mit anderen Menschen verbindet. Das kann mit einem Kind sein, mit einer Großmutter oder einem schon vor langer Zeit gestorbenen Künstler. Der Mensch ist ein Verbindungswesen.«

Liebe und Arbeit. Klingt einfach. Aber bei beiden brauchte ich gerade doch etwas Nachhilfe. Ob man den Sinn des Lebens in einer »School of Life« wie seiner lernen könne, die mit dem Claim »Kluge Ideen für ein gutes Leben« daherkommt? »Auch für den Sinn des Lebens kann man trainieren«, versicherte er. »Wir leiden an dem gefährlichen romantischen Mythos, dass es uns nicht zusteht, die wirklich wichtigen Fragen zu stellen. Aber das sollte jeder.« Schließlich seien das ja keine Scherzfragen. »Es gibt so etwas wie ein sinnvolles und ein sinnloses Leben. Und es steht in unserer Macht, zu bestimmen, welches wir davon führen.«

Es schien, als müsste ich mir einen Trainingsplatz suchen. Nur welchen? Neuer Job, neues Ehrenamt, Schule des Lebens, neue Verbindungen, vielleicht wieder eine ganz feste Beziehung oder ein spleeniges neues Fantum? So richtig klar war mir das immer noch nicht. Mein Leben war eine Baustelle. Und neben der Trauerarbeit und einer Affäre mit einer Frau (siehe Lektion 19) hatte ich mir nun auch noch einen Nebenjob als Sinn-Sucherin eingebrockt. Wann auch immer ich den erledigen sollte.

Da kann man schon mal eine Art spirituellen Muskelkater bekommen, wie die Autorin Alexandra Reinwarth vor ein paar Jahren bei einer aufwendigen Recherche feststellte. Reinwarth, die mit *Am Arsch vorbei geht auch ein Weg* 2016 einen Bestseller hinlegte, hatte sich für ein Vorgängerwerk explizit auf die Suche nach dem Sinn des Lebens gemacht. Auch sie war durch die Kinderfrage ins Nachdenken geraten. »Ich war vierzig, plagte mich mit In-vitro-Fertilisationszeugs und Fragen wie: ›Brauche ich das wirklich, um glücklich zu sein?‹ Und ›Wozu ist das Leben überhaupt da?‹« Ihr reichte es nicht, einfach nur Sinn in guten Taten zu finden oder einen Lebenstraum zu verwirklichen. »Ich wollte wissen, ob es *den* existenziellen Sinn des Lebens gibt.« Das ganz große Fass also. Sie suchte nicht bloß wie ich Sinn *im* Leben, sondern *den* Sinn schlechthin.

Reinwarth versuchte sich für ihr Projekt an »einem Haufen esoterischem Shanti-Shanti-Gedöns: einen Guru umarmt, mit einem Medium eine Rückführung gemacht, tagelang geschwiegen«. Was »grandios und lustig« gescheitert sei. »Ich fand die Theorien alle zu verquast. Zum Beispiel wollten sie mir in der Engelschule ernsthaft weismachen, dass die Götter sich selbst auf Erden erfahren wollen, aber das nicht können, weil sie keine Gefühle besitzen, und deswegen die Menschen brauchen. Je mehr ich nachfragte, desto absurder wurde es. Alles sehr ineffizient.«

Und dann? Fand sie eine gottfreie Lösung für sich? Die Autorin zögerte ein wenig, ob sie mir den Clou verraten sollte. »Sonst liest keiner mehr das Buch.« (Das erschien übrigens 2017 wegen des Riesenerfolgs von *Am Arsch vorbei geht auch ein Weg* noch mal neu unter dem Titel: *Ommh Arsch vorbei geht auch ein Weg.*) Dann erzählte sie ihn doch, weil »die Auflösung einfach zu schön« sei. Während ihrer Suche habe sie bemerkt, dass sie sich immer bemühte, den Satz »Das Leben ist …« zu vervollständigen. Mit Ergänzungen wie: »… von Gott gegeben«, »… vorbestimmt«, »… die Summe der Erfahrungen«. »Ganz am Schluss habe ich gemerkt, dass der Satz vorher schon total perfekt war. Das Leben ist. Punkt. Ist das nicht toll?«

Ja, schon. Klingt nach ultimativem Loslassen, nach Shavasana (siehe Lektion 13). Irgendwie cool. Hey, Sinn des Lebens? Geht mir am Arsch vorbei. Hauptsache, Leben. Hauptsache, erst mal wertschätzen, was gerade ist. Aber tat ich das nicht längst? Ich hatte zeitweise schon das Gefühl, das Leben zu genießen, zumindest auf der Yogamatte, mit der Frau und beim Bier. Aber ergab das alles einen Sinn? Ich war mir nicht sicher, ob ich wirklich zu den einundsechzig Prozent der Deutschen gehörte, die laut einer Umfrage der Innsbrucker Sinnforscher ein sinnvolles Leben führen.

Oder zählte ich zu den vier Prozent, die – zumeist nach einem Schicksalsschlag – in einer Sinnkrise stecken? Obwohl, so richtig fundamental unglücklich war ich nicht, eher orientierungslos. Vielleicht sollte ich mich einfach zu den fünfunddreißig Prozent meiner Landsleute schlagen, die meinten, sie brauchten überhaupt keinen Lebenssinn. Warum auch? Tatjana Schnell riet ab. Der Nachteil sei, dass viele der Nichtsucher das Gefühl hätten, fremdbestimmt zu sein. »Gehen Sie besser pilgern«, riet sie. »Das funktioniert Studien zufolge gut.« Aber hatte ich so was nicht auch längst hinter mir, mit meiner Weltreise? Da fühlte ich mich doch schon reichlich hape-kerkelig.

Blieb noch der Vortragsredner von der Laterne. Das Datum der Veranstaltung war längst verstrichen, aber im Internet fand ich zu dem Namen Mahalila Das auf der Seite eines Yogastudios das Foto eines freundlich dreinblickenden Mannes um die fünfzig mit Locken. Irgendwann hatte ich ihn am Telefon. Er erzählte, dass er eigentlich als Dolmetscher arbeite, aber durch eine Lebenskrise vor fünfundzwanzig Jahren zum Bhakti-Yoga und zum Meditieren gefunden habe. »Bhakti heißt liebende Hingabe oder liebevoller Dienst«, erklärte er. Und genau hier liege die Möglichkeit, dem Materiellen und falschen Glücksversprechen zu entrinnen.

»Die meisten Menschen antworteten auf die Frage, wer sie sind, mit Daten aus ihrem Ausweis: Name, Alter, Geschlecht, Nationalität – alles Bezeichnungen für den Körper«, sagte Mahalila Das. Darauf beruhe der Lebenssinn, der uns in der westlichen Gesellschaft vermittelt werde. »Aber niemand kann mit dieser falschen Identifikation glücklich sein. Der Körper bringt ein gewisses Glück, aber man ist nie ganz zufrieden.« Der wahre Sinn des Lebens bestehe darin, sich als Teil des Unendlichen zu begreifen und »der höchsten Seele« zu dienen, am besten indem man ihren Namen möglichst oft wiederhole. »Da Gott unendlich ist, gibt es für ihn unendlich viele Namen. Govinda, Krishna, Gopala … Wenn man diese Namen singt, wird man selbst geläutert und erkennt immer mehr, wer man ist, und beginnt, alle Lebewesen als absolut liebenswert zu sehen.«

Klang einerseits verlockend, so eine universelle Liebe, eine wahre Identität, Ausbruch aus dem materiellen Klein-Klein. Aber als ich versuchte, Mahalila Das' Argumentation um jede Kurve zu folgen, rannte ich doch schnell gegen einen virtuellen Laternenpfahl. Bäng, da war er wieder, der Atheismus. Langsam nervte mich mein Unglaube. Ich musste zwar nicht mit Gott hadern. Aber etwas zweifeln und grübeln und dann wieder in seine Arme kuscheln schien mir attraktiver als das große Nichts.

Doch was sollte ich machen? Man kann sich ja nicht zum Glauben zwingen. Und Mantras als eine Art Dienstleistung für Gott schienen mir auch noch nicht das letzte Wort, obwohl ich regelmäßig aus vollem Herzen »Om namah shivajah gurave« chantete, die Hymne meiner Yogaschule. Heißt zu Deutsch ungefähr: »Ich verneige mich vor dem Licht, dem Guten in mir, dem wahren Lehrer.« Aber wollte ich mir jetzt im Dienste der Sinnfindung auch noch die Kellnerschürze umbinden und stundenlang Lieder servieren?

Nein, das schien nicht mein Weg. Die Sucherei ließ sich offensichtlich nicht mal eben flott nebenbei erledigen. Ich hatte jetzt zwar einen bunten Strauß von Antworten und ein paar vage Ideen, wo ich weitersuchen müsste, aber immer noch keinen Plan. So spendete ich flugs eine ordentliche Summe im Dienste der Generativität (fühlte sich tatsächlich gut an). Und machte mich dann daran, etwas Zeit aufzutreiben für meinen neuen Trauernebenjob als Sinnsucherin. Mission-Statement: Vor und nach mir die Sinnflut.

Lektion 15:

Zeitmanagement Sechs minus

Wie ich auf Teufel komm raus versuchte,
mein Leben zu verlängern. Und zum
Timeloser wurde

Vor ein paar Jahren bin ich zu einem Kurs von Elena Brower gehetzt, einem dieser internationalen Yogastars. Aus Zeitmangel hatte ich nur eine Einheit ihres Wochenendworkshops gebucht. Und Überraschung: Statt der ersehnten körperlichen Übungen verordnete sie spontan ausgerechnet in diesem Slot eine Innenschau mit Zettel und Papier. Coaching-Gedöns! War ich genervt! Dennoch ließ ich mir, da ich schon mal da war, achtzehn Stichpunkte diktieren, nach denen ich mein Leben jeweils auf einer Skala von eins bis zehn bewerten sollte, darunter Körper, Geld, Freunde, Familie, Spaß & Abenteuer (die ganze Liste* finden Sie am Kapitelende). Und dann wurde es doch interessant: Fast überall gab ich mir mindestens eine Sieben, manchmal sogar eine Zehn. Ich war im großen Ganzen zufrieden mit mir. Nur in puncto »Zeit« gab ich mir eine Sechs.

Selbst schuld. Ich machte auf lässig und war doch meine größte Sklaventreiberin. Ich arbeitete zwar nur vier Tage die Woche, schuftete dann aber locker Vollzeit, stets zu Diensten auch an meinen freien Tagen und immer online. Die viele Energie, die ich vom Yoga hatte, erwies sich nun als Bumerang. Nebenher schrieb ich ständig irgendwas (wie die Dissertation oder ein Büchlein über Berlin) und war natürlich total gestresst. Doch von wegen Sechs und setzen. Nach der miesen Note im

Brower-Coaching eilte ich unbeirrt weiter. Als Witwe legte ich sogar noch einen Zahn zu. Schließlich hämmerte es andauernd im Hinterkopf: Jederzeit kann alles vorbei sein. Wie sang Grönemeyer? »Ruhe gibt's genug nach dem Tod.«

Nach der Weltreise, die mir natürlich viel zu kurz vorgekommen war, arbeitete ich mehr denn je. Schließlich wartete zu Hause kein Volker mehr mit Kartoffelbrei und einem verführerischen Sofaprogramm. In meiner Torschlusspanik recherchierte ich sogar ein bisschen vor mich hin, wie man die gefühlte Lebenszeit verlängern könnte. Ganz einfach: mehr Aufregung reinpacken. Der Zeitforscher Marc Wittmann hatte mal in der *Zeit* (wo sonst?) erklärt: »Neuartige Erlebnisse dehnen im Rückblick die Zeit. Vor allem solche, die mit großen Gefühlen verbunden sind.«

Heißt: Während wir das Neue erleben, geht die Zeit zwar flott rum, aber im Nachhinein erscheint sie uns lang. Umgekehrt gilt: Im Routinemodus rast das Leben vor sich hin. Tatsächlich sind die schönen Jahre mit Volker ratzfatz an mir vorbeigeflogen. Auf einmal hatte ich zehn Jahre denselben Job, denselben Mann, dieselbe Wohnung. Und zack. *Over and out.* Meine Weltreise kann man demnach auch als lebensverlängernde Maßnahme sehen.

Statt es mir danach allein daheim gemütlich zu machen, wonach ich mich oft sehnte, ging ich – die Sanduhr vor Augen – viel zu oft mit meinen engsten Freunden aus, die sich netterweise um mich kümmern wollten. Oder ich huschte nach der Arbeit noch ins Kino, um filmtechnisch auf der Höhe der Zeit zu bleiben. Statt mich mit zwei bis drei Yoga-Einheiten die Woche zu begnügen, fing ich vorsichtshalber noch an zu joggen, wegen Kardio und so. Braucht man doch für ein langes Leben. Nebenher datete ich eifrig vor mich hin, musste ja sein, allein schon für dieses Buch, und am Wochenende schrieb ich dies hier alles.

Die Folge: Tag für Tag wurde ich schlaf- und rastloser. Auf der Brower-Skala hätte ich mir beim Bereich Zeit höchstens noch einen von zehn Punkten gegeben. Selbst private Verabredungen fühlten sich nun wie Termine an, die kleine Runde durch den Park nach einem Marathon und die geliebte jährliche Paddeltour über die Mecklenburgischen Seen wie etwas, zu dem meine Eltern mich gezwungen hätten. Zu Volkers Lebzeiten schon hatten meine viel beschäftigte Freundin Melli und ich wegen unserer voller Kalender zueinander Merkel und Mehdorn gesagt, jetzt war mir das Scherzen vergangen. Es war, als trüge ich einen Alterssimulationsanzug (der einen beim Bewegen, Hören und Sehen behindert) und versuchte damit, ein lustiges Studentenleben zu führen.

Eines Tages ging ich mit meiner Kollegin Annette mittagessen, deren Mann wenige Monate nach meinem gestorben war. Ob sie auch so kaputt sei? Und siehe da, sie sagte: »Mir ist auch ständig alles viel zu viel.« Na klar, auf unserer Festplatte rödelte eben noch das Trauerprogramm und legte viel Arbeitsspeicher lahm. Aber die Welt, so empfanden meine Kollegin und ich unisono, wartete darauf, dass wir allmählich wieder normal funktionierten. Da half es auch nichts, dass in so ziemlich jedem Trauerratgeber steht, dass das eben dauert, oftmals viel länger als das berühmte Trauerjahr. Gerade wenn man die Trauer ignoriere, führe das zu Erschöpfung.

Dabei war ich der Trauerei selbst oft überdrüssig, warf mich auch deshalb manisch ins Leben. Aber mit Speed-Grieving und Fast-Living konnte ich den Tod letztlich nicht austricksen. Schlaflos und mit der zweiten Blasenentzündung in Folge und allerlei anderen Zipperlein entdeckte ich auf dem Neuheitenregal im Buchladen ein Werk namens *Time is honey*, verfasst von zwei Zeitexperten namens Karlheinz und Jonas Geissler. Den einen hatte ich mal interviewt und in schlauer Erinnerung. Oft hatte ich an seine These gedacht, dass es heute ein Statussymbol sei, gestresst und überarbeitet zu sein. Nun schrieb das Vater-Sohn-Duo: »Nach dem Sinn des Lebens wird gerne gefragt, wenn die eigenen Zeitansprüche über längere Zeit zurückgestellt wurden oder nicht wahrgenommen und nicht akzeptiert werden.«

Ach so. Auch deshalb sah ich die Sinnfrage plötzlich an jeder Laterne. Außerdem schrieben die Geisslers: »Wo das Wissen um die Endlichkeit des eigenen Daseins auf eine unendliche, grenzen- und maßlose Welt trifft, wo das jeweils Erreichte nie reicht, herrscht endloser Zeitdruck und Dauerunzufriedenheit.« Was für ein Clash. Natürlich kannte ich das Gefühl, dass nichts, was ich tat, je reichte. »Als Journalist bist du immer nur so gut wie dein letzter Artikel«, heißt es in unserer Branche. Und so strengte ich mich bei fast jedem Text an, als wäre er eine Bewerbung für die Journalistenschule. Je mehr Druck ich mir machte, etwas zu leisten, Gutes zu tun und zugleich das Leben zu genießen, desto sinnloser schien es mir.

Ich fühlte mich ertappt bei etwas, das Sogyal Rinpoche »aktive Faulheit« nennt. Den Tag vollstopfen mit vermeintlich Wichtigem, sodass keine Zeit mehr bleibt für das wirklich Bedeutsame. Sogyal Rinpoche schreibt: »Unser Leben scheint uns zu leben, eine bizarre Eigendynamik zu besitzen, die uns davonträgt; am Ende haben wir das Gefühl, gar keine Wahl und gar keine Kontrolle mehr zu haben.« Doch was war wichtig, was nicht? War nicht die Zeit mit meinen Freunden das Kostbarste überhaupt?

Noch ganz schnell ein Anruf bei Christoph Schlick, dem Autor von *Was meinem Leben echten Sinn gibt*. Schlick war mal Mönch gewesen. Dann quittierte er den Klosterdienst, wurde Vater und gründete das »Sinnzentrum Salzburg«. Er und sein Team bieten dort unterschiedliche Formen persönlicher Beratung an, vom

Coaching bis hin zur Psychotherapie. »Die Leute, die zu uns kommen, beschäftigen sich immer irgendwie mit der Sinnfrage, selbst wenn sie vordergründig nur einen anderen Job suchen«, erzählte Schlick. Er frage die Klienten stets, was sie gerne täten und was sie dabei empfänden. »Fast alle haben gerade mit der Frage nach dem Empfinden Schwierigkeiten. Das Gefühl für das eigene Gefühl ist abhandengekommen.« Aber genau das sei der springende Punkt.

Dann erzählt er die Geschichte vom Baumarktmanager, der mit seiner Chefrolle haderte. Zur Entspannung stieg er dreimal die Woche schnell auf einen Berg. Auf Schlicks Frage, was er dabei erlebe, habe er verwundert geschaut und gesagt: »In fünfundfünfzig Minuten muss ich hin und zurück sein, dann stimmt meine Leistung.« Schlick riet ihm, beim nächsten Mal einfach darauf zu achten, was ihm auf dem Weg begegne. Danach sei der Manager begeistert in die Stunde gekommen und habe berichtet, er sei nun auch neben dem Weg gegangen, auf dem Gras und über Steine. »Und plötzlich war ihm die Zeit egal.« In der nächsten Teamsitzung habe der Manager seine Mitarbeiter einfach mal gefragt, wie sie ihren Job erlebten. »Da hätte ich ihn am liebsten umarmt«, sagte Schlick.

Es ging also mal wieder um Achtsamkeit. Eigentlich konnte ich dieses Modewort nicht mehr hören, ich hatte selbst einiges dazu verfasst, Volker, der Schmerzgeplagte, war aus Versehen zum Experten für Mindfulness-Based Stress Reduction avanciert, einer Achtsamkeitsmethode. »Ich mach mal MBSR«, den Satz kannte ich gut. Und er bedeutete: »Mir geht es gerade sehr schlecht.« Aber es war mit dieser Achtsamkeit wohl wie mit dem Yoga: Das Konzept schlägt sich deswegen so erfolgreich, weil es funktioniert. Und natürlich war das ein Teil der Lösung: Ich benötigte nicht per se mehr Zeit, die würde ich ja wieder nur sinnlos auf den Kopf hauen wie ein Spieler ein paar weitere Coupons. Ich musste ganz aussetzen bei dem Spiel. Ich brauchte mehr Mut zum Nichtstun. Und mehr Muße.

»Eigentlich müssten Sie sich dreimal am Tag hinsetzen, die Augen zumachen und ein bisschen atmen«, sagte mein Therapeut zu meinen Klagen, ich fühlte mich total-absolut-mega gestresst. Damit lag er ganz auf der Linie des Rinpoche. Der predigt als Gegengift zu den sinnlosen Zerstreuungen: »Meditation zu erlernen, ist das größte Geschenk, das Sie sich in diesem Leben machen können.« Nur so fände man das Vertrauen, gut zu leben und gut zu sterben. »In der Stille und Ruhe der Meditation erhalten wir einen Einblick in diese tiefe, innere Natur, die wir vor ewigen Zeiten in der Abgelenktheit und hektischen Geschäftigkeit unseres Geistes aus den Augen verloren haben, und kehren zu ihr zurück.«

Das klang nach einer machbaren Form von Nichtstun. Schließlich hatte ich mir, die ich vom Yoga mit Meditation etwas vertraut war, schon lange vorgenommen, regelmäßig auch jenseits der Matte zu praktizieren. Und so versuchte ich gut ein Jahr nach Volkers Tod, mich täglich fünfzehn Minuten lang auf ein Meditationskissen zu setzen, meinen Atem zu beobachten und mich auf die Lücken zwischen den Atemzügen und den Gedanken zu konzentrieren. Tatsächlich gelang mir die Meditiererei hervorragend – am Wochenende und immer dann, wenn ich Urlaub hatte. Nach fünfzehn Minuten Ins-Nirgendwo-Starren war ich noch entspannter. Doch sobald es wieder ans Arbeiten ging und die Zeit knapp wurde, sparte ich mir dummerweise ausgerechnet diese kostbare Viertelstunde, obwohl sie genau dann besonders guttat. Aber immerhin: Ich bekam eine Idee davon, wie man dem Leben mehr Quality Time abjagt, Zeit, die nicht einfach blitzschnell rum ist.

Klingt doch wie ein Witz, meine Sinnsuche. Eine Witwe sucht nach Parteigenossen und landet auf dem Meditationskissen, und statt beim Wahlkampf mit anzupacken, legt sie erst mal die Hände in den Schoß oder auf die Knie. Und dann hält sie die Zeit an, indem sie ihr Handy auf einen Fünfzehn-Minuten-Countdown stellt und die Augen schließt.

Dazu hatte ich jetzt auch noch ein neues Mantra, das mir die Geisslers schenkten und das mich an die Geschichte von Hans im Glück erinnerte (der Gold gegen alles Mögliche tauscht, bis er schließlich einen schweren Schleifstein besitzt, den er dann zu seiner großen Erleichterung in den Brunnen plumpsen lässt): »Üben Sie sich im Zeitverlieren und Verschwenden der Zeit, und glauben Sie dem Gerücht nicht, es gäbe ›verlorene Zeiten‹. Stündlich kommt neue nach! Ganz sicher!« Na dann, nennt mich Loser. Timeloser.

* Wer Browers Innenschau nachmachen will, hier alle achtzehn Lebensbereiche zur Selbstevaluation, entwickelt von einem amerikanischen Coaching-Anbieter namens Handelgroup:

1. Körper
2. Karriere/Geschäft/Ausbildung
3. Geld
4. Beziehungen
5. Romantik
6. Sex
7. Gemeinschaft/Freunde
8. Charaktereigenschaften
9. Familie
10. Zeit
11. Beziehung zu sich selbst
12. Schlechte Angewohnheiten

13. Zuhause
14. Raum für sich *(personal space)*
15. Interessen/Bildung
16. Spaß & Abenteuer
17. Spiritualität
18. Gesundheit

Lektion 16:

Ja, wo isser denn?

Wo ich begann, meinen Mann zu suchen.
Und warum ich ihn nie im Himmel
treffen möchte

Die verwitwete Mutter eines Freundes hat beschlossen, nie wieder zu heiraten. Schließlich glaubt sie fest daran, dass sie ihrem Mann eines Tages im Himmel wiederbegegnen wird. Was sie, sechsundsiebzig, tröstlich findet. Mir, inzwischen sechsundvierzig, scheint das eher befremdlich. Natürlich würde ich Volker gerne noch mal treffen, am liebsten gesund und viril. Aber was wäre, wenn ich mich für ihn aufsparte, dann, oh Wunder, in den Himmel käme – und er vergnügte sich dort mit zweiundsiebzig Jungfrauen? Oder der Ex? Dann ginge es mir doch wie all den hoffnungstrunkenen Russland-Rückkehrern nach dem Zweiten Weltkrieg, die sich nach der Liebsten verzehrten – und sie dann in anderen Armen (und manchmal auch Umständen) wiederfanden.

Nein, ich denke wirklich nicht, dass uns nach dem Tod ein auch nur annähernd irdisches Leben erwartet. Aber an irgendetwas glaube ich inzwischen doch. Zumindest habe ich das Gefühl, dass Volker noch bei mir ist. Nicht als Gespenst, das ständig um mich herumschwirrt. Eher als guter Geist in meiner Erinnerung. Und in meinem Herzen. »Verbundenheit« heißt das Stichwort in Trauerratgebern. Klingt ein bisschen nach Wundverband, und tatsächlich gibt mir die Nähe zu ihm inzwischen ein Gefühl von Geborgenheit.

Ich habe in Lektion 4 schon kurz von meiner Anfangsverwirrung nach seinem Tod geschrieben, von dieser Sucherei, wie sie für Trauernde typisch ist. Da irrte ich durchs Leben und dachte die ganze Zeit: »Ja, wo isser er denn?« Tatsächlich sah ich überall dünne Männer mit Brille und etwas lichten, angegrauten Haaren. »Volker«, durchzuckte es mich jedes Mal. Besonders häufig hatte ich solche Halluzinationen auf dem Friedhof. »Wusste doch, dass alles bloß ein Albtraum war«, dachte ich dann. War natürlich nur irgendjemand. Wenn ich nach Hause kam, war ich bestürzt, weil Volker nicht auf mich wartete. Er, der »Privatier«, wie er sich ob seiner kleinen Rente gerne nannte, war doch fast immer da gewesen!

Auch in meinem Inneren suchte ich ständig nach ihm, stellte mir immer wieder vor, wie er aussah, sich anfühlte, wie seine Stimme klang, was er hierzu sagen würde und dazu denken. Und wenn ich keine Zeit für diese Begegnungen fand, vermisste ich ihn so sehr, dass ich einen fast magischen Zug hin zum Friedhof spürte. Nicht dass ich erwartete, ihn da leibhaftig zu treffen; manchmal stellte ich mir vor, wie seine Gebeine tief unter den Blumen verrotteten, und dann kam er mir erst recht verdammt tot vor. Andererseits war er da irgendwie doch. Als meine Mutter den Wunsch äußerte, mal neben Volker bestattet zu werden, fragte ich mich ernsthaft, ob ihm das recht wäre. Ja, klar, er mochte sie. Aber wer will schon mit seiner Schwiegermutter in einer WG wohnen?

»Redest du mit Volker?«, fragte mich eine Freundin. Gute Frage. Nicht wirklich, anders als die Musikerin Patti Smith. Ihr guter Freund, der Fotograf Robert Mapplethorpe, war 1989 gestorben, ihr Ehemann, der Musiker Fred Smith, 1994. Und mit beiden plaudert sie bis heute regelmäßig. Mit Mapplethorpe über Kunst und mit Smith über die gemeinsamen Kinder. In einem Interview zitierte Patti Smith dazu den Filmemacher Pier

Paolo Pasolini mit den Worten: »Es ist nicht so, dass die Toten nicht redeten. Wir haben nur verlernt, ihnen zuzuhören.«

Vielleicht muss ich noch etwas Lauschen üben. Ich höre durchaus Volkers Stimme in mir manchmal etwas sagen. Aber antworte ich, und er kommentiert das wiederum? Mmm. Wir führen eher keine Dialoge. Ich bin nicht so eine Witwe wie die, von der mir mal ein Luxus-Immobilien-Makler berichtete. Stand Wichtiges an, sagte die stets: »Ich muss das erst mit meinem Mann besprechen.« Es dauerte ein Weilchen, bis der Makler dahinterkam, dass der Mann längst tot war und sie für die Treffen mit dem Gatten auf den Friedhof eilte.

Ich sage an Volkers Grab höchstens mal »Hallo« oder murmle ein paar andeutungsvolle Satzfetzen vor mich hin. Wie »Wenn du wüsstest« oder »Alles nicht ganz einfach gerade«. Ich hoffe, dass er nicht nur diese Bruchstücke hört und fuchsig wird, weil er die ganze Zeit denkt: »Jetzt erzähl doch mal mehr und bitte in ganzen Sätzen.« Sollte es wirklich so einen Geist geben, der hört, kann er hoffentlich auch Gedanken lesen. Vorsichtshalber sage ich aber ab und zu auch: »Ich liebe dich.«

Etliche in meiner Situation glauben dagegen tatsächlich, Zeichen vom Verstorbenen zu erhalten. Sie erleben etwa, dass manchmal die Sonne zwischen den Wolken hervorbricht, wenn sie an ihn denken. »Synchronizität« nannte der Psychologe Carl Gustav Jung das Phänomen, dass Ereignisse mit dem inneren Erleben verknüpft scheinen, auch wenn sie nicht kausal zusammenhängen. Beispiel: Eine Patientin erzählte ihm einen Traum, in dem ein goldener Skarabäus vorkam, ein großer Käfer. Kaum hatte sie ihn erwähnt, flog ein Blatthornkäfer gegen die Fensterscheibe. Der ist, wie Jung anmerkt, »die nächste Analogie zu einem goldenen Skarabäus, welche unsere Breiten aufzubringen vermochten«. Alles Zufall?

Sting, der alte Yogi, hat für seine Band Police gleich zwei

Songs zum Thema für das 1983er *Synchronicity*-Album geschrieben. Ein Refrain geht so:

A connecting principle
Linked to the invisible
Almost imperceptible
Something inexpressible
Science insusceptible
Logic so inflexible
Causally connectible
Yet nothing is invincible

Sosehr ich auch danach Ausschau hielt: Ich sah weder Käfer noch Schmetterlinge oder Sonnenstrahlen, die ich als Zeichen hätte deuten können. Aber manchmal bildete ich mir genussvoll ein, Volker hätte seine Finger im Spiel. Etwa, als in seine Wohnung als erste Mieterin eine junge, lebenslustige Amerikanerin einzog. Ich fand es eine schöne Idee, er könnte sie mir zur Aufmunterung geschickt haben. Oder wenn ich nicht weiterkam mit einem Text, stellte ich mir vor, er helfe mir ein bisschen. Wishful-Volker-Thinking.

Besonders übersinnlich kam mir das nicht vor. Eher wie Meditation. Wenn ich wollte, konnte ich Volker-Energie in mir spüren. Immerhin, war doch fast schon eine Religion. Nennt mich Volkerianerin. Auch wenn ich nicht glaube, dass ich ihm noch einmal in Fleisch und Blut begegnen werde, so habe ich doch die Vorstellung, dass seine Energie noch in diesem Universum herumschwirrt. Und meine ebenso bleibt, wenn ich mal abtrete. Das ist durchaus tröstlich, stelle ich mir das Leben nach dem Tod doch definitiv ohne menschliches Drama vor.

Die Himmelsvariante scheint mir dagegen Hölle. Wer will schon dabei sein, wenn sich plötzlich auch Geschiedene und andere Erzfeinde wiedertreffen? Falls sich überhaupt jemand wiederfindet, bei all dem Gewimmel im Himmel. Für 2017 hat das amerikanische Datensammel-Institut PRB ausgerechnet, dass bis zu diesem Jahr schon rund 108 Milliarden Menschen geboren worden waren, rund 7,5 Milliarden davon lebten noch. Macht 100 Milliarden Tote. Wenn auch nur ein Bruchteil davon im Himmel gelandet ist, wird das nix mit endlich Elvis kennenlernen. Sicher gibt es ohnehin einen streng abgeriegelten VIP-Bereich. Und man selbst trifft höchstens Gunter Gabriel (sofern es keine Schlagerhölle gibt).

Dann doch lieber einfach als ein bisschen Energie weiterleben. Zum Tod von Volker kondolierte mir auch eine Freundin meiner Mutter, der ich mich schon seit Kindestagen verbunden fühle und die lange vor mir Witwe wurde. Zu ihrer Trauerkarte legte sie mir ein Gedicht von Mary Elizabeth Frye, einer amerikanischen Hausfrau und Floristin, die es mit der Dichterei nebenbei zu einigem Ruhm geschafft hat. 1932 verfasste sie Folgendes:

Do not stand at my grave and weep,
I am not there; I do not sleep.
I am a thousand winds that blow,
I am the diamond glints on snow,
I am the sun on ripened grain,
I am the gentle autumn rain.
When you awaken in the morning's hush
I am the swift uplifting rush
Of quiet birds in circling flight.
I am the soft star-shine at night.
Do not stand at my grave and cry,
I am not there; I did not die.

Neue Liebe

Lektion 17:

Geteiltes Leid, geteiltes Bett

Warum ich all die Witwen sehr gut verstehe,
die sich mit einem Freund oder gar Bruder
des Toten zusammentun

»Erstaunlich« fand die New Yorker Klatschreporterin Emily Smith das »Familiendrama«, von dem sie leicht hyperventilierend im März 2017 berichtete. Es ging um die Nachwirkungen des Todes von Beau Biden, dem Sohn des langjährigen US-Vizepräsidenten Joe Biden. Beau war im Mai 2015 mit sechsundvierzig Jahren an einem Hirntumor gestorben. Das vermeintliche »Drama« sah die Reporterin nicht etwa in diesem Tod, sondern darin, dass die Witwe Hallie und Beaus Bruder Hunter anschließend ein Paar geworden waren und es nun offiziell bestätigten.

Das Einzige, was ich daran erstaunlich finde, ist die Verblüffung der Klatschtante. Denn die Welt – zumindest meine – ist voller Angehöriger, die nach all dem Leid irgendwann miteinander auch das Bett teilten. Da wäre etwa die Freundin einer Freundin, die eine so innige Beziehung mit ihrem Mann verband, dass die beiden auch nach fünfzehn Jahren noch stets wie frisch verliebt wirkten. Dann starb er an einem Herzinfarkt – und vier Monate nach der Beerdigung kam sie zum Schock der Kinder mit einem seiner Freunde zusammen. Das ist nicht mal hurtig: In meinem Bekanntenkreis kursiert auch die Geschichte eines Mannes, der am Tag der Beisetzung seiner Frau deren beste Freundin schwängerte.

Verstehe ich jetzt alles. Immerhin herrscht nach dem Tod

eines nahestehenden Menschen emotionaler Ausnahmezustand. Und auch ich verbrachte in den Wochen nach Volkers Ableben eine sehr innige Zeit mit einem seiner Freunde, wobei wir uns allerdings nicht physisch näherkamen.

Es scheint mir, die ich sonst (siehe Lektion 19) so offenherzig plaudere, zu intim, den Namen hierhinzuschreiben. Nennen wir ihn einfach R. Schon zu Volkers Lebzeiten hatte ich mich besonders gerne mit diesem Freund unterhalten. Über die Theorie des Imaginären, belgische Comics, positive Psychologie, bisexuelle Frauen. Der universalbelesene R. kennt immer zu allem irgendeine Theorie. Und ist zudem ein perfekter Zuhörer, einer, der so lauscht, dass man sich selbst gewitzt und eloquent fühlt. So begeistert war ich seit jeher von R., dass ich zu Volker manchmal sagte: »Wir müssen uns öfter mit ihm treffen, ich bin ganz verliebt in ihn.« Vielleicht haben wir R. deswegen so selten gesehen.

Aber er war dabei, als Volker seinen vierundfünfzigsten Geburtstag feierte, der sein letzter werden sollte. Zum Auftakt sahen wir uns *The Revenant* an, den Film, in dem Leonardo DiCaprio als Trapper Hugh Glass erst mit einem Grizzlybären ringt, fast dabei stirbt, halb tot begraben wird, sich freiwühlt und dann ums Überleben in unwirtlicher Natur kämpft. Es war einer dieser Filme, die ich nie allein gesehen hätte, aber an Volkers Seite und mit meiner Hand in seiner machte Gruseln Spaß. Mit ihm konnte ich sogar Horror.

Knapp fünf Monate später war Volker tot, der Horror hatte sich in die Realität gemetzelt. Ich, wir, die Geburtstagstruppe, waren in der Wildnis gestrandet, blutend, zerfetzt, aber im Überlebensmodus und mit Adrenalin bis in die Haarspitzen. Außer meiner Co-Witwe war es vor allem R., mit dem ich mich zunächst durchs Gestrüpp kämpfte. Er half mir dabei, Volkers schriftlichen Nachlass für die Trauerfeier aufzuarbeiten, unterstützte mich bei der Planerei und vor allem: Er verkürzte mir die schrecklichen schlaflosen Nächte, indem er sie mit mir trinkend in diversen Kneipen und auf Berliner Bürgersteigen verbrachte. Wir plauderten, trauerten, planten und schoben dann die Fahrräder noch ein bisschen nebeneinander her. Auf einmal war es vier Uhr.

So lange war ich schon lange nicht mehr aus gewesen. Und seit meiner Pubertät, in der sich oft schöne Gefühle zum Rausch und unangenehme zum Drama steigerten, hatte ich nicht mehr eine so eine intensive Zeit erlebt. Was für ein Sommer. Durfte man in all dem Schmerz auch Magie verspüren? Es kam mir inadäquat vor, irgendwie pervers, aber es war ohne Zweifel ein Thrill, dieses Weiterleben. Ich dachte an Berichte von Kriegsveteranen, die nicht mehr ins normale Leben zurückfanden, weil gegen den Kick des Todes alles banal wirkte. Und die zugleich nicht verstanden, wie das zusammenging, der Schrecken des Krieges und die eigene Lust daran. »Hyper alertness«, also Hyper-Aufmerksamkeit, nennt der Kriegsveteran Nolan Peterson das Gefühl kurz nach einer lebensgefährlichen Situation. Peterson, der als US-Soldat im Irak und in Afghanistan kämpfte und nun als Kriegsreporter in der Ukraine arbeitet, schreibt: »Diese Hyper-Aufmerksamkeit hat oft viel länger gedauert als das Ereignis, das es auslöste. Stundenlang, manchmal auch Tage, nachdem du dem Tod entkommen bist, fühlte sich das Leben, nun ja, besser an.«

In etlichen Dating-Ratgebern ist nachzulesen, dass man romantischen Treffen einen hilfreichen Boost geben kann, indem man sich zum Bungee-Springen oder Achterbahnfahren verabredet. Dass Adrenalin als Aphrodisiakum funktioniert, weiß man spätestens seit dem Experiment der amerikanischen Psychologen Donald Dutton und Art Aron. 1974 schickten sie einige Probanden auf eine wacklige, schmale Hängebrücke in schwindelerregender Höhe, andere dagegen über eine stabilere Überquerung des Flusses in geringerer Höhe. Das Ergebnis: Auf der hohen, wackligen Brücke prickelte es in jeder Hinsicht mehr.

Wackliger als die Zeit nach dem Tod eines vertrauten Menschen kann das Leben wohl kaum sein. Und so wunderten R. und ich uns ein bisschen über die langen Nächte. Unter normalen Umständen knutscht man doch spätestens nach der zweiten oder dritten Nacht dieser Art miteinander. Taten wir nicht. Wir redeten stattdessen einmal kurz über das, was da war und was nicht. »Ich glaube, du bist einfach die Brücke zwischen mir und Volker«, sagte R. Und so war es wohl auch für mich. Wenn ich mit R. zusammen war, fühlte ich mich Volker verbunden, war R. doch vor allem ein Teil seines Lebens gewesen und nicht meines.

Der eloquente R. hat natürlich auch eine passende Geschichte zum Thema »Liebe nach dem Tod« beizusteuern. Er kennt eine alte Dame, deren Mann im Zweiten Weltkrieg in Russland verschollen war. Einige Zeit nach Kriegsende überbrachte ein ehemaliger Soldat ihr die Nachricht, dass der Ehemann gefallen sei. Tatsächlich haben der Todesbote und die Witwe später geheiratet.

Ich hätte mich jedenfalls nicht aus moralischen Gründen gegen eine Brücken-Liebe verwehrt. Aber ich wäre selbst wohl nur bedingt zurechnungsfähig gewesen als Partnerin. Wie schlimm Hinterbliebene angesichts neuer Kandidaten herumeiern, kann man in einem Forum bei *Brigitte.de* nachlesen. Unter der Überschrift »verliebt-in-den-mann-meiner-verstorbenen-freundin-help« suchte eine Nutzerin namens i-me Rat. Ein halbes Jahr nach der Beerdigung war sie dem Witwer physisch nähergekommen. Sie schreibt:

»Wir saßen bis um 6 Uhr morgens zusammen, ich hatte das Gefühl, keiner von uns wollte das Treffen beenden. Letztlich führte die Nacht zu mehr, alles außer Beischlaf, was uns beide irgendwie überraschte, doch es fühlte sich zu dem Zeitpunkt sehr schön und natürlich an.«

Danach plagte sie dennoch das schlechte Gewissen wegen ihrer Freundin (»Ich fühlte mich wie eine Grabräuberin«). Noch stärker allerdings litt sie unter dem ambivalenten Verhalten des Mannes. Der schickte ihr manchmal anzügliche Nachrichten, war aber danach kalt und abweisend (»Ahhhh, ich werde noch verrückt«).

Über sechzig Forumsbeiträge entspannen sich daran, vor allem an der Hickhack-Taktik. Einige meinten: Finger weg, mindestens bis zum Ende des Trauerjahres, vielleicht sogar für zwei Jahre. Eine andere schrieb: »Also, eine frühere Freundin von mir hat genauso einen Mann geheiratet, und zwar schon nach einem Jahr. Sie haben drei Kinder.« Moralische Bedenken hatte dagegen keiner der Forumsmenschen. »Der Mann ist doch keine Grabbeigabe«, schrieb einer. Eine andere meinte: »Deine Freundin hätte bestimmt nicht gewollt, dass er bis zum Ende seines Lebens alleine bleibt.«

Recht haben sie. Oder, wie Joe Biden der Klatschreporterin super-»exklusiv« verriet: »Wir sind alle glücklich, dass Hunter und Hallie sich gefunden haben, als sie ihr Leben nach all der Traurigkeit neu sortierten. Wir freuen uns für sie.« Also, Frau Klatsch-Kollegin: Nennen Sie es von mir aus Drama. Aber meinen Segen haben die biden.

Lektion 18:

Kognitive Dissonanzreduktion

Wann ich mein erstes posthumes Date
absolvierte, wie er es nicht mal merkte und
wieso ich seinetwegen wenigstens ein paar
Vokabeln lernte

Schon wenige Tage nach Volkers Tod hatte ich den ersten Verehrer, einen israelischen Rentner auf Berlin-Besuch, der mich in der U-Bahn nach der besten Verbindung zum Hackeschen Markt fragte. Wir kamen ins Gespräch, er erzählte mir von seinem Hobby Kriminologie und ich irgendwann vorsichtshalber von meinem frischen Witwentum. Woraufhin er meinte: »Ach, hübsche Frauen wie Sie sind doch in zwei, drei Monaten darüber hinweg.« Dann wünschte er sich meine E-Mail-Adresse – und ich archivierte ihn unter: »Ältester Mann, der mich je angesprochen hat«.

Ob ich es wollte oder nicht: Ich war wieder auf dem Markt. Nicht dass ich schon bereit gewesen wäre für eine neue Beziehung. Aber auf der Weltreise (siehe Kapitel 6, 7, 8) begann ich, aus den Augenwinkeln vorsichtig die Lage zu sondieren. Wie würde er wohl sein, der Nächste? Und wie würde ich mit ihm sein, so als Witwe, die eine so besondere Beziehung hinter sich hatte? Aber erst mal: Wie kommt man heutzutage Männern überhaupt näher? Als ich das letzte Mal auf dem Markt herumgeisterte, war Tinder schlicht das englische Wort für Zunder. Jetzt wischte man Kandidaten auf dem Smartphone durch und vergnügte sich in Berlin auf sexpositiven Partys (siehe Kapitel 19).

Meine Reise bescherte mir eine erste Ahnung davon, dass es schwierig werden würde mit der Partnersuche, wie ich sie kannte. Die wenigen alleinstehenden Männer über vierzig, denen ich in den fünf Monaten begegnete, waren nicht zufällig übrig geblieben. Wie der deutsche Elektrotechniker, mit dem ich in einem Café auf einer indonesischen Partyinsel ins Gespräch kam und danach Abend essen ging. Falls es für den Ingenieur eine Art Date gewesen sein sollte, ruinierte er es nach Kräften. So kaufte er zum Dessert vom windig anmutenden Restaurantbesitzer erst ein Päckchen Kaffee, dann etwas zu Kiffen. Ich war verblüfft: »Hey, schon beim Landeanflug wurden wir doch auf die Todesstrafe für Drogenhandel hingewiesen«, schlaumeierte ich. »Weiß nicht«, sagte er. Und: »Kannst du Joints drehen?« Ich bastelte ihm gnädig-genervt eine Tüte. Danach war er nicht mal mehr für ein lahmes Gespräch zu gebrauchen.

Ansonsten näherten sich mir lediglich noch ein amerikanischer Filmkritiker, Typ moppeliger Frank Zappa, sowie ein paar indonesische Toyboys. Abwimmelstrategie: Ich gab mich wahlweise als alleinerziehende Mutter von acht Kindern oder Psychopathin aus.

Für eine Recherche hatte ich mal einen Scheidungsratgeber durchgearbeitet. »Re-Entry-Dating« hießen darin die ersten Verabredungen nach der Trennung. In dem Buch wimmelte es von Warnungen wie: »Was für Sie mit zwanzig funktioniert hat, kann jetzt schon aus der Mode sein. Die Welt ist eine andere geworden.« Außerdem: »Denken Sie daran, Sie sind nun in unerforschten Gewässern, und Haie warten nur auf Beute wie Sie.«

Haie? In meinem Fall wohl eher alte Säcke, arme Einheimische und trottelige Ingenieure. So ist das mit fünfundvierzig. Ich hätte es wissen können, hatten mir Freundinnen doch immer wieder vom Dating-Wahnsinn berichtet und despektierliche Namen für all die zögerlichen Kandidaten gefunden, an denen sie sich wochenlang abarbeiteten. Flachkopf-Henning, Frankreich-Jens, Halslos-Ralle. Sie trafen eine Menge Online-Spacken, bevor sie im echten Leben mit netten, aber deutlich älteren Männern zusammenkamen.

Dabei wollte ich eher einen jüngeren, allein der Gesundheit wegen. Ich war so gebrannt von Volkers Krankheit, dass ich halb im Ernst überlegte, vom nächsten Kandidaten vor dem ersten Sex einen ärztlichen Befund zu verlangen. Eigentlich würde der neue, soweit gesund, es ganz leicht haben. In puncto Humor, Schlauheit und unbeirrter Zuneigung hatte Volker zwar hohe Maßstäbe gesetzt. Aber ich freute mich darauf, mal wieder mit einem Mann simple Dinge tun zu können wie in einen See springen (zu viele Keime für Volker), Bier trinken (ging nicht wegen der neuen Leber), in ein exotisches Land fahren (die miesen Krankenhäuser!).

Zurück in Deutschland ein Hoffnungsschimmer: eine Weihnachtskarte von einem der wenigen Männer, die ich hundstreue Ehefrau zuvor überhaupt als Mann wahrgenommen hatte. Wir kannten uns wegen meiner Berlin-Forschungen (ich hatte neben dem Job in Stadtsoziologie promoviert) und hatten uns zu Volkers Lebzeiten ein paarmal tagsüber getroffen. Ich erzählte ihm von meinen Erkenntnissen (mürrische Mienen im Bus verstehen die Berliner als Form von Diskretion), er von seinem Leben als geschiedener Mann mit ein paar Kindern (ich lernte einiges über absurde Wechselmodelle, bei denen Geschwister auseinandergerissen werden). Ob man sich bald mal sehen könne, hieß es nun in der Karte. Unbedingt! Nichts gegen ein gutes Gespräch. Oder mehr. Langsam sehnte ich mich nach einer Berührung.

Wir verabredeten uns für den 25. Februar, genau neun Monate nach Volkers Tod, fünf Monate vor meinem sechsundvierzigsten Geburtstag und hundertachtzig Jahre nach Erfindung des Trommelrevolvers. Ein besonderer Tag, könnte man meinen.

Einige Freunde fanden so ein Date zu früh. Ich dagegen war angenehm vorfreudig, überlegte lange, wo wir hingehen könnten, schlug eine hochgelobte Hipster-Pizzeria zwischen ihm und mir vor, konsultierte noch mal den Ratgeber zu Re-Entry-Dating, dem zufolge die Mehrheit in so einer Situation darüber nachdenkt, was sie anzieht, und eine Minderheit über potenziellen Sex. Ich dachte an beides. Multitaskerin! Vielleicht war ja alles ganz einfach mit dieser Daterei. Schließlich war ich nicht mehr diese seltsame Frau, die sich von Drama zu Drama liebte, so wie ich es vor Volker getan hatte. Ich war nun eine Frau mit zehn Jahren Beziehungsexpertise!

Ich freute mich schon darauf, das, was ich dank und mit Volker gelernt hatte, bald wieder an den Mann zu bringen. Bevor wir zusammenkamen, war ich eine Xanthippe gewesen, der man es nicht recht machen konnte, die ausrastete, wenn sie mal ein paar Minuten warten musste oder der Kerl sie mit einem Anruf aus dem Mittagsschlaf riss. Statt zu spüren, was ich alles von den Männern bekam, und dafür dankbar zu sein, empfand ich jede kleine Unaufmerksamkeit als Nicht-Liebesbeweis.

An der Seite des ebenso fürsorglichen wie hilfsbedürftigen Volker lernte ich, dass es auch für Spaß ein Gemeinschaftskonto gibt, das sich leicht füllen lässt. Plötzlich machte ich fröhlich Kartoffelsalat für seine Fußballorgien mit Freunden und fand es lustig, dass er zum romantischen Fernsehabend eine Gewaltserie besorgte, in der Menschen in Eingeweiden herumwühlten. Ich wurde zur Mutter Teresa der modernen Beziehung. Schließlich war klar: Irgendwann würde auch ich wieder auf meine Kosten kommen.

Das theoretische Rüstzeug zu unserer Beziehung erhielt ich unter anderem vom amerikanischen Psychologen Robert Epstein, der arrangierte Ehen erforscht und den ich mal interviewen durfte. Er versicherte: »Ein Paar kann kontrollieren, wie die Liebe sich entwickelt.« In einer Studie hatte er speziell einundzwanzig arrangierte Ehen untersucht, in denen die Liebe zueinander über die Zeit deutlich stärker geworden war. »Eine Frau aus Pakistan gab auf einer Zehner-Skala sogar an, die Liebe sei von null auf elf gewachsen«, erzählte Epstein. Die Befragten durften bewerten, welche Faktoren sie mit den Jahren am meisten für den Partner einnahmen. Besonders wichtig: für den anderen Opfer zu bringen und auf seine Bedürfnisse einzugehen.

Genau das hatte ich – ausgerechnet der ätzenden Krankheit sei Dank – erstmals in einer Beziehung getan. Hätte man mir vorher gesagt, dass ich durch Selbstlosigkeit mein Xanthippenproblem lösen würde, hätte ich es nicht geglaubt. So wie Studien zur Spendenbereitschaft zeigen, dass Geben tatsächlich glücklicher macht, als sich selbst etwas zu gönnen (siehe die entsprechenden Forschungsergebnisse der Psychologin Elizabeth Dunn, Lektion 14).

Jedenfalls saß die Post-Volker-Brenda in der Pizzeria und dachte: »Mann, hat dieser Weihnachtskartenschreiber ein Glück, dass ausgerechnet ich auf ihn warte.« Nur ein klitzekleines bisschen war ich enttäuscht über seine zehn Minuten Verspätung (drei sind für Männer beim ersten Date das Maximum, hatte ich mal selbst in der Zeitung geschrieben). Ich übersah geflissentlich, wie viel er gähnte beim Essen, und spielte innerlich herunter, dass er sich als eifriger Kirchgänger entpuppte. »Wenn es nur das ist.«

Lediglich angesichts seiner Beschwerden über die Ex-Frau zuckte ich zusammen. »Sie hatte Schwierigkeiten mit meiner intellektuellen Seite«, sagte er. Schon jetzt freue er sich unbändig auf den Tag, ab dem er nie wieder mit ihr zu tun haben müsse.

Mir schoss durch den Kopf: »Lieber eine echte Leiche auf dem Friedhof als so eine Ehe im Keller.«

Andererseits: Er hatte einen warmherzigen Blick. Er war klug. Und er war wirklich attraktiv, ehrlich gedacht ein bisschen zu schön für mich. Ich hatte das erste Mal seit Volkers Tod das Bedürfnis, einen Mann zu küssen.

Ich war sicher, Volker hätte nichts dagegen gehabt. Oder würde ich mich doch ein bisschen wie eine Betrügerin fühlen? Und was wäre, wenn aus dem Küssen mehr würde? Wahrscheinlich käme die Sache eher einem Dreier gleich. Volker wäre irgendwie noch dabei, bei mir zu Hause hatte er von einem Foto auf der Kommode aus sogar einen guten Blick aufs Bett.

Egal. Nach einigen Gläsern Wein und mehreren Umarmungen zum Abschied sowie der Versicherung, sich bald wiederzusehen, federte ich beschwingt nach Hause. Mit der Ex würde ich schon klarkommen. Ein, zwei Gottesdienste im Jahr könnte ich schaffen. Und ein paar kleine Beute-Kinder? Ein Klacks! Ist doch ganz einfach, diese Daterei. Was haben die alle? Hicks.

Gleich am nächsten Tag schrieb er eine begeisterte Mail. Er fahre kurz in den Urlaub, aber dann, ja dann, müsse man sich unbedingt sofort wiedersehen. Er werde sich melden. Ich schrieb kurz, freudig und ebenso zukunftszugewandt zurück. Und hörte dann zwei Monate nichts mehr von ihm. Niente. Keine Zeile. Ich war auf dem Dating-Markt aufgeschlagen. Und wusste genau, wie die Analyse in amerikanischen Frauenserien lauten würde: *»He is just not into you.«*

Immerhin lernte ich nun von meinen erfahrenen Freundinnen eine Vokabel: Ghosting. So nennt man das, wenn ein Datingpartner spurlos verschwindet. Als ich seine begeisterte Mail noch mal las, blieb ich an einem Detail hängen, das ich vorher ignoriert hatte. Er hatte mir schöne »Tage/Wochen« bis zu unserem Wiedersehen gewünscht. Gemeint war wohl Tage/

Wochen/Monate/Jahre. Klingt nach Abschied mit Ansage. Ghosting light sozusagen.

Nach ein paar Schweigewochen traf ich meinen Freund Robert, der mir noch einen treffenden Begriff zu meiner Lebenslage lieferte, sowohl für meine kurzzeitige Verklärung des Herrn als auch für die anschließende Entzauberung. »Das nennt man kognitive Dissonanzreduktion. Wenn verschiedene Wahrnehmungen nicht zusammenpassen, dann blendet man etwas davon aus.« Man täuscht sich selbst, um Enttäuschung zu vermeiden.

In meinem Fall habe ich also erst die Ehefrau, das Gähnen, den christlichen Glauben wegretuschiert und nach der Abfuhr schließlich seine Attraktivität. So schön war er auch wieder nicht. Überhaupt: Was wollte ich mit einem zu spät kommenden, misogynen Kirchgänger, der in einer Witwe falsche Hoffnungen schürte? Sicher hatte er nicht mal gemerkt, dass wir ein Date hatten.

Jetzt ärgere ich mich auch noch, dass ich ihn derart toll fand. Und so beleidigt klinge! Dabei tut er mir etwas leid, nun, da ich so pampig von ihm schreibe. Möglicherweise war er einfach enttäuscht, weil ich nicht mehr wie bei unserem letzten Treffen lange braune, sondern kurze angegraute Haare hatte. Darf man sein. Oder er hatte – wie man merkt, völlig zu Recht – Angst, in einem meiner Texte zu landen.

Vor dem Date hatte ich ihm vorsichtshalber den ersten Part meiner neuen Kolumne in der *Welt am Sonntag* geschickt. Thema: die rote Unterhose, die mir meine Freundin Melli zu Weihnachten geschenkt hatte, damit ich sie in der Silvesternacht anzog. Sollte Glück bringen in der Liebe. In der Nacht von 2016 auf 2017 trug ich sie brav und erfolglos auf einem Abendessen mit vier Schwulen und einem verheirateten Paar. Im Morgengrauen (Betonung auf Grauen) steuerte ich auf den Taxistand zu, gleichzeitig mit einem Mann meines Alters. Hübsch, trotz Mütze, gefühlt hetero. Wir standen vor dem einzigen Wagen am Stand. Ich lächelte ihn an. Er stieg ein. Ladys last.

Der Christ hatte die Kolumne lustig gefunden. Sagte er. Zumindest vor unserem Treffen. Und diesem Text hier. Jetzt, da ich abschließend versuche, wirklich allen Kognitionen Raum zu geben, blendet mein Gedächtnis plötzlich wieder den Namen des Lokals ein, das er für den Absacker vorgeschlagen hatte. Es hieß: »Lass uns Freunde bleiben«.

Lektion 19:

Ups, eine Frau

Was alles bei meiner nicht ganz rein dienstlichen Suche nach einem zeitgemäßen Liebesleben passierte

Wahrscheinlich war ich auf meiner Weltreise die einzige Frau, die allein über Bali tourte, ohne vorher *Eat Pray Love* verschlungen zu haben. Weder hatte ich das Buch gelesen noch die Verfilmung mit Julia Roberts gesehen. Aber ich wusste aus meinem Reiseführer, dass die Autorin Elizabeth Gilbert zwölf Jahre zuvor ihren künftigen Ehemann auf der indonesischen Insel kennengelernt hatte. Während ich in der Eso-Hochburg Ubud weilte, der Gilbert-Pilgerstätte schlechthin, erfuhr ich, dass sie sich gerade von ebendiesem Mann getrennt hatte. Um mit einer Frau zusammen zu sein.

Ein Omen, so im Nachhinein gesehen. Aber als ginge das mich nichts an, hielt ich weiterhin aus den Augenwinkeln ausschließlich Ausschau nach Männern. Mir kam gar nicht in den Sinn, dass Volkers Nachfolger möglicherweise eine Nachfolgerin werden könnte. Längere Beziehungen hatte ich schließlich immer mit männlichen Mitmenschen geführt. Einmal durfte ich im Homo-Magazin *Siegessäule* sogar über den Christopher Street Day explizit aus Heten-Sicht schreiben. Unter meinem Bild stand damals: »Brenda Strohmaier, 33, total kinderlos, ziemlich ledig, hetero«. Ich hatte es schwarz auf weiß.

Dabei war der Grund für meine Männertreue eher Gewohnheit und mangelnde Gelegenheit. Das sprichwörtliche »bisschen bi« hätte ich bei mir mindestens auf zehn Prozent beziffert. Schon seit Kindergartenzeiten war ich immer mal wieder in Geschlechtsgenossinnen verliebt gewesen. Als ich in der Pubertät den Aufklärungsklassiker *The Joy of Sex* aus dem elterlichen Regal mopste, ergötzte ich mich besonders am Foto zweier küssender Frauen, auf dem die eine der anderen in die Hose fasst. Ein paarmal – und wie ich fand, zu selten – war ich Frauen physisch nähergekommen und hatte dabei leider auch mindestens ein Lesbenherz gebrochen. Aber so dringend mich die Lust auf das eigene Geschlecht gelegentlich überfraut hatte, ob meiner Sehnsucht nach Volker hatte ich sie einfach vergessen. Bis zu jenem Tag im Frühjahr 2017.

Das Tolle an meinem Redakteursjob ist, dass ich über fast alles schreiben darf, was mich gerade brennend interessiert. Und so waren meine wichtigsten Themen in besagtem Frühjahr 2017 Sex und Bier. Letzteres faszinierte mich, weil bei mir in Berlin-Mitte plötzlich überall Craft-Beer-Bars aufmachten, in denen man Gezapftes aus Minigläschen verkostete. (Rund dreißig Jahre zuvor war ich preisbewusst mit Literflaschen Karlsberg in die Bierwelt eingestiegen, nun war das Gebräu plötzlich teuer wie flüssiges Gold und etwas, das man mit Bohei verkostete.)

Und Sex, das andere leibliche Wohl, gehörte natürlich unbedingt zur Herausforderung des Re-Entry-Datings. Wenn ich schon mit der Sache von vorne anfangen musste, wollte ich das wenigstens auf der Höhe der Zeit tun. Tatsächlich hatte sich in Sachen Erotik Abenteuerliches getan: Plötzlich verkauften Drogerie- und Mediamärkte Sexspielzeug, Fremde fanden übers Internet zu Schäferminütchen zusammen, und Berliner Klubs luden zu sogenannten sexpositiven Partys. Partys, auf denen man einfach nur tanzen kann, so nackt man will. Oder, falls man Lust verspürt, auch Sex haben.

Über dieses neue Abenteuerland wollte ich etwas herausfinden. Allein schon deshalb, weil ich bei fast jeder Yogastunde auch nach über zehn Jahren noch eine neue Übung lernen durfte und dabei regelmäßig dachte: »Wow, und all das mit ein paar Gliedmaßen! Da müsste auch sexuell noch viel mehr drin sein als ein bisschen oben und unten liegen.« Tantra stand deshalb weit oben auf der Liste der Dinge, die ich unbedingt mal ausprobieren wollte.

Ich begab mich also nicht ganz rein dienstlich auf eine Expedition ins Intimreich, sowohl in der Theorie als auch in der Praxis. So lernte ich zunächst bei einer Dildo-Verkaufsparty in Elmshorn, die zwei Töchter für ihre Mutti anberaumt hatten, dass es Stoßvibratoren gibt, die in der Hand liegen wie ein Bohrhammer. Ich plauderte mit einem Produzenten von Amateurpornos, der mich damit überraschte, lieber zu wichsen, als seine Frau zu betrügen (»Wer zwei Frauen hat, hat keine«). Dann warf ich mich – und da kommt gleich die Frau ins Spiel – ins Gedrängel einer Sexparty. Zur Vorbereitung sprach ich aber erst noch mit dem Hamburger Institut für Sexualforschung.

Forscher des Instituts hatten in einer einzigartigen Langzeitstudie jeweils 1966, 1981, 1996 und 2012 ausführlich per Fragebogen das Sexualleben deutscher Studierender erkundet. Aus meiner Perspektive (Jahrgang 71) lag der erste Erhebungszeitraum demnach fünf Jahre vor meiner Geburt, beim zweiten war ich zehn, beim dritten fünfundzwanzig und 2012 knapp über vierzig. In der jüngsten Erhebung zeigte sich als auffälligste Veränderung, dass Menschen heutzutage eifrig vieles jenseits der Missionarsstellung austesten. So gaben 2012 fast vierzig Prozent der Befragten an, beim Sex schon mal einen Dildo/Vibrator genutzt zu haben, 1996 waren es nur zehn Prozent gewesen. Ein Drittel hatte sich 2012 an Fesselspiele gewagt, 1996 war es nicht mal ein Fünftel. Vierundvierzig Prozent hatten 2012 schon mal mit dem Partner gemeinsam einen Porno angeschaut, 1996 waren es achtzehn Prozent.

»Heute werden viel häufiger verschiedene sexuelle Praktiken ausprobiert, aber nach relativ kurzer Zeit wieder fallen gelassen«, erklärte mir Studienleiter Arne Dekker das Ergebnis. Der Direktor des Instituts für Sexualforschung Peer Briken ergänzte: »Es geschieht also sehr viel häufiger als früher, dass irgendjemand mal Analverkehr praktiziert und dann sagt: ›Ist nicht meins.‹ Aber Hauptsache, probiert.« Wie hatte ich gelernt? *Never try, never know.*

Es hatte sich also viel getan. Offenbar hatte sich Deutschland und insbesondere Berlin in ein brodelndes Sexlabor verwandelt, während ich recht intensiv, aber brav vor mich hin liebte.

Die Suche nach Laborantinnen gestaltete sich entsprechend einfach. Eine Kollegin zeigte mir das Facebook-Profil einer Freundin, die sich den Fotos nach gerne verkleidete. »Die kennt sich aus«, sagte die Kollegin. Ein paar Tage später saß ich mit der Frau aus dem Profil in einem Café. Mit ihrem Pony und Lidstrich und ihrer unverklemmt-fröhlichen Lässigkeit erinnerte sie mich an das Fünfzigerjahre-Pin-up-Girl Betty Page. In meinem Artikel würde sie später Hanna heißen. Zu gerne hätte sie ihren richtigen Namen in der Zeitung gelesen, aber sie arbeitete als Psychologin und wollte das Vertrauen ihrer Patienten nicht erschüttern.

Hanna, gerade mal Mitte zwanzig, hatte wirklich etwas zu erzählen. So hatte sie den Abend zuvor mit einem Mann verbracht, den sie auf JOYclub kennengelernt hatte, einem Sexportal mit zweieinhalb Millionen Mitgliedern und dem Claim »Erotik neu entdecken«. Dort hatte Hanna vor ein paar Jahren auch ihren Freund kennengelernt, und trotzdem war sie weiterhin im JOYclub unterwegs. Neu entdecken hieß bei ihr dieses Mal: »Das war so ein Tantra-Experte, das interessierte mich. Und der

Mann war auch sehr spannend. Aber, Mensch, das hat gedauert, all das Gestreichel! Nach drei Stunden habe ich gebettelt, dass er mich fickt.«

Während ich gebannt zuhörte, stufte ich innerlich Tantra auf meiner Wunschliste weit nach unten. Zugleich kam ich mir erst recht langweilig vor. Aber Hanna einfach nacheifern? Danach fühlte ich mich auch nicht. Ich fragte sie, was ihr das denn genau bringe, all der Sex mit all den verschiedenen Menschen. »Für mich ist das wie Therapie, Sex ist gelebte Liebe. Das spürst du erst recht, wenn sich plötzlich nicht nur zwei Personen im Bett tummeln, sondern drei, vier oder sechs.« Und Treue? »Ist, wenn man sich nachher alles erzählt.«

Dann bot Hanna an, mich mal auf eine der berühmten sexpositiven Partys mitzunehmen. Sie schlug »House of Red Doors« vor, ein Event in einem Klub namens Wilde Renate. »Das ist ziemlich hetero, was für Anfänger.« Motto des Abends: Okkultismus. Mal wieder musste ich meine Stilkolleginnen konsultieren, die mir geduldig Vorschläge zum Thema schickten. Schließlich fand ich mich erst in einem mit Nieten besetzten, sehr knappen schwarzen Kleid wieder und dann in der Schlange vor der Renate. Dort stimmten sich Hanna und ein paar Ausgehfreunde mit Plaudereien über Intimrasuren auf den Abend ein (»Hab ganz schön gerodet«).

Schwups, war ich auf der ersten Sexparty meines Lebens. Schon nach einer halben Stunde Irrerei durch den labyrinthischen Klub war klar, dass es hier nichts gab, was es nicht gab. Sprachen aus aller Welt drangen durchs Technogedröhn. Rein optisch war kaum zu unterscheiden, was Landestracht, Motto-Kostüm oder Fetisch war. Klar, die Männer in Gasmasken meinten das sexuell ernst, aber was war mit dem Mädel mit der Spritze in der blutverschmierten Brust? Oder der hübsch drallen Frau mit den perfekten Zähnen, die einen Rock aus Fell trug und behängt war mit Rehunterkiefern? »Das ist meine Zahnärztin«, stellte Hanna vor. »Ich bin Jägerin«, erklärte die ihr Outfit.

Sympathisch, diese vielen Halbnackten, die Hanna begrüßten. Man kannte sich. »Der da, der ist lustig, aber der hat einen unglaublich kleinen Schwanz. Und ich steh auf große Schwänze.« Irgendwann erschien ihr Freund im Gedränge, im Kimono. »Als Mann ist das ja unglaublich schwer, sich erotisch anzuziehen«, sagte er. Tatsächlich, während die meisten Frauen in erotischer Wäsche überzeugten, wirkten die vielen Männer, die mit Weste, Maske und Melone erschienen waren, wie eine perverse Variante von Pan Tau.

Dann verschwanden Hanna und ihr Freund in einem Nebenraum, auf einer Art Hochbett. Pärchensex? War das nicht pervers normal? Später wird Hanna erzählen, dass sie einem nebenher noch einen geblasen hat, der mitmischen wollte. »Der hat nicht wirklich gefragt, und eigentlich verstößt das gegen die Regeln. Aber mit etwas MDMA war das okay.« (Die Droge, die auch in Ecstasy steckt, ist für ihre empathogene Wirkung bekannt, also dafür, anderen näherkommen zu wollen.) Hanna wird auch sagen: »Manchmal frage ich mich, was genau ist meine eigene Lust? Liegt sie tatsächlich darin, eine Männerfantasie zu bedienen?«

Gute Frage. Was wollte ich denn eigentlich? Ich stand etwas verlegen an der Tanzfläche herum und trank das vierte Craft Beer des Abends. Meine Begierde angesichts der Pan Taus hielt sich in Grenzen. Und dann sah ich sie. Und sie mich. Wenig später stand sie vor mir und sagte: »Ich glaub, ich muss dich jetzt nach nebenan entführen.« Auf einmal war sie wieder da: die Lust auf Frauen, nein, genau auf diese eine besondere Frau. Ich folgte ihr in einen Raum, in dem eine Performance stattfand, an die ich mich partout nicht erinnere.

Ich weiß aber, dass ich an der Wand lehnte und wir uns küssten und berührten, als wäre alles ganz dringend. So dringend, dass wir auch auf dem Anstoßpunkt kurz vor dem Champions-League-Finale unbeirrt weitergemacht hätten. Ob jemand hinsah? Egal. Ich stellte fest, dass sie keine Unterwäsche trug, und sie, dass ein paar der Nieten meines Kleides Druckknöpfe waren. Irgendwann im Stöhnen sagte eine von uns »Wow«. Und dann war schon alles vorbei. Wir knutschten noch etwas herum und versuchten es mit einem irren Speed-Small-Talk, Wortfetzen wie »urbi et orbi« und »nenn es, wie du willst« flogen hin und her. Zum Abschied fragte sie nach meinem Namen, und ich dachte, wir sehen uns nie wieder.

Als ich gegen 3.30 Uhr den Klub verließ, mit sehr viel Staub an meiner Rückseite, fühlte ich mich wie Anfang der Neunziger, als ich auf dem unbebauten Potsdamer Platz einen Bungee-Jump gewagt hatte. Wow. Hanna hatte recht. Das war Therapie! Eine Reifeprüfung. Da hatte ich mich endlich um etwas elementar Wichtiges im Leben gekümmert. Zu Hause grüßte ich das Foto von Volker. »Du glaubst es nicht«, sagte ich. Ich hatte den Eindruck, er lächelte noch wärmer als sonst.

Ich würde jetzt sehr gerne detailliert ausführen, warum ich genau diese Frau so ganz besonders anziehend fand, dazu hätte ich viel zu sagen. Aber ich werde es nur andeuten. Denn am nächsten Tag schrieb sie mir. Und dann sahen wir uns wieder. Und dann noch mal. Und noch mal. Irgendwann tauschten wir uns über unsere aktuellen Lieblingsessen aus (Linsenbolognese versus japanisches Sesameis). Klingt mal wieder nach Witz. Geht eine Witwe auf eine Sexparty. Und kommt mit einer Affäre wieder raus, mit der sie Kochrezepte austauscht.

Aber es war total real. Ich hatte eine Affäre. »Ein empfindliches Pflänzchen«, wie meine Freundin und Erstleserin Katja dazu sagte. Und weil das Leben so verdammt kompliziert ist, gibt es viele Gründe, hier nicht mehr über meine schöne, schlaue, lustige Frau zu verraten. »Du bist ja nicht Knausgård«, meinte Katja. (Also dieser Norweger, der sein ganzes Leben mit allen Dramen auf Tausenden Seiten aufschrieb und damit Ehefrau Nummer eins und zwei sowie etliche Freunde und Verwandte entsetzte.)

Aber dass ich diese Frau überhaupt traf und mich in sie verliebte, muss meiner Meinung nach hier stehen. Denn ich schreibe all die Zeilen schließlich nicht nur, um reich und berühmt zu werden. Wenn ich mein Leben und das Sterben von Volker hier so schnoddrig-exhibitionistisch ausbreite, dann vor allem, weil ich hoffe, dass sich andere Trauernde davon ermutigt fühlen, sich von zwickenden Konventionen zu befreien.

Der Tod ist schon Schraubzwinge genug, man sollte ihn doch wenigstens auf ganz persönliche Weise verarbeiten dürfen. Und wenn der Schmerz nachlässt, hat man sich ein schönes Leben entsprechend den eigenen Bedürfnissen mehr als verdient. Und sei es mit dem eigenen Geschlecht. Oder im Kloster. In jedem Fall ist das Leben zu kurz, um es nur anderen recht zu machen.

Mir selbst war an meinem kleinen Coming-out nur peinlich, dass kurz zuvor die lesbische Alice Weidel zur AfD-Spitzenkandidatin für die Bundestagswahl gekürt worden war. Queer sein war noch nie so uncool. Meine Freunde waren ob meiner neuen Liebe etwas überrascht, vor allem die schwulen. Die Freundinnen scherzten, sie seien eifersüchtig. Aber alle schienen sich ehrlich für mich zu freuen, dass ich nun eine beste Freundin zum Anfassen hatte. Mein Therapeut meinte nur: »Viel Vergnügen.« Und: »Unterschiedlicher zu Ihrem Mann könnte ja wirklich kaum jemand sein.«

Lediglich meinen Eltern gegenüber tat ich mich schwer mit der Wahrheit. Dabei sah es kurz nach dem idealen Termin für mein Mini-Outing aus. Ich traf meine Mutter zufällig am Tag, nachdem der Bundestag die Homoehe durchgewinkt hatte.

»Das mit den Schwulen finde ich ja okay«, sagte sie. »Aber diese Lesben finde ich irgendwie seltsam.« Huch, meine liberale Mami, das hätte ich nicht erwartet. Ob sie so reagiere, weil sie mal in eine Frau verliebt gewesen sei? »Nee, das wüsst ich.« Ich beschloss, ihr erst mal nichts von meiner Frau zu sagen. War ja bislang nur eine Affäre. Sollte sie eine Schwiegertochter bekommen, würde sie das schon rechtzeitig erfahren.

Die Zeit drängte nicht. Oder doch, siehe Lektion 15. Auch Elizabeth Gilberts Outing hatte mit der Endlichkeit zu tun. Auf Facebook erklärte sie, dass bei ihrer besten Freundin Rayya Krebs diagnostiziert worden sei. Und da habe sie gemerkt, dass sie diese Freundin nicht nur liebe, sondern auch verliebt in sie sei. »Im Moment, als ich von Rayyas Diagnose erfuhr, öffnete sich eine Falltür in der Tiefe meines Herzens, und mein ganzes Dasein fiel hindurch. Von diesem Moment an ging es nur noch um sie. Ich stoppte alles in meinem Leben, und ich stellte mich direkt an ihre Seite, an der ich seitdem geblieben bin.«

Zwischenbilanz 2

Lektion 20:

Wo bleibt die Flut?

Wie ich mich auf die Suche nach meinen
Tränen machte. Und bei der Trauerbegleiterin
Chris Paul in Bonn landete

An der Tramhaltestelle in Bonn-Dottendorf saß ein volltrunkener Herr um die siebzig, unterm Sitz lag eine drei viertel leere Jim-Beam-Flasche, einen Meter vor ihm thronte ein schwarzer Mops wie ein Wachhund. Das Herrchen sah nicht aus wie jemand, der auf der Straße lebt, eher wie ein verwahrloster Rechtsanwalt. Irgendetwas musste entscheidend schiefgegangen sein in seinem Leben, er lallte etwas, ich verstand kein Wort, sah aber, dass ihm ein paar Zähne fehlten. Und dass er an der Hand, mit der er die Leine hielt, zwei Eheringe trug. Er war einer von uns.

Was für ein Empfang. Ich überlegte kurz, ihm die Trauerberaterin zu empfehlen, die ich gleich treffen würde, verwarf die Idee aber angesichts seines Alkoholpegels und meiner Angst vor Hunden. Ich war unterwegs zu Chris Paul, ebenjener Expertin mit über zwanzig Jahren Berufserfahrung, aus deren jüngstem Ratgeber ich hier immer wieder zitiere. Mein Bestatter Eric hatte sie mir ans Herz gelegt. Zwei Stunden sollte unser Termin dauern, am Ende würde ich sehr nachdenklich wieder in die Tram einsteigen, mit einem tränennassen Tempo in der Tasche.

Es waren viele Fragen, die mich zu Chris Paul getrieben hatten. Die drängendste: Ich wollte wissen, warum ich so wenig weinte. Wenn überhaupt, dann tröpfelte es nur. Ich hegte den Verdacht, dass ich zu jenen Menschen gehörte, die sie in dem Kapitel mit der Überschrift »Überleben kann wichtiger sein als Gefühle fühlen« anspricht. War ich eine Trauernde, die auf Tod mit Aktionismus reagiert, weil Funktionieren ihre gewohnte Krisenbewältigung ist? Machte ich deshalb ständig Witze? Und war das eigentlich schlimm? Zumindest ein paar buddhistische Mönche (siehe Lektion 31) raten schließlich zu Humor angesichts jeder Lebenslage, auch der final waagrechten.

Ich hatte Chris Paul vorab Auszüge aus meinem halb fertigen Buch und das Inhaltsverzeichnis geschickt. Nervös stieg ich die Treppe des lichten Neubaus zu ihr hinauf, in dem sie mit ihrem Trauerinstitut residiert. Der Weg nach oben führt am Büro eines Versicherungsmaklers vorbei. Ein Plakat wirbt für eine Assekuranz, die Krebskranke vor finanziellem Unbill schützen soll. Mein Hirn arbeitete an einem Gag, irgendetwas zum Thema richtige Reihenfolge. Aber da stand sie schon in der Tür. Chris Paul. Von ihrer Webseite wusste ich ein paar Daten: Jahrgang 1962, Bachelor in »Soziale Verhaltenswissenschaften«, Heilpraktikerin für Psychotherapie, Ausbilderin für Trauerbegleiter. Wie auf dem Autorenfoto im Buch trug sie die Haare halblang und dunkelblond. Und doch war ich überrascht: von ihrer grundguten Laune. Und diese Größe. »Eins neunzig«, verriet sie. Wie viele Trauende sie schon beraten habe? »Wenn ich die Kurse mitzähle, die ich gegeben habe, dann sicher über tausend.«

Wir einigten uns darauf, dass sie mich ausfragen würde wie die anderen Ratsuchenden, die zu ihr kommen. »Ich führe immer ein Erstgespräch, kostenlos und unverbindlich, wie in jeder guten Therapie auch. Ich frage viel, und man kann mich alles fragen. In den letzten Minuten schauen wir, ob eine Beratung Sinn macht. Und wenn ja, ob sie bei mir stattfinden soll.«

Dann erklärte Chris Paul noch ihre Gesprächsstrategie. »Ich pendele mit den Fragen immer zwischen dem, was belastet, und dem, was erleichtert. Es gibt das große Bedürfnis, hier mal ohne Rücksicht die schweren Sachen zu erzählen, aber immer nur das, sechzig Minuten lang, das hält keiner aus.« Okay. Aufnahmegerät an. Interview andersrum.

Chris Pauls erste Frage: »Bevor wir uns das anschauen, was verloren gegangen ist, erzählen Sie mir doch kurz ein paar Dinge von sich. Wer sind Sie, außer dass Sie verwitwet sind?« Ja, wer eigentlich? Ich berichtete von meinem großen Arbeitseifer, meinen geliebten Freunden, meiner Herkunft. »Geboren in München, aufgewachsen in Hessen, Abitur im Saarland, mit neunzehn nach Berlin.« Sie fragte nach meiner Familie (Scheidungskind!), meinem Glauben und danach, ob und wie ich mit Volker noch in Verbindung stehe. Ich gab all das zu Protokoll, was auch hier im Buch steht (Lektion 16).

Dann wollte sie wissen, wer Volker war. Ich sprach von seinem Humor, seiner Klugheit, dieser ganz eigenen Mischung aus Rampensau und Bescheidenheit, unserer Liebe, seiner Krankheit. Der Scheißkrankheit. »Die vermiss ich nicht«, sagte ich. Darauf sie: »Das war ja auch eine große Belastung, so lange mit einem kranken Partner zu leben.« Natürlich wusste ich das selbst, aber ich war dankbar, dass sie es sagte. Sie, die Expertin. Jetzt hatte ich das erste Mal ein paar Tränen in den Augen. Aber nur ein paar. Da war es wieder, dieses seltsame Gefühl, ganz kurz vor dem großen Schluchzen zu sein. Aber nicht zu können. Ich kannte das unter anderem aus den Stunden bei einer älteren Yogalehrerin, die eine E. T.-hafte Weisheit verströmte. Wenn sie mich berührte, spürte ich den Drang, hemmungslos zu weinen. Aber dann tröpfelte es wieder nur.

Chris Paul fragte, wann und wie Volker gestorben sei. Ich schilderte es ihr und bemühte mich dabei, seine letzten Tage im

Krankenhaus etwas anders zu erzählen als hier im ersten Kapitel. Ist ein Rat aus ihrem Buch. Damit die Geschichte nicht zur Floskel wird und jedes Mal dieselben Gefühle hervorruft. Auch die Vergangenheitsform soll helfen. (Deshalb ist dieses Buch auch nicht im erzählerischen Präsens, sondern im Präteritum geschrieben. Und, Achtung, Germanistenwitz, eine Antwort auf die in Lektion 16 diskutierte Frage, wo Volker nun weilt, lautet: im Imperfekt). Aber auch wenn ich mich um andere Worte bemühte: Das Blut in der Lunge, die Sepsis, der Hirntod, der letzte Atemzug, die Reihenfolge des Schreckens blieb gleich, und am Ende war Volker tot. An den furchtbarsten Stellen seufzte Chris Paul. Abermals war ich dankbar für das Mitgefühl, wieder wurden meine Augen feucht.

Ob Kinder jemals ein Thema waren? Aber ja. Ich erzählte von unseren Streits darüber, von seinem Sinneswandel, der Fruchtbarkeitsuntersuchung, bei der seine schlechten Leberwerte auffielen. »Und dann haben Sie trotzdem kein Kind mehr bekommen?«, fragte Paul. Ich berichtete von unseren Besuchen in diversen In-vitro-Praxen. Von den elendigen Verkaufsgesprächen, die stets mit Sätzen begonnen hatten wie: »Jeder Mensch kann Kinder kriegen.« Wenn Volker allerdings all seine Krankheiten aufgezählt hatte, darunter ein paar erbliche, sah ich in den Gesichtern der Ärzte den Gedanken zucken: »Vielleicht muss doch nicht jeder Kinder bekommen!« Aber nach kurzem Zögern setzten sie den Werbesprech unbeirrt fort. Schließlich wollten Volker und ich nicht mehr. Paul hakte nach: »Und ist das okay? Oder ist das jetzt ein doppelter Verlust für Sie?« Ist okay, versicherte ich. Ich war froh, keine Halbwaisen alleine großziehen zu müssen. Meist fühlte ich mich eher »kinderfrei« als »kinderlos«.

Die Trauerberaterin wollte nun wissen, wie sich mein Leben nach Volkers Tod verändert hatte. Ich referierte ihr in aller

Kürze fast den ganzen Rest dieses Buchs, meine Weltreise (Lektionen 6, 7, 8), mein Leben ohne Süßigkeiten, aber dafür mit Craft Beer (Lektion 12), der Frau (Lektion 19), dem Gehetztsein (Lektion 15), den Schlafstörungen (Lektion 23). »Vier Stunden Schlaf? Jede Nacht?« Ihr entsetzt-mitfühlender Blick tat wirklich gut. Aber ich wollte davon nicht zu viel in Anspruch nehmen, nicht zu selbstmitleidig werden, mich drängte es zurück in meine gewohnte Rolle der Interviewerin. »Moment, ich bin noch nicht fertig«, sagte Paul. »Essen?« Auch das erzählte ich (Lektion 6). Und dann kamen die Fragen aller Fragen.

»Gefühle? Wie machen Sie das? Welche sind da? Welche lassen Sie aus?«

Ich berichtete, dass ich mich fragte, wo meine Wut sei. Dass ich glaubte, sie komme an falschen Stellen zum Vorschein. Etwa wenn ich mich übermäßig aufregte über lahme Verkäuferinnen, Leute, die sich vordrängelten, oder Yogis, die mit Knoblauchfahne im Studio auftauchten. Sollten sich doch alle gefälligst mal zusammenreißen. »Und Sie können weinen? Vorhin hatte ich ein paarmal das Gefühl, dass da Tränen in Ihren Augen sind, die aber nicht fließen.« Ich antwortete, dass ich sie nicht aktiv stoppe, aber dass ich kaum noch weinte, seit ich Yoga machte (siehe Lektion 13). Pauls Kommentar: »Man muss da jetzt nicht zu viel hineingeheimnissen. Aber es wundert mich.«

Ihre nächste Frage bestand aus nur einem Wort: »Ängste?« Meine Antwort fiel ebenfalls kurz aus, hatte ich doch, zumindest soweit mir bewusst war, höchstens etwas mehr Angst vor dem Tod. Dann: »Hat sich Ihre Sicht aufs Leben verändert? Irgendwelche Grundüberzeugungen erschüttert oder bestätigt?« Bei der Frage kam ich erst ins Schwadronieren, dann ins Stocken, vergaß sie zwischenzeitlich. »Ein Zeichen, dass sie wichtig ist«, sagte Paul. Erstmals seit Jahren sprach ich darüber, dass bei mir mit Mitte zwanzig Gebärmutterhalskrebs im Anfangsstadium diagnostiziert worden war. Eigentlich kein Drama, heute lasert man das ambulant weg, aber damals war es eine blutige chirurgische Angelegenheit gewesen, die mir Angst eingejagt hatte. Plötzlich waren sie mir wieder präsent, die zehn Tage Dreierzimmer in einem Kreuzberger Krankenhaus. Neben mir eine Frau, die ihre ungeborenen Zwillinge abtreiben ließ, weil sie schon fünf Kinder hatte, davon zwei Zwillingspärchen. Und eine junge schwangere türkische Importbraut, die kein Wort Deutsch sprach und nonstop leise heulte. Ich weinte erst, ein paar Tage nachdem ich entlassen wurde. Aus Erleichterung. Und aus Angst, die ich bis dahin verdrängt und weggelacht hatte. Überlebensmodus: Klassenclown.

Mein Krankenhausaufenthalt war in einen brutal kalten Winter gefallen. Aus unserer Fensterfront sah ich, wie der Urbanhafen zufror, die Schwestern entschuldigten sich wegen der eisigen Temperaturen im Zimmer und wunderten sich, dass ich so viele Freunde hatte. Dauernd tauchte jemand mit einem Spielzeugmitbringsel auf, mit Skeletten, die im Dunkeln leuchteten, oder Trabis, die man über den Flur sausen lassen konnte. Der Freund eines Freundes holte mich schließlich mit seinem Fahrrad aus dem Krankenhaus ab, im Schlepptau einen Anhänger, auf dem ein Sessel stand. Ich war die Patientenkönigin. Seither weiß ich, dass Freunde das Wichtigste im Leben sind. Und dass man nichts aufschieben darf. Ebendieses Gefühl hatte sich schon mit Volkers Krankheit verstärkt, nach seinem Tod hat es sich potenziert. Wozu ich Chris Paul nun einen Satz sagte, für dessen Formulierung ich mich innerlich lobte, während ich ihn aussprach: »Inzwischen frage ich mich nicht mehr, ob irgendwann meine Rente zum Leben reicht, sondern ob genug Leben zum Geld da ist.«

»Jetzt sind es nicht mehr viele Fragen. Haben Sie Medikamente genommen zwischendurch?« »Nur Melatonin und

Magnesium.« »Das läuft jetzt nicht unter Medikamenten. Und haben Sie sich professionelle Unterstützung gesucht?« Ich erzählte, dass ich einen mir schon lange bekannten Therapeuten wieder aufgesucht hatte, als Volkers Krankheit trotz Transplantation noch einmal ausbrach. »Ich wusste, ich brauche jemanden, der mich bei seinem Sterben begleitet.« Den Psychologen hatte ich zuvor um die Jahrtausendwende intensiv konsultiert. Diagnose damals: »depressive Verstimmung«. Meine Gefühlslage: ausgewachsene Depression. Ich war ihm unendlich dankbar gewesen, dass ich mit seiner Hilfe irgendwann aus dem Tal herauskroch. Nun, bei Volkers Krankheit, hatte er sich wieder als große Stütze erwiesen. Diesmal allerdings vor allem bei ganz praktischen Fragen. Ihm verdankte ich, dass ich – als Volker starb – verheiratet war, ein Testament in der Schublade lag und dass ich meine Wohnung umgeschuldet hatte.

»Aber Sie haben nicht so viel Emotionales besprochen?«, fragte Paul. »Ich hatte da nicht so viel zu sagen, außer: Das ist doch alles scheiße.« Also keine Tränenflut, nicht mal bei ihm, bei dem ich während meiner Depression packungsweise Taschentücher vollgeflennt hatte. Und der mich zwischendurch immer mal wieder gefragt hatte: »Warum weinen Sie denn?« Es war mir ein Rätsel, so wie jetzt meine Heulimpotenz.

»Okay, ich habe alle meine Fragen gestellt. Jetzt sind Sie dran.«

Endlich. »Finden Sie es seltsam, dass ich ein humorvolles Buch über mein Leben als Witwe schreibe?«

»Sie dürfen heute alles mit dem Tod. Da sagt niemand, das sei krank. Mir ist das Buch allerdings etwas zu Dur, mir fehlt ein Ticken mehr Moll. Das ist ja nicht alles lustig, was Ihnen widerfahren ist.« So eine Einschätzung hatte ich ja eigentlich hören wollen, deshalb war ich hier, und ich hatte danach gefragt. So weit, so gut. Ich merkte aber, dass ich doch empfindlich war, was meine Arbeit angeht, versuchte eine Verteidigung, vielleicht hatte sie ja nur das Inhaltsverzeichnis überflogen? »Na, ich habe auch das Kapitel mit dem schlechten Gewissen gelesen, und da hat mir wirklich ein Stück gefehlt. Das ist alles so duffduffduff-duffduff, zackzackzack.« Ich fühlte mich etwas beleidigt. Ob ich die Kritik besser hätte wegstecken können, wenn sie mein Werk nicht so lautmalerisch nachgeahmt hätte? Oder wenigstens nur mit »duffduff« und »zackzack«?

»Auch wie ich Sie jetzt erlebe: Sie sind wahnsinnig schnell, da ist ein großes Tempo in Ihnen.« Chris Paul schlug vor, mehr Gefühle zu äußern, sowohl im Leben als auch im Buch: »In dem, was ich gelesen habe, geht es viel darum, was Sie tun und was Sie denken, aber nicht, was Sie fühlen.« Touché. So schnell, wie ich mich aufgeregt hatte, so flott ebbte meine Empörung wieder ab. Nun ging es nicht mehr um meine Arbeit, sondern um meine Trauer. Mir fiel ein, dass ich seit Volkers Tod noch schneller aß als sonst, mir immer wieder den Mund verbrannte. Höchste Zeit, mehr hinzuspüren, auch in mein eigenes Werk. Da fehlte wohl noch was. »Genau, dass der Schmerz auch mal da sein darf.«

Aber warum hatte ich es überhaupt so eilig? Rührte mein Ge-hetztsein – wie ich bislang vermutet hatte – wirklich nur da-her, dass mir die Lebenszeit auf einmal so kurz schien? »Ich spüre auch die Angst, dass sich da etwas nach der alten De-pression anfühlt, wenn Sie anhalten.« Tatsächlich hatte ich öfter schon meine Trauer mit meiner Depression von damals vergli-chen. Und fand sie deshalb nur bedingt schlimm. Immerhin war ich – anders als damals – wegen Volkers Tod nicht fundamen-tal lebensmüde. Im Gegenteil: Ich wollte unbedingt leben. Und auf keinen Fall wieder so depressiv werden wie damals, als ich anderthalb Jahre nonstop geheult hatte. Dann lieber zackzack-zack.

Nun verblüffte mich die Trauerberaterin mit einer weiteren Idee zu meiner Eile. »Sie rennen gerade auch so schnell, weil Sie auf Ihren Liebsten so lange gewartet haben.« Guter Punkt. Vor meinem inneren Auge sah ich noch mal Volker vor seiner Haustür stehen und bedächtig abschließen. Und dann wieder aufschließen, um die Tabletten zu holen, die er vergessen hat. Und daaann wieieder aaabschließen. Manchmal noch mal wieder aufschlieeeeßen ... Wegen des Regenschirms. Oder irgendwas. Unser unterschiedliches Tempo war ein Running beziehungsweise Creeping Gag zwischen uns gewesen. Ich dachte nun daran, wie ich versucht hatte, ihn im Urlaub vom Pool zu einem Ausflug ans Meer oder in die Berge zu locken, und er geschaut hatte, als zwinge ich ihn dazu, drei Schalen Feldsalat zu zupfen (was er hasste).

Ich lernte nun von Chris Paul, dass entschleunigen auch eine Bewältigungsstrategie sein kann, eine, die sie mir riet zu üben. »Sie haben jetzt anderthalb Jahre getrauert, mit allem, was Ihnen zur Verfügung steht: Ihrer Klugheit, Ihrer Wortgewandtheit, Ihrer Kontaktfreudigkeit, Ihrer Reisefähigkeit, Ihrer Möglichkeit zu arbeiten. Sie setzen das alles hoch effektiv ein. Aber Sie kommen einfach nicht zur Ruhe.« Auch deshalb schliefe ich so schlecht. Ich stelle mir vor, wie ich mein Leben auf Faultiertempo verlangsame. Sind immerhin meine Lieblingstiere. Schon der Gedanke, wie so ein Vieh im Baum abhängt, macht mich aangeneehhhm müüüde.

Mir fehlte offenbar Volkers Langsamkeit, sosehr sie mich auch genervt hatte. Wenn ich partout nicht schlafen konnte, erzählte er mir mit betont monotoner Stimme und endlosen Pausen die spärlichen Handlungen von künstlerisch besonders ambitionierten Filmen, die er auf Festivals gesehen hatte. So in etwa: »Die Kamera zeigt eine Totale der Tundra. (Pause.) Hinten links kommt ein kleiner Punkt. (Pause.) Es ist eine Reiterin.«

Ich wollte nun noch von der Expertin wissen, ob sich meine Trauer auch deshalb so hinzog, weil ich so raste. »Ach, das zieht sich immer, wenn der Mann gestorben ist.« Drei bis fünf Jahre sei man damit beschäftigt, da läge ich »zeitlich völlig super«. Dann lenkte sie mein Augenmerk noch auf all die Probleme, die mich *nicht* plagten: nicht medikamentenabhängig geworden, nicht in der Psychiatrie gelandet, nicht arbeitsunfähig. Hatte ich bislang so noch nicht gesehen. Eine meiner Überlebensstrategien sei eben, viel zu tun. »Sie fühlen sich lebendig, wenn Sie ein Projekt haben, einen Plan, etwas entstehen lassen.« Das sei durchaus typisch für kreative Menschen – und für Männer.

Huch, auch darüber hatte ich noch nie nachgedacht. Lauter neue Erkenntnisse. Gibt es so etwas wie männliche und weibliche Trauer? Tatsächlich, so Paul, ließen sich bei aller Vermischung der Geschlechterrollen noch Tendenzen erkennen. »Wenn hier zum Beispiel Paare nach dem Tod eines Kindes sitzen, dann erlebe ich die Väter öfter wie Sie, die sind sehr aktiv, machen und organisieren irgendetwas. Die Mütter dagegen begeben sich eher in ihre innere Welt, die ganz viel mit Sehnsucht und Verzweiflung und Nicht-mehr-leben-Wollen zu tun hat.« Meine Trauerstrategie passte also durchaus zum Rest meines Lebens, hatte ich doch schon als Kind lieber mit den Jungs Fußball gespielt als mit den Mädels im Zimmer Gefühle ausgetauscht. Und war sogar ganz froh gewesen, auf dem mathematischen Zweig meiner Schule das einzige Mädchen in der Klasse zu sein.

Noch etwas war Paul an mir im Vergleich zu anderen Trauernden aufgefallen: Ich gehörte zu den Menschen, für die der Partner ein Alleinstellungsmerkmal besessen habe. Nicht nur, weil Volker meine erste sehr lange Beziehung gewesen sei, sondern auch, weil es mit ihm so viel angenehmer gewesen sei als das, was ich von zu Hause kannte. »Mit Volker haben Sie zum ersten Mal jemanden erlebt, der Sie nicht gestört hat, mit dem Alltag schön war. Er war in gewisser Weise die große Liebe Ihres Lebens.« Das stimmte. Ich dachte daran, wie wir uns einmal an einem ganz normalen Abend gegenseitig ein Geschenk gemacht hatten – und es war die gleiche Arctic-Monkeys-CD.

Aber Moment. »Da war noch jemand.« Plötzlich waren wir bei meinem Kindergartenfreund Chrissi angelangt. Ich erzählte Chris Paul, wie wir uns mit fünf vor dem Zigarettenautomaten kennengelernt hatten und fortan unzertrennlich waren, sogar fast jede Nacht zusammen verbrachten. Als wir in die Pubertät kamen, lebten wir uns auseinander, ihm war der Kontakt mit Mädchen peinlich, und ich war auch hormonell durcheinander. Mit dreizehn zog ich weg. Meine Mutter erinnert sich, dass ich sehr um die Freundschaft getrauert hatte. Über zwei Jahrzehnte später schrieb mir Chrissi eine Mail und besuchte mich in Berlin. Wir hatten uns sehr unterschiedlich entwickelt, aber wir mochten uns und blieben fortan lose in Kontakt. Und es war, als hätte sich ein Fluch gelöst. Ich war doch liebenswert. Kurz danach lernte ich Volker kennen. Neun Monate bevor Volker starb, hatte sich Chrissi das Leben genommen.

Jetzt brauchte ich doch ein Taschentuch. Nein, keine Flut. Aber mehr als ein paar Tränen. Erstmals wurde mir klar, dass ich schon zwei Mal eine große Liebe im Leben gefunden hatte. Und dass nun beide tot waren. Chris Paul sagte: »Das ist schwer zu verarbeiten. Man verliert nicht nur einen Menschen, sondern verliert das Paradies, das man mit ihm überhaupt erst gefunden hatte. Wie geht man damit um?« Sie schaute besorgt. Ich konnte sie etwas beruhigen, indem ich versicherte, ich glaube fest daran, noch eine andere große Liebe zu treffen. Die könne schon kommen, bestärkte mich die Trauerbegleiterin. Wenn ich denn entschleunigte.

Ich schniefte. »Wir haben da eine Tür geöffnet, vielleicht

können Sie die offen halten«, sagte Paul. Für einen Moment überlegte ich ernsthaft, regelmäßig zu ihr nach Bonn zu kommen, zum Langsamkeitstraining. Und zum Weinen. Aber nein, zu weit, zu teuer, diese Fahrerei. Was also tun? Sie ging im Geiste ein paar Berliner Kollegen durch. Ich erzählte ihr wiederum vom Trauercafé in jenem Hospiz, für das mein Nachbar ehrenamtlich arbeitet (siehe Lektion 11). Dort hatte ich schon mal angefragt, wegen des Buches. Man sagte, ich könne kommen, aber nur als Trauernde, nicht als Schreibende. Chris Paul fand das eine gute Idee. »Machen Sie das. Mal was nur für sich und nicht für das Buch.«

Die Treppe runter, am Krebsplakat vorbei, mein Hirn blieb ruhig. Hinaus in den Bonner Nieselregen, zur Tram. Der Mann mit Mops war verschwunden. Am Hauptbahnhof kaufte ich ein paar Taschentücher. Für alle Fälle.

Bewältigungsstrategien

Lektion 21:

Ein Leben in hundertfünf Fotos, fünfunddreißig Artikeln und fünf Mietverträgen

Wie ich Volkers Nachlass nach dem Kondo-Prinzip kondensierte

Ich kenne Volkers erste Adresse in Berlin bestens, obwohl er dort schon 1986 ausgezogen ist, fast zwei Jahrzehnte bevor wir uns kennenlernten. Aber bis heute ist die Straße nebst Hausnummer das Passwort für den Apple-Rechner, den ich von ihm erbte. Im Nachlass fand ich den entsprechenden Mietvertrag zur Wohnung, und seither weiß ich auch, dass er für die 34 Quadratmeter im Stadtteil Reinickendorf gerade mal 99,23 Mark im Monat zahlte, inklusive Nebenkosten. Der Vertrag klebt nun in meinem Volker-Gedächtnisalbum. Wenn ich ihn betrachte, höre ich Volker von den Achtziger-Jahren in Berlin reden, mit dem Stolz derer, die noch Kreuzberg 36 und 61 unterscheiden können.

Elf Monate nach seinem Tod habe ich das Album zusammengestellt, damals, als die Trauer randalierte wie nie zuvor. Nach einem harten, langen Winter hatte der Frühling sich endlich die Ehre gegeben, ich wollte die Sonne genießen und die Trübsal aus meinem System schleudern wie die Frühblüher ihre Pollen. Doch da holte die Trauer, offenbar schwer beleidigt, noch mal zu einem fulminanten Schlag in den Magen aus. Während ich mich krümmte, flüsterte sie: »Ja, wie wollen wir uns denn amüsieren, ohne Volker?« So machte ich mich bei blitzeblauem Himmel brav drinnen an Volkers Leben und Werk.

Ich blätterte und grub mich durch Fotos, Zeitungsartikel,

Zeugnisse, Filmfestival-Akkreditierungen, Briefe. Neben mir eine Papiertüte fürs Altpapier und eine Mülltüte für den Rest, vor mir der Stapel fürs Album. Im Wegwerfen hatte ich Routine, und deshalb dachte ich dabei immer wieder an den John-Irving-Roman *Owen Meany*, den ich vor über zwanzig Jahren gelesen hatte. Das Leben der Hauptfigur stellte sich beim Showdown als eine einzige Generalprobe für ihren heroischen Tod heraus. Der klein gewachsene Held übte ständig einen bestimmten Basketballwurf – und schaffte es deshalb im entscheidenden Moment, Kinder vor einer Handgranate zu bewahren.

Auch Volker und ich hatten uns akribisch auf einen finalen Entsorgungsjob vorbereitet, und zwar nicht wegen seiner Krankheit, sondern aus Krimskramsüberdruss. Ungefähr anderthalb Jahre vor seinem Tod begannen wir, unser Leben fundamental aufzuräumen, inklusive Keller. Ursprünglich wollte ich nur eine Geschichte über *Magic Cleaning* schreiben, den Bestseller der japanischen Entrümplungsexpertin Marie Kondo. Schließlich wurde daraus ein Mega-Ausmistprojekt, ein ganz großer Schlag gegen Zeugs, den mächtigsten Gott unserer Zeit. Nach Volkers Tod lernte ich unsere Selbsthilfeaktion noch einmal ganz neu schätzen.

Kondo ist in Amerika bereits zum Synonym für konsequentes Loslassen geworden – und ein Verb. »Ich habe meine Rezeptbücher gekondot«, heißt es dort zum Beispiel. Das Credo klingt simpel: Wer seine Gewohnheiten ändern wolle, müsse an der »inneren Einstellung zur Ordnung« arbeiten. Entscheidend sei, nur noch die Sachen zu behalten, die einem wirklich Freude machten. Und den Rest – nach Kondos Erfahrungen mindestens zwei Drittel des Haushalts – soll man entsorgen, am besten Kategorie für Kategorie in folgender Reihenfolge: Kleider, Bücher, Papiere, Kleinkrams, Erinnerungsstücke.

Volker und ich hatten uns brav an den Ablauf gehalten. Und schließlich hatten wir Müllsack um Müllsack zu den Tonnen getragen und waren zigmal zu unserem neuen Kondo-Mekka gepilgert, dem Recyclinghof. Was für eine Befreiung!

Sogar Bücher zu verabschieden war leicht. Dabei war es uns zunächst als fernöstlicher Ordnungswahn erschienen, diese Kategorie überhaupt zu nominieren. Waren all die Werke in unseren Regalen nicht wie Kinder, die wir alle gleich liebten? Beim Sortieren stellten wir jedoch schnell verblüfft fest, dass zu vielen die Zuneigung gänzlich fehlte oder erkaltet war. Die App von Momox, einem Gebrauchtwarenhändler, half zudem kräftig nach. Was machte es Spaß, mit der Handykamera den Strichcode der Bücher einzuscannen und zu sehen, was der Käufer dafür bot. Vom Ingrid-Noll-Krimi (*Selige Witwen!*) bis zum *Mythos Rommel* – für vieles gab's 15 Cent, für ein Popbuch vom WDR sogar 14 Euro. Bücher wie *Karate 1* erwiesen sich dagegen als völlig wertlos. Bei den älteren Büchern ohne Strichcode las Volker mir die ISBN-Nummer vor, ich tippte sie in die App. Am Ende überwies Momox uns einige Hundert Euro.

Über eBay verkauften wir noch zwei überflüssige Billys und bewunderten den Platz in den restlichen Regalen. Was darin überlebte, wirkte wertvoller. Langsam verstanden wir, was Kondo meinte mit dem Blick für das Wesentliche. Auf einmal war nur noch Schönes/Wichtiges/Geliebtes um uns herum. Uns gelang es sogar, eine Schneise in das Unterholz aus Papier zu schlagen. Warum hatten wir Gehaltszettel der vergangenen Jahrzehnte aufgehoben? Und ich dazu noch Unterlagen aus dem Seminar »Raumkonstruktionen im Wandel«?

Auch »Komono«, zu Deutsch: »Kleinkram«, war eine erstaunlich leichte Aufgabe. Dabei stellte ich fest, dass meine ständige Panik, die Batterien für mein Aufnahmegerät oder die Computermaus könnten ausgehen, völlig unbegründet war. Dreiunddreißig Stück tauchten auf, ebenso zwei Ladegeräte für Akkus. Ein vergleichsweise harmloser Fall von Vorratswahn: Marie Kondo hatte schon bei Menschen aufgeräumt, die sechzig Zahnbürsten lagerten und zwanzigtausend Wattestäbchen. Sie schrieb auch von jemandem, der sich ein Zweithaus zugelegt hatte, damit er darin endlich ohne Zeugs leben konnte.

Wir waren stolz auf unser neues Leben. Zuletzt machten wir, oder besser: ich, uns an die Erinnerungsstücke. Volker prokrastinierte und lagerte seine umfangreiche Sammlung an Dokumenten erst mal in Kisten unter dem Schreibtisch. Beeindruckt und ein bisschen erschrocken schaute er mir dabei zu, wie unsentimental ich meine Sammlung von Fotoabzügen nach dem Kondo-Prinzip in Kürze eindampfte. Ich fühlte mich selbst etwas gefühlskalt, wie ich, befreit von jeglicher Dokumentationspflicht, ungeliebte Ex-Kerle, nervige Verwandte und unnötige Landschaftsaufnahmen in den Müll beförderte.

Auch wenn ich eher bei zehn statt bei den von ihr empfohlenen fünf Bildern pro Urlaub landete – der Rest passte locker in zwei Alben. Die im Computer gespeicherten Fotos zu sortieren, erwies sich dagegen als Digitalpest. Ich schwor, nie wieder zigfach Sonnenuntergänge zu knipsen! Pars pro toto tut es viel besser, bei meiner Weltreise sollte ich mich daran halten.

Wenige Monate vor seinem Tod machte auch Volker sich an seine Erinnerungen. Er quälte sich damit, wirkte müde und deprimiert. Wohl nicht nur, weil er per se viel gemütvoller veranlagt war als ich. Er spürte wahrscheinlich trotz allem Optimismus seiner Ärzte, dass er da gerade sein Vermächtnis aufbereitete. So fand ich genau auf Augenhöhe in einem Regal einen Stapel seiner Zeitungsartikel und Interviews. Ganz oben prangte der erwähnte *taz*-Text über seine Dorfjugend, aus dem wir bei der Trauerfeier zitierten. Briefe seiner Freunde und Verwandten steckten in Umschlägen mit deren Namen. Ein großer

Plastikordner enthielt Brenda-Memorabilien. Meine Telefonnummer, die ich ihm damals aufgeschrieben hatte. Eine Zeichnung von meinem Hintern, die ich ihm gleich zu Beginn der Beziehung übereignet hatte. Einen selbst gemalten Strafzettel für ich weiß nicht mehr was.

Ich verstehe Witwen, die das große Sortieren eine Weile vor sich herschieben, diesen Abschied von der Dingwelt des Partners. In Trauer-Ratgebern heißt es auch, man solle sich dabei ruhig Zeit lassen. Aber ich konnte nicht, wir haben ja nicht zusammengewohnt, sondern nebeneinander, ich musste seine Wohnung räumen. Und wie weh das tat: jeden Ordner anzuschauen, das Wichtigste darin zu identifizieren. In die Tagebücher zu lugen und sie schnell wieder zu schließen, weil schon einzelne Wortfetzen zu intim schienen für die Nachwelt. Diese blauen Interdentalbürsten zu entsorgen, über deren Größe ich mich immer lustig gemacht hatte (»Ah, was haben wir denn hier für eine Klobürste?!«). Das ultimative Aufräumen fühlte sich an wie eine Mischung aus Hausfriedensbruch, Diebstahl und letztem Liebesdienst.

Ich war froh, das Marie-Kondo'sche Sortierprinzip verinnerlicht zu haben. Immerhin konnte ich Unnötiges tatsächlich so automatisch entsorgen wie Owen Meany die Handgranate. Und ich war dankbar für Volkers Ordnung; wahrscheinlich beten auch Einbrecher inzwischen zur Japanerin Marie und nicht zur Jungfrau Maria. Ich schickte für alle Fälle ihr und Volker zwischendurch immer wieder ein paar dankbare Gedanken für ihre grandiose Vorarbeit. Für das rechtzeitige Aufräumen gibt es im Schwedischen sogar ein Wort: »Döstädning«, zu Deutsch: Todesreinigung. Im Jahr nach Volkers Tod veröffentlichte dazu die Künstlerin Margareta Magnusson einen viel beachteten Ratgeber. Im Deutschen erschien er unter dem Titel *Frau Magnussons Kunst, die letzten Dinge des Lebens zu ordnen.*

Zurück zur Post-Todes-Reinigung. Schließlich ging es nur noch darum, zu nominieren, was zu mir in die Wohnung ziehen würde und was wiederum davon ins Album oder die Kiste mit Dingen, über die ich noch mal nachdenken musste. Für die Wohnung war es nicht viel: Der Apple mit besagtem Passwort landete auf meinem Schreibtisch, das Krankenhausschaf Erich und die Wärmeflaschenratte Hein im Bett, drei Ordner mit Unterlagen im Schrank, Volkers Kaffeemühle, die aussieht wie eine kleine Fabrik, auf der Arbeitsplatte in der Küche. In die Kiste kamen seine Lieblingsschuhe, zwei Hemden, sein großer Kopfhörer, der güldene iPod. Blieben noch die Sachen fürs Album.

Tatsächlich hatte ich dank der Kondo-Aktion noch ein leeres Exemplar auf Vorrat, mit einem Leineneinband in genau jenem Lila, in dem Volker mal ein T-Shirt besessen hatte. Rund einhundert Fotos wählte ich dafür aus, angefangen bei den schwarz-weißen Kinderbildern, die einen erstaunlich mopsigen, erschrockenen Jungen nebst einem Menschen im Eisbärenkostüm zeigen, bis hin zu dem Partner-Selfie, auf dem ich ihm mit meinen damals noch langen dunklen Haaren eine hitlerös-beknackte Seitenscheitelfrisur verpasse. Die Bilder sortierte ich grob chronologisch und kombinierte sie dann mit anderen Fundstücken, darunter ein »Bitte nicht stören«-Schild. Das hatte ein einfühlsamer Pfleger mal an Volkers Krankenzimmer geklebt, weil wir so heftig knutschten.

»Die Erinnerung ist das einzige Paradies, aus dem wir nicht vertrieben werden können«, schrieb Jean Paul. Ich weiß nicht, ob das stimmt, spätestens bei meinem Tod wird wohl auch Volkers Erinnerungsalbum sterben. Aber ich weiß, dass das Paradies auf Erden noch paradiesischer wird, wenn man es kuratiert, also sich traut, konsequent nur das aufzuheben, was einem besonders am Herzen liegt. Fuck Vollständigkeit! So habe ich aus Volkers Zeit als Filmkritiker beim Stadtmagazin *tip* nebst persönlichen Texten (»Ich war im Schützenverein«) vor allem Besprechungen meiner Lieblingsfilme aufbewahrt, von *The Wrestler* bis *Gran Torino*. Und natürlich die grandiose Serie über den Berliner CDU-Politiker Frank Steffel, dem Volker einen satirischen Arztroman gewidmet hatte. Klebt jetzt alles im Album.

So flott und gewieft hatte ich Volkers Leben schließlich innerhalb eines Tages auf hundertfünf Fotos, fünfundreißig Artikel und fünf Mietverträge nebst ein paar Schulzeugnissen (»Betragen stets sehr gut«) kondensiert, als verbrächte ich meine Freizeit ständig damit, Gedächtnisalben für Ehemänner zu erstellen. Einziges Problem: Zu gerne hätte ich danach Volker ganz viele Dinge gefragt, zum Beispiel wie es war, Quentin Tarantino 1994 zu interviewen. Und welche Zigaretten er da eigentlich in den Achtzigern geraucht hatte, die so wahnsinnig qualmten? (Siehe Lektion 26, die davon handelt, was man alles nicht aufschieben sollte.)

Jetzt wäre es eigentlich an der Zeit, meinen alten Windows-Rechner zu entsorgen, der arbeitslos neben dem Schreibtisch steht, weil der neue Apple obsiegte. Außerdem wäre mal die Kiste mit Volkers Schuhen zur Revision dran. Und die Bücher im Regal – ich sage nur: Witwenratgeber – stehen schon wieder in zwei Reihen. Mir ist ganz klar, wie ich jetzt loslegen und loslassen müsste. Aber vielleicht blättere ich stattdessen lieber ein wenig im Album. Der zweite Mietvertrag stammt übrigens von 1986, 63 Quadratmeter Sonnenallee in Neukölln, 460,39 Mark.

Lektion 22:

Hätte ich ihm doch das Sieger-Kissen überlassen!

Was das schlechte Gewissen sich alles so einfallen ließ. Und das gute

Die erste und letzte große gemeinsame Anschaffung von Volker und mir war ein Ehebett. Sehr groß, sehr grün, in den Augen meiner Stilkolleginnen auch nicht sehr schön, aber sehr, sehr gemütlich. Im Bettenladen ließen uns die cleveren Verkäufer – als unerwarteten Feelgood-Rabatt – jeweils ein Kopfkissen aussuchen. Jeder von uns wählte ein anderes. Nach ein paarmal Schlafen und Tauschen war klar: Meins war Testsieger, Volker fortan neidisch, und ich hatte posthum ein Problem. Fast jedes Mal wenn ich wieder nachts wach lag, fragte ich mich: Warum hatte ich ihm das Ding nicht einfach überlassen? Er war doch schon so unendlich müde.

Es war allerdings keine Frage, die mich wirklich marterte. Überhaupt fand ich an unserem gemeinsamen Leben wenig zu bereuen, schließlich – siehe Lektion 1 – hatten wir, dem herumlungernden Tod sei Dank, nichts anbrennen lassen. Was mich aber auch anderthalb Jahre nach Volkers Tod noch ernsthaft umtrieb, waren Gedanken an seine letzten Tage. Hätte ich nicht noch mehr tun müssen, um die Ärzte auf seinen Zustand aufmerksam zu machen? Und warum hatte ich diesen langen Spaziergang unternommen, ausgerechnet an dem Tag, bevor er im künstlichen Koma landete?

Schließlich studierte ich noch mal die Ratschläge der Trauerberaterin Chris Paul zum Thema »Vergeltung oder Vergebung«. Sie schreibt: »Versuchen Sie, Ihre Vorwürfe zu konkretisieren.« Ich solle die einzelnen Punkte notieren, nach Wichtigkeit sortieren und sodann dazu schreiben, wie viel Prozent Einfluss sie jeweils auf das Sterben (oder die Krankheit) gehabt hatten. Also gut:

- Ich hätte die Ärzte rechtzeitig dazu bringen müssen, ein MRT der Lunge zu machen, statt sie nur zu röntgen. Dann hätten sie das Blut darin viel früher entdeckt, das dort hineinlief, weil ein Arzt ihm aus Versehen und unbemerkt in die Lunge gestochen hatte, während er eine Drainage legte. Dann hätte sich Volker die folgende Lungenentzündung und Sepsis vielleicht gespart. Eine neue Leber hätte er aber dennoch gebraucht. 30 Prozent

- Ich wünschte, ich hätte noch mehr Zeit mit ihm verbracht in den Tagen, als er noch bei Bewusstsein war: 1 Prozent

- Ich wünschte, ich hätte Volker nicht so getriezt, sich im Krankenhaus zu bewegen, obwohl es ihm so schlecht ging: 1 Prozent

- Ich hätte für ihn im Koma mehr tun können, ihm schöne Musik vorspielen, etwas Wohlriechendes mitbringen, ihn vor deprimierenden Gesprächen abschirmen: 0,5 Prozent

- Ich hätte mich besser auf sein Sterben vorbereiten müssen: 0 Prozent

- Kopfkissen: 100 Prozent (Witz)

Und nun? »Lassen Sie die Zahlen auf sich wirken.« Okay, vielleicht sollte ich mich um die dreißig Prozent kümmern. Und dann: »Wenn Sie möchten, können Sie mit einzelnen konkreten Vorwürfen weiterarbeiten.« Ich wollte. Und sollte mir deshalb nun noch mal vorstellen, wie ich mich damals gefühlt hatte und warum ich wann wie gehandelt hatte.

Wie war das mit den Ärzten damals genau gewesen? Warum hatte ich es nicht geschafft, dass sie uns ernst nahmen? Ich hatte definitiv versucht, sie zu alarmieren, indem ich mehrmals morgens um 7 Uhr auf die Visite wartete. Das hatte ich zuvor in all den Jahren Krankenhaus noch nie für notwendig gehalten. Ich informierte zusätzlich auch die Transplantationsambulanz, die Volker weiterhin betreut hatte. Ich brachte die Schwestern und Pfleger immer wieder dazu, Volker außer der Reihe zu untersuchen. Ich rief nachts in Panik im Krankenhaus an, weil ich erstmals die Vision hatte, er läge im Sterben.

Ich nervte mehr, als ich mich je zuvor getraut hatte. Und ich hätte noch mehr gedrängelt, wenn ich nicht an meine Reserven gedacht hätte. Mit den Jahren hatte ich gelernt, mir meine Kräfte einzuteilen. Zudem riet mir meine Lieblingskrankenschwester zu der Zeit dringend, mich mehr um mich zu kümmern. »Sie werden ja immer dünner.« Da hatte sie recht. Auch deshalb bin ich mit einer Freundin spazieren gegangen. Und auch deshalb reizte ich die Besuchszeiten nicht immer bis auf die letzte Sekunde aus. Außerdem wirkte Volker zum Schluss so erschöpft, als bräuchte er sogar vor mir Ruhe. Erstmals überhaupt war dieser liebevolle Blick verschwunden, den er auch oder gerade in der größten Not für mich hatte, der mir zeigte, dass er von Herzen froh war, dass es mich gab.

Um genau so einen positiven Blick auf mich selbst ging es nun. »Wenn eine Freundin Ihnen das erzählen würde, hätten Sie Mitgefühl und Verständnis für sie?«, fragt Chris Paul. Aber ja, natürlich, ich würde ihr versichern – wie das meine Freunde auch immer wieder taten –, dass sie ja keine Medizinerin sei. Und überhaupt sei man im Nachhinein immer klüger. Natürlich würde mir eine Freundin wegen dieser Situation der absoluten Hilflosigkeit ganz schrecklich leidtun. »Versuchen Sie, dasselbe Gefühl für sich selbst aufzubringen.« Na dann.

Wie hatte mein Therapeut mir schon mal vor vielen Jahren geraten: Manchmal sollte ich mich selbst auf den Schoß nehmen und trösten. Ich Arme! Als hätte der Krankenhausscheiß vorher noch nicht gereicht, plagte ich mich nun auch noch mit Schuldgefühlen. Da musste ich glatt ein wenig weinen vor Selbstmitleid. Oder, wie man zeitgemäß sagt: Selbstmitgefühl. Klingt gleich viel weniger larmoyant und mehr nach Therapie. Den Begriff hat die amerikanische Psychologin Kristin Neff geprägt. Explizit schlug sie ihn allerdings nicht als Alternative zum Selbstmitleid, sondern zum Selbstwertgefühl vor: »weil es denselben Schutz gegen harte Selbstkritik bietet wie das Selbstwertgefühl, aber ohne dass wir uns dabei als perfekt oder besser als andere betrachten müssen«. Ihr Buch hatte ich gerade erst einer Bekannten geliehen, die sich mit ihren gnadenlos hohen Ansprüchen ins Unglück trieb.

Tatsächlich war der Buchmarkt um Volkers Tod herum geradezu geflutet worden mit Ratgebern zum Thema, wie man lernen kann, sich selbst zu mögen. »Selbstliebe« war auch so ein Schlagwort. Auch wenn ich keines dieser Bücher ganz gelesen hatte, war mir doch klar, dass ich es als Witwe nun erst recht verdiente, nett zu mir zu sein. »Schnauze, Selbstzweifel!« Schon in den Jahren zuvor hatte ich mir und meinen Fehlern gegenüber auch dank Volkers liebevollem Blick so etwas wie Altersmilde entwickelt. Und nun buchte ich mir eben erst recht Massagen, machte mir brav Komplimente und verzieh mir, wenn ich mal jemanden ungerechtfertigt angepampt hatte. Das

Einzige, was meine gute Beziehung zu mir vergiftete, war das schlechte Gewissen.

Ich erinnerte mich an die Definition dafür aus dem Ethikunterricht. Unser Gewissen, so hatte ich damals gelernt, ist die Stimme des anderen in uns. Volkers schöne Stimme. Ich meinte, sie manchmal sagen zu hören, dass er mich noch viel mehr vermisst hätte als ich ihn, wäre ich vor ihm gestorben. Das klang nicht vorwurfsvoll, eher wie ein Statement. Und es stimmte wahrscheinlich, so wie Volker an allem festgehalten hat. Ich war einerseits froh, dass er sich wenigstens das erspart hatte. Manchmal hatte ich zu Volkers Lebzeiten gefürchtet, der Tod könnte sich den Scherz gönnen, mich Gesundheitsprotz zuerst einzukassieren. Andererseits hatte ich das Gefühl, ich schuldete Volker noch viel mehr Schmerz. Wie konnte es sein, dass ich schon wieder aufrecht ging, statt mich zu krümmen?

Ich las auf Empfehlung eines Bekannten das Buch der Schriftstellerin Connie Palmen über ihre erste große Liebe, den holländischen Journalisten Ischa Meijer. Darin beschreibt sie auf dreihundertsechsundfünfzig Seiten ihre *Amour fou* in allen Facetten – und kommt dann in einem angehängten Kapitel zu seinem Sterben. Palmen schildert, wie ihn ein Herzinfarkt umbrachte, sie danach in der Hölle lebte, wochenlang nicht Auto fahren konnte, sich ihre Backenzähne zerbiss. Mir liefen die Tränen herunter, als ich das las. Vor Mitleid. Und Scham darüber, dass es mir nicht so schlecht ging wie ihr.

Dieses Gewissen hat doch wirklich die verrücktesten Tricks drauf. Jetzt musste ich auch noch Selbstmitgefühl dafür aufbringen, dass ich mich bei all dem Unglück manchmal zu glücklich fühlte. Und mich damit rechtfertigen, dass ich wirklich viel Zeit gehabt hatte, mich auf Volkers Tod vorzubereiten. Außerdem trug ich doch längst nachts eine Knirscherschiene. »Du hast dich eben gut gerüstet«, versuchte mich eine Freundin zu trösten. »Und wie will man das überhaupt messen, das Ausmaß an Trauer?«

Die Frage nach der Schuld der Ärzte quälte mich immerhin von Monat zu Monat weniger. Vergeblich lauschte ich bei dem Thema in mir nach Volkers Stimme. Nein, da war nichts, kein »Geh hin und räche mich«. Volker, dieser Vorbildpatient, hätte wohl niemals einen Feldzug gegen seine verehrten Ärzte angeführt. Manchmal allerdings, wenn ich neuen Bekannten davon erzählte, wurden die richtig wütend: »Ich hätte die Klinik verklagt. Das kann doch nicht sein, dass die euch so ignoriert haben.« Dann verteidigte ich plötzlich sogar die gestressten Ärzte. Und hatte nachher doch ein schlechtes Gewissen. Aber nur kurz.

Viel öfter hatte ich ein gutes, denn Volkers Stimme in mir sagte (siehe Lektion 16) immer noch oft nette Sachen wie: »Schön, dass du da bist.« Manchmal frage ich mich und ihn beim Schreiben dieses Buches etwas kleinlaut, was er wohl davon halte, dass ich hier so freiherzig über unser Privatleben plaudere. Die zwanzigjährige Tochter einer Freundin fürchtet genau deshalb sogar, ich könnte zu erfolgreich mit diesem Buch sein. Als die Mutter ihr von dem Projekt berichtete, platzte es aus ihr heraus: »Dann verdient sie ja Geld mit dem Tod ihres Mannes.«

Ich zucke bei solchen Einwänden. Aber als Antwort habe ich schnell wieder das im Ohr, was mir Volker so oft geraten hat, wenn ich keine Lust hatte, auf eine Party zu gehen, oder als ich eine Vier-Tage-Woche im Job verhandelte: »Sag einfach, ich bin krank. Diese Krankheit ist doch ätzend genug, bitte, nutze sie, wo du kannst.«

Ach, der wunderbar großzügige Volker, ich stelle mir vor, wie er das auch von seinem noch ätzenderen Tod sagt. Nein, nicht »Schwamm drüber«, aber »Witz drüber«. Er mochte Schriftsteller und Regisseure, die aus Spaß über Leichen gingen (wie in

Der Knochenmann). Und er lachte, als ich nach seiner Lebertransplantation eine Kolumne schrieb, in der ich für mich nun ein neues Hirn forderte. Ich bilde mir ein, dass ein lustiges Witwenbuch in seinem Sinne wäre. Auch mein schlechtes Gewissen, dass sein Erbe mir eine Lebensversicherung aufs Konto spülte, würde er wohl ähnlich kontern. Mit irgendetwas in dem Sinne wie: Nicht beschweren, lass dich bescheren.

Chris Paul rät übrigens, seinen Liebsten im schlechtesten Gewissensfall noch mal einen Brief zu schreiben, sich darin zu erklären und zu entschuldigen. Gerne in aller Kürze.

Liebstester,

es war schlicht zu perfekt: ich hüben auf dem Testsieger-Kissen, drüben du, mein Traummann. Bitte vergib mir meinen Egoismus, ich würde dir jetzt so gerne Nacht für Nacht das Topexemplar überlassen. Wie heißt der Spruch? Ein schlechtes Gewissen ist kein gutes Ruhekissen. Ich schwöre dir: ein gutes Kissen ohne dich auch nicht.

Kissenkisses
  B.

Lektion 23:

Wut zur Lücke

Wie mich meine Schlaflosigkeit und zu viel Alkohol in Rage bringen. Und ich trotzdem nichts daraus lerne. Eine Anti-Lektion

Ciao bella. Grazie. Il mio italiano è spazzatura (»Mein Italienisch ist Müll«). Das war ungefähr mein Vokabular, als ich erstmals ohne Volker nach Sizilien flog. Ich landete in einer übers Internet gebuchten Ferienwohnung mit drei Seiten Meerblick und herzlichen Vermietern. Irgendwie sprach man auch Deutsch. Hausherr Raimondo hatte GoogleTranslate als App auf dem Handy und liebte es, dort hineinzuplaudern. Was dabei herauskam, war manchmal erstaunlich verständlich, oft auch gaga bis bedrohlich. »Ich muss dich leider einfrieren«, sagte dann eine Frauenstimme aus dem Telefon. »Drinnen geben sich meine Frau und ihre Schwester Ohrfeigen.« Oder: »Heute Abend mach ich aus dir Paneele.«

Fehlte doch mal wieder sehr, der Volker, der immer für uns gedolmetscht hatte. Vier Mal waren er und ich zusammen auf Sizilien gewesen, hatten in Pools inmitten von Zitronenhainen geplanscht wie Teenager, Unmengen Nudeln mit Pistazienpesto gefuttert, im Nebrodi-Gebirge über die Wolken gestaunt, die auf Augenhöhe vorbeizogen. Ich höre im Geiste nun den auf Wahrhaftigkeit bedachten Therapeuten einwerfen: »Gestritten haben Sie sich da aber auch.« Ja, aber nur die paar Tage in Palermo! (Die in der Hochzeit mündeten, siehe Lektion 24.) Für mich, die sonst stets brav den Organisationszampano machte, waren die Italien-Urlaube unfassbar erholsam gewesen: Ich hatte mein Hirn ausgeschaltet, während mein blonder Hobby-Italiener, der vor Urzeiten ein Jahr in Rom studiert hatte, sich derweil in die Herzen von Herbergsmüttern und Supermarktchefs plauderte, bis man uns mit Spezialitäten fütterte wie dicke Dackel.

Nun also Italienisch und Südsizilien für Anfängerinnen. Und Buchfertigschreiberinnen. Mir war unsere Pärcheninsel wie ein guter Ort vorgekommen, um die letzten Kapitel dieses Werkes zu tippen und die Südküste, an der Volker und ich nie gewesen waren, als Alleinreisende zu erobern. Das Ergebnis: Ich spreche unwesentlich mehr Italienisch. (Yogabedingt neu im Vokabular: *Inspira! Espira!* Die Imperative von »einatmen« und »ausatmen«.) Und bin auch ansonsten an meine Grenzen geraten, was das posthume Lernen angeht. Weshalb nun ein Kapitel darüber folgt, was mir alles partout *nicht* gelingt. Oder, intensiv wie meine stets optimistischen Yogalehrerinnen korrigieren würden: *noch nicht.*

Italienisch war ja leider nur *ein* Bereich, in dem ich bei mir Nachhol- und Nachhilfebedarf diagnostizierte. Ein harmloser noch dazu. Elementarer trieben mich zwei andere Probleme um, die mich schon vor Volkers Tod ab und zu genervt hatten und mich nun als Trauerfolge nonstop plagten: Ich wachte jeden Morgen zwischen drei und fünf auf – und schlief erst nach ein, zwei Stunden wieder ein. Wenn überhaupt. Hatte ich im Job Stress und wollte deshalb unbedingt ausgeruht sein, blieb ich oft wach, bis der Wecker klingelte. Strafverschärfend kam hinzu, dass ich meinen Yogakörper regelmäßig mit Alkoholmengen deutlich über der WHO-Empfehlung ärgerte, die bei Frauen gerade mal 0,1 Liter Wein pro Tag beträgt. Und kein Volker weit und breit, der mich mit seiner krankheitsbedingten Dauermüdigkeit und Abstinenz immer wieder zum Ausruhen und Nicht-Trinken verführte.

Ich schob die Probleme ein paar Monate vor mir her, versuchte es erst mal mit Mut zur Lücke. Schlafen, so hoffte ich, würde ich irgendwann wieder von alleine lernen. Und ich vertraute darauf, dass die Trinkerei sich ebenso von selbst erledigen würde. Auf der Weltreise schien der Plan aufzugehen: Ohne Stress kam ich halbwegs klar, holte ich eben am Strand Schlaf nach. Aber sobald ich wieder im Büro saß, litt ich. Und während ich bei meiner Weltreise immerhin selten Lust hatte, alleine zu trinken, gab es in Berlin nun wieder Feierabendbiere und überhaupt trinkfreudige Runden ohne Ende. Es schien allmählich höchste Zeit für ein paar neue Ideen zum Thema Nüchternheit und besserer Schlaf, also dafür, wirklich etwas fürs Leben zu lernen. Fürs Überleben sogar.

Ständig las ich, welch fiese Krankheiten Schlaflos-Patienten eher drohten als ausgeruhten Menschen: von Herz-Kreislauf-Problemen bis hin zu Magen-Darm-Störungen und Alzheimer. Und längst wusste ich, dass gerade für Insomnie-Geplagte Alkohol eine besondere Schnapsidee ist. Denn auf der Liste potenzieller Sauf-Nebenwirkungen stehen neben Horrorerkrankungen wie Speiseröhrenkrebs und Leberzirrhose eben auch schlechter Schlaf, insbesondere das Früh-Erwachen. Irgendwo hatte ich sogar mal gelesen, dass, wer regelmäßig abends viel Wein trinkt und ebenso regelmäßig ein paar Stunden später aufwacht, kein Schlaf-, sondern ein Alkoholproblem hat.

Es war nur bedingt ein Trost, zu wissen, dass es anderen in meiner Situation genauso geht. Einer schwedischen Studie zufolge, für die Geriatrie-Forscher über eintausend Witwen befragten, leidet fast die Hälfte von uns unter Schlafstörungen, ein Drittel gab an, Alkohol zu trinken, weil sie sich davon Erleichterung für ihre Trauer versprechen oder sich in ihrem Schmerz nicht genug unterstützt fühlen. Wir reden hier wohlgemerkt keinesfalls über die Probleme in den ersten Wochen nach dem Tod. Die meisten Studienteilnehmerinnen waren zum Zeitpunkt der

Befragung schon über vier Jahre verwitwet. Insbesondere die jüngeren (definiert als unter fünfundsechzig) schliefen schlecht und/oder tranken mehr. Willkommen im Unfitness-Klub. »Es scheint auch eine lange Zeit nach dem Verlust anhaltende Gesundheitsprobleme zu geben«, so das Fazit der Witwen-Wissenschaftler. Na toll.

So saß ich also ohne Volker auf Sizilien (ein Foto auf'm Regal gildet wohl nicht) und tippte wie wild gegen das Vermissen an. Ließ ich doch mal aus Versehen Zeit dafür, spürte ich, wie sehr ich ihn mir herbeisehnte. Beim Supermarkteinkauf, wenn ich auf den Ricotta al Forno zeigte und »per favore« stammelte. Beim Google-unterstützten Abendessen mit den Vermietern, bei dem ich stets viel zu viel sizilianischen Wein trank. Und vor allem in der Zombiezeit. So nannte ich die Stunden, die ich hellwach im Bett lag. In Sizilien, inspiriert durch dieses Kapitel, rekapitulierte ich dabei noch mal meine unzähligen erfolglosen Versuche, beim Schicksal mehr Schlaf für weniger Alkohol einzutauschen. Und merkte, wie aus dem Mut zur Lücke immer mehr eine Wut wurde. Ich war sauer, auf mich, meine Weintrinkerei, diese beknackte Schlaflosigkeit.

Ich hatte nach meiner Weltreise meine Ärzte immer wieder mit meinen zwei Lieblingsproblemen belämmert – und war nur bedingt weitergekommen. Als ich meinem Psychologen erzählte, dass ich lediglich in Nachtbussen und bei Freunden mit vielen Kindern richtig gut schlafe, bekam er – erstmals in all den Jahren, in denen ich schon zu ihm gehe – Tränen in die Augen. »Sie können nicht schlafen, weil der Platz neben Ihnen leer ist.« Genau so war's. Neunzig mal zweihundert Zentimeter links von mir waren verwaist. Volkers Luxusmatratze in dem großen grünen Ehebett, dessen Kauf er im Jahr vor seinem Tod so vehement vorangetrieben hatte. Wie ein Abschiedsgeschenk an sich und mich. »Versuchen Sie doch, öfter bei Freunden zu übernachten«, riet mein Therapeut. Meine Freunde, denen ich davon erzählte, boten Asyl an. Aber gibt es so etwas wie Trauerteflon? An dem auch die besten, vernünftigsten, liebsten Ratschläge abprallen? Klong, klong, klong.

Gerade in den Arbeitswochen, wenn meine Müdigkeit gigantisch wurde und ich ein Schlafasyl am meisten brauchte, konnte ich mich nicht dazu aufraffen, mich bei meinen Freunden einzubuchen. Ich schaffte es höchstens noch ins Relax-Yoga. Oder in den Späti, um ein Bier zu kaufen, stets das Wissen im Kopf, ich sollte besser nichts trinken. »Denken Sie nicht, dass Sie nichts trinken dürfen«, sagte der Psychologe. Das klinge so nach Verdursten. »Sie können ja etwas anderes trinken. Gönnen Sie sich doch lieber mal einen guten Saft.« Klong. Mochte keinen Saft. Aber einen Nerv hatte er mit seinem Qualitätsappell getroffen: Seither gab ich noch deutlich mehr Geld für Alkohol aus. Wenn früher sterben, dann mit Geschmack.

Volker hatte mich immer ausgelacht, dass ich mich um meine Trinkerei so sorgte und gar mal einen Text über kontrolliertes Trinken schrieb, eine Methode, bei der man genau plant, was man wann in der Woche zu konsumieren gedenkt, und Tag für Tag überprüft, ob man den Plan umgesetzt hat, und wenn nicht, woran man scheiterte. »Du bist doch keine Alkoholikerin«, hatte Volker stets gesagt – und trotzdem lieber allein geschlafen, wenn ich zu feuchtfröhlich feiern gewesen war. »Weißwein riecht am schlimmsten«, befand er. Auch die meisten meiner Freunde reagierten auf meine Klagen, ich trinke zu viel, als wäre ich eine dieser dünnen Frauen, die ständig Diät machten. »Hast du doch nicht nötig.« Ja klar, ich war noch nicht Naddel (die arme Ex von Dieter Bohlen, die trotz Leberzirrhose trinkt). Und im Vergleich zu meiner Kettenraucherzeit war meine Trinkerei wahrscheinlich eher harmlos. Ich verzichtete ein, zwei Tage die Woche ganz auf Alkohol, allein zu Hause trank ich höchstens ein Bier. Aber dafür mit meinen Freunden am Wochenende umso mehr, zwei, drei und – allerdings eher selten – auch mal vier Glas Wein. Ich schlief danach ein paar Stunden gefühlt wie ein Stein. Und war morgens um vier erst recht wach und hibbelig.

Längst hatte ich alle Entspannungsübungen ausprobiert, die mit Abkürzungen ebenso wie die mit irgendwelchen Zahlen. Ich hortete Audiofiles für PMR (Progressive Muscle Relaxation) und MBSR (Mindfulness-Based Stress Reduction). Ich versuchte, fünfzig Atemzüge bewusst zu nehmen, oder dachte – ein Rat des südkoreanischen Mönchs Haemin Sunim – an drei Ereignisse des Tages, für die ich dankbar war. »Wenn Sie dankbar sind, fühlt sich Ihr Herz wärmer an, Sie fühlen sich mit der Welt verbunden«, hatte er mir dazu im Interview erklärt.

Trotz alledem lag ich wach und dachte dabei öfter mal an einen Cartoon, den ich irgendwann als Teenager gesehen hatte und der ein Paar im Bett zeigte. »Ich kann nicht schlafen«, sagte die Frau. »Soll ich dich wieder in den Schlaf prügeln?«, fragte der Mann. Aber klar, wenn es hilft! Und wenn Schlaftees, warme Milch, Tryptophan, Baldrian, Magnesium versagt haben. Alles probiert. Alles nix genützt. Ich verstand längst Michael Jackson, der sich von seinem Leibarzt allabendlich und irgendwann final mit dem Betäubungsmittel Propofol wegbeamen ließ.

Mein Leib-, na ja, Hausarzt nahm meine Probleme, nachdem ich ein paar Monate zurück im Job war, immerhin ein bisschen ernst. Schließlich hatte ich leicht erhöhte Cholesterinwerte. »Abends trinken ist schlecht für die Leber, das kann sie nicht gut verarbeiten. Das machen die Franzosen und Italiener schlauer, die eher mittags mal ein Glas Wein trinken.« Leuchtete mir ein. Machte trotzdem klong. Und hatte er eine Idee wegen des Schlafens? »Weniger trinken.« Haha. Klongklong. »Schlaftabletten möchte ich Ihnen ungern verschreiben«, hatte er mir schon direkt nach Volkers Tod gesagt. »Die stören Sie beim Träumen, und Sie müssen doch träumen, so viel, wie gerade in Ihnen vorgeht.« Immerhin, diese Pillen hatte ich bislang ausfallen lassen. Über zehn Prozent der schwedischen Witwen nahmen welche. Aber langsam war mir wirklich jedes Mittel recht.

Im Sommer 2017 machte ich einen Termin in der Charité. Anfang 2015 hatte ich mal Ingo Fietze interviewt, den Leiter des schlafmedizinischen Zentrums der Klinik, was mich nicht wirklich beruhigt hatte. Der Professor versicherte, bei der Schlafforschung habe es in »keinster Weise« einen Durchbruch gegeben. »Derzeit ist nicht mal das Insomnie-Gen entdeckt.« Immerhin hätten die Krankenkassen erkannt, dass die Insomnie eine chronische Erkrankung sei, die lebenslang behandelt gehört. »Natürlich auch mit Tabletten. Die haben zu Unrecht einen schlechten Ruf.« Die Patienten, die zu ihm kämen, wären vorher ja schon überall gewesen, vom Homöopathen bis zum Psychoanalytiker. »Nichts half. Wenn ich nicht schlafen kann, ist dafür entweder ein Schlaf- oder ein Wachstoff verantwortlich. Da ist es logisch, dass ich einen Schlafstoff zugeben oder einen Wachstoff blocken muss.« Und ja, da dränge sich die Frage wegen der Abhängigkeit auf. »Das fragen alle. Tabletten helfen oder helfen nicht. Natürlich kann die Wirkung verloren gehen, dann heißt das Wirkungsverlust. Aber nicht Sucht.«

Ich saß also ein Jahr nach Volkers Tod mal wieder im Flur der Charité und machte mich bereit für eine Ladung Tabletten. Beim Warten fiel mir auf, dass ich es der Klinik doch sehr übel nahm, Volker in die Lunge gestochen zu haben. Nachdem ich etliche Fragebögen ausgefüllt hatte, saß ich schließlich vor einer Frau, die so aussah, als ginge sie noch in die Oberstufe. Irgendwie unschuldig. Ich hätte ihr gerne eine reingehauen, versuchte sie aber trotzdem ernst zu nehmen, als sie mir Melatonin verordnete, dieses Hormon, das den Tag-Nacht-Rhythmus steuert

(Google ergänzt die Suche nach »Melatonin« übrigens als Erstes mit »Kids«) und in vielen Ländern, anders als in Deutschland, frei verkäuflich ist. Außerdem riet sie mir zu einer Verhaltenstherapie. »Wenn das schon so lange ein Problem ist wie bei Ihnen…«

Zum Abschied gab sie mir noch einen Zettel mit zwanzig Schlaftipps mit, die ich allesamt schon kannte, inklusive der paradoxen Intention, auf die eine Kollegin schwört und die einfach darin besteht, *nicht* schlummern zu wollen. Die Tabletten, Circadin hießen sie (nach der *circadian clock* benannt, der inneren Uhr), waren wirklich eine gute Einschlafhilfe, wie ich merkte, als ich sie aus Versehen mal tagsüber anstelle von Kortison nahm. Nur: Einschlafen war ja nicht mein Problem. In den viel zu frühen Morgenstunden war ich trotz der Tablette wieder hellwach. Den Vorschlag mit der Verhaltenstherapie diskutierte ich mit meinem Psychologen, der auf tiefenpsychologisch fundierte Therapie setzt und nicht gerade überzeugt klang. »Na ja, wenn Sie da jemanden finden, der noch etwas Zusätzliches kann. Hypnose zum Beispiel.« Anders gesagt: Klong. Und Prost.

Eines Abends in Sizilien beklagte ich mich, befeuert von Nero d'Avola, per Chat bei einer Freundin, ich fühle mich völlig vernagelt, wie eine Schülerin, die halbwegs schlau ist, gerne gute Noten hätte und trotzdem schlecht ist in der Schule. Kann man trinken verlernen? Zumal ich es mir doch so mühsam schon in Jugendjahren antrainiert hatte, zuerst mit einem zuckrigen Mix aus Orangensaft und Blue Curaçao namens, ha, Grüne Witwe, später mit Billig-Whiskey wie Racke Rauchzart und Aldi-Bier im Park. Die Freundin schickte mir postwendend zur moralischen Unterstützung ein Interview mit zwei Alkoholforschern aus der *Zeit*. Ich lernte, dass junge Frauen besonders gefährdet sind. Und Akademiker über fünfundvierzig. Willkommen im Klub, Frau Dr. Strohmaier! Die Wissenschaftler mahnten: »Frauen sollten auch deshalb besonders achtgeben, weil ihre Enzymaktivität geringer ist. Der Alkohol ist länger schädigend im Körper unterwegs. Und Frauen haben ein höheres Risiko, dass die Leber verfettet, weil sie einen anderen Fettstoffwechsel haben.«

Nur noch ein ganz leises Klong. Ein Klöngchen sozusagen. Ich würde es aber doch sehr vermissen, das Saufen. Ich trank ja nicht nur unmittelbar gegen die Trauer. Sondern auch deshalb, weil ich noch mehr schuftete als sonst, um sie zu verarbeiten. Und das Einzige, was seit jeher mein überfleißiges Über-Ich zähmte, war, es unter den Tisch zu trinken. Was wiederum meinem schüchternen Es (Triebe und so) auf die Sprünge half. Alkohol hat mir also durchaus schon genutzt im Leben. Erst dabei, die zweiunddreißig Jungs in meiner Klasse zu beeindrucken, später, um in der Musikindustrie, in der ich mein Vollzeit-Berufsleben begann, von den Kollegen als ihresgleichen wahrgenommen zu werden. Und natürlich auch dabei, im Journalismus Freunde nach Feierabend zu finden – und jemals jemanden zu küssen. Wie kommen sich eigentlich Abstinenzler näher?

Als ich in einer meiner letzten Nächte auf Sizilien mal wieder nicht schlafen konnte, nahm ich mir mein Trauertagebüchlein und malte eine Tabelle hinein für die kommende Woche. Mit Kästchen für den gewünschten und den tatsächlichen Alkoholkonsum, welchen fürs Meditieren und, wenn ich schon mal dabei war, noch welchen für meine Obst- und Gemüseeinheiten, die ich sehr steigerungsfähig fand. Es war wohl so: Was ich mir in dreißig Jahren plus achtzehn Monaten Trauerzeit an Gewohnheit angesoffen hatte, ließ sich nicht mal so eben abstellen. Aber ich nahm mir vor, an meinen Gewohnheiten zu schrauben. Und dafür weniger zu arbeiten. Am nächsten Tag gab ich mir spontan frei. »Nimm das, Über-Ich!«, sagte ich, streckte ihm die

Zunge raus und legte mein neues Lieblings-Pubertier-Lied für Sechsundvierzigjährige auf. »Doin' me« von Mikey Mike.

Cuz I won't waste another day,
Livin' someone else's way.
I wanna be happy,
I wanna be free,
Fuck what they say,
I'm doin' me.

Was macht man eigentlich so, wenn man nicht arbeitet? Ah, ich ging ja gerne spazieren. Ich war inzwischen in Ragusa angekommen, einem der italienischen Barock-Städtchen, die so hübsch am Hügel kleben, und hatte auch dort schon ordentlich in die Tasten gehauen. Ich beschloss, den Weg entlangzuschlendern, auf dem ich von meinem Balkon aus öfter Wanderer gesehen hatte. Gute Idee. Ich marschierte schließlich beschwingt entlang eines plätschernden Baches, der sogar ein paar Wasserfällchen zu bieten hatte. Die Sonne schien, ich fühlte mich obenauf und sang bei Mikey Mike mit:

Singing loud, singing proud
It's good to be free.

Ging doch schon ganz gut, dieses Sizilien allein. Bis mich sieben, acht räudige Hunde durch wildes Gebell stoppten. Allein gegen die Meute. Einer wagte sich kläffend vor, ich warf einen Stein auf ihn, er jaulte, der nächste attackierte, ich trat nach ihm, der Birkenstockschlappen flog. Ich schrie abwechselnd Brocken auf Deutsch, Englisch und Speisekarten-Italienisch. »Fuck you, verpisst euch, ich mach Bolognese Carne aus euch.« Könnte jemand mal GoogleTranslate für Deutsch–Hündisch entwickeln?

Dann müsste man nur ins Handy schimpfen, es würde bellen, und weg wären die Viecher. So bin ich plump analog umgekehrt.

Zurück in Ragusa Ibla, der Altstadt. Und was macht man sonst noch so nach Feierabend, wenn es kein Yogastudio weit und breit gibt? Überall Samstagspärchen, die Frauen aufgedonnert, aufgebockt auf Stilettos, sich festhaltend an den Männern, weil sie sonst umgefallen wären. Die Stadt feierte auf ihren Treppen ein Gourmetfestival, mit vielen sicher hoch spannenden Vorträgen, chiaro alles auf Italiano. Ich stieg sehr viele Stufen hinauf und hinab, war aber zu schüchtern, um an einem der Stände zu essen. Stattdessen kaufte ich Salat und Wein bei Despar – der italienischen Variante von Spar. Klang für mich an diesem Abend sehr nach der englischen Verzweiflung Despair.

Der Salat war keine gute Grundlage für den Nero d'Avola. Ich trank und hörte noch mal Mikey Mike. Wirklich pubertär. Aber grandios, nach einem großen Glas Wein kam mir die Hundemeute dann doch wie ein gutes Abenteuer vor:

My momma said, »Well, Mike, don't you wanna be comfortable?«
I said, »No! I don't wanna be comfortable!«
I wanna be scared outta my head,
And lost outta my mind.

Klongklongklong.

I wanna get drunk, with the punks.
I wanna spend all of my money on my friends, and on drugs
And I wanna ride around on a horse, and give people hugs.

Genau. Ich stellte mir vor, wie ich auf einem Pferd durch Berlin ritt und wildfremde Menschen umarmte. Schöne Idee eigentlich! Andererseits sehnte ich mich gerade, hicks, noch viel mehr nach Umarmungen von jemand innig Vertrautem. Hach, langsam wurde es dringender mit der Liebe. So toll die Frau war, aber mehr als eine Affäre würde da nicht draus werden. Ich schenkte mir großzügig nach, dann tippte ich das erste Mal die Adresse der Kennenlern-Plattform »OkCupid« in meinen Rechner. Und war schon nach zwei Sekunden genervt. Was die alles von mir wollten. Sexuelle Orientierung? Was weiß ich! Foto? Sah auch mal besser aus. Nein, Internet-Dating war nichts für mich. Noch nicht.

Ich nahm mir vor, am nächsten Tag diese Anti-Lektion anzugehen. War doch einiges, was ich nicht auf die Reihe brachte. Ich versuchte mich damit zu trösten, dass Fehler einen sympathischer machen. Schließlich bekommen sogar Superhelden auch deshalb (und aus dramaturgischen Gründen) immer ein Problem verpasst; Superman verliert etwa seine Kräfte in der Nähe von grünem Kryptonit. Wonder Widow wurde eben schwach bei Alkohol. Mit schier übermenschlichen Kräften verkorkte ich dann doch die zwei drittel ausgetrunkene Flasche und ging ins Bett. Ab vier lag ich – steter Tropfen höhlt den Schlaf – wieder entnervt wach, im Kopf einen akuten Fall für Google Translate. Aha. So heißt das: *Non bevo alcolici.*

Andere Witwen

Lektion 24:

Lieber Witwe als ledig!

Weshalb mein Familienstand seine Vorteile
hat. Und ein verdienter Arbeitssieg ist

Als Witwe ist man Mitleidsbekundungen gewohnt. Eine meiner Ärztinnen, 56, überraschte mich noch mit einem anderen Gefühl: blankem Neid. Vor ein paar Jahren hatte ihr Freund sie mit dem gemeinsamen Kind und dem Familienstand »ledig« sitzen lassen. Als sie kürzlich ein Auto kaufte, musste sie einen Leasing-Vertrag ausfüllen, inklusive Personendaten. »Ich konnte vor den Augen des schnöseligen Händlers einfach nicht die Wahrheit zugeben«, gestand sie. Stattdessen schrieb sie in Druckbuchstaben: »verwitwet«.

Ich kann sie verstehen. Was hatte ich dafür geschuftet, dieses leidige »ledig« loszuwerden, hartnäckiger und länger noch als für meinen Doktortitel. Volker weigerte sich nämlich partout zu heiraten. Begründung: »Will eben nicht. Hat nix mit dir zu tun. Lass uns doch einfach so für immer zusammen sein.« Nur wenn er mal wieder in der Notaufnahme gelandet war, sprach er vom Standesamt. Kaum war er aus dem Krankenhaus entlassen, war von Hochzeit keine Rede mehr. Als würde sich ein Eheversprechen nur in schlechten Zeiten lohnen.

Ich dagegen fühlte mich mit zunehmendem Alter in unserer Langzeitbeziehung auch in guten Zeiten immer unwohler mit meinem hartnäckig unveränderten Familienstand. Als hätte ich eine wichtige Reifeprüfung im Leben nicht mal antreten dürfen.

Außerdem wollte ich vermeiden, eines leider absehbaren Tages sagen zu müssen: »Mein Freund ist tot.« Das klang so läppisch. War doch mein Mann, der Volker! Es gibt ja noch nicht mal einen Namen für trauernde Freundinnen. (Eigentlich höchste Zeit, sich einen auszudenken. Wie wäre es mit »wilde Witwe«? Oder noch besser: »Wingle«?).

»Verwitwet«, das fand ich damals schon, ist gerade im Vergleich zu den anderen Familienständen heutzutage ein top Status, allein weil er nach Beziehungserfahrung klingt. »Ledig« hört sich dagegen nach alter Jungfer an. »Geschieden« wiederum insinuiert zwar auch reichlich Expertise – aber ebenso Versagen, mindestens bei der Partnerwahl. Die Witwe ist dagegen unschuldig durch den Tod getrennt worden, wie schon der Wortstamm besagt. In dem hübschen blauen etymologischen Wörterbuch (das mir mein Ex-Ex-Ex-Ex-Freund zum zweiundzwanzigsten Geburtstag schenkte) steht, dass »Witwe« sich vom indogermanischen *uidheua* ableitet und ungefähr »die (ihres Mannes) Beraubte« bedeutet. Ups, weg. Und wir können nichts dafür. Nur »verheiratet« ist besser.

Zugegeben, es gibt noch etwas Nachholbedarf, damit auch der Rest der Welt »Witwe« so attraktiv findet wie ich. Tatsächlich wird in Internetforen von Partnerbörsen heftig darüber gestritten, ob man in seiner Suche als Status »Single« oder »Witwe« angeben soll. Während die einen schreiben, sie fänden das »abschreckend«, es klinge nach »alter Frau in Schwarz«, »nicht abgeschlossener Trauer« und habe einen »tragischen Beigeschmack«, finden die anderen, man solle gefälligst bei der Wahrheit bleiben. Witwe sei doch »alles andere als ein Makel« und »keine Schande«, es sei denn, man habe selbst für das Ableben des Gatten gesorgt. Einige Witwen mit Dating-Erfahrung warnten allerdings vor dem Status, weil der vor allem Männer anzöge, die auf der Suche nach einer reichen Frau seien. Bingo!

Dass Witwe immerhin nach Geld und zumindest in vier Ohren (also meinen und denen der Ärztin) sogar irgendwie gut klingt, zeigt, dass sich in den vergangenen Jahren etwas getan haben muss. Ich staune doch sehr, wenn ich lese, was die Journalistin Irmela Körner noch 1997 in der Einleitung zu ihrem Buch über unsereins schreibt: »Sie sehen sich in eine Rolle gedrängt, in der sie ausschließlich über den nicht mehr existenten Mann definiert werden.« Witwen fühlten sich als Anhängsel und Überbleibsel, so Körners Lehre aus Interviews mit ganz unterschiedlichen Vertreterinnen der Spezies. »In einer Gesellschaft, in der die Gleichberechtigung und Emanzipation für Frauen inzwischen als selbstverständlich gelten, ist diese Stigmatisierung in besonderem Maße schmerzlich.«

Nein, nein, ich fühle mich weder als Rudis Restefrau noch wie ein Freak. Je mehr ich über unsere Historie lese, je öfter ich mich im Geiste in die Vergangenheit beame (oder die zeitgenössische Witwenwelt bereise, siehe nächste Lektion), desto klarer wird mir mein Dusel im Schmerz, ausgerechnet jetzt und hier den Mann verloren zu haben. Also in einer gottlosen Stadt, in der über zweitausend Jahre nach Christus kaum einer mehr den Paulus-Brief (Timotheus 5) kennt, der Sätze enthält wie: »Eine Frau aber, die wirklich eine Witwe ist und allein steht, setzt ihre Hoffnung auf Gott und betet beharrlich und inständig bei Tag und Nacht.« Und: »Wenn eine jedoch ein ausschweifendes Leben führt, ist sie schon bei Lebzeiten tot.« Danke aber auch. #Keusch wäre damals wohl der Frauen-Hashtag schlechthin gewesen, hätte es so was schon gegeben. Die Stichwörter meiner Zeit heißen #MeToo, #aufschrei #ICANTKEEPQUIET.

Die erste Witwe, die ich kennengelernt habe, war meine Oma, eine vom Schicksal gebeutelte Frau namens Ella. Sie war so durch und durch religiös, dass meine Mutter nach einem Telefonat öfter seufzte: »War wieder der Papst dran.« Der Mann meiner Großmutter musste kurz nach der Heirat in den Krieg, auf Fronturlaub zeugte er erst eine Tochter (meine Tante), dann noch eine (meine Mama) und fiel wahrscheinlich irgendwo bei Königsberg. Grabstätte unbekannt, er gilt als vermisst. Mein Großvater hieß Ernst – kein Witz –, und ich bin sicher, dass meine Oma niemals auch nur einen einzigen Scherz über diesen Mann gemacht hat, der da streng aus dem Bilderrahmen schaute, immer tadellos in Wehrmachts-Uniform. Es war sicher ein Knochenjob für sie, allein zwei Kinder in den Trümmern Ludwigshafens großzuziehen und tagsüber in der Bank zu arbeiten, auch samstags. Witwenrente bezog sie nicht, weil sie Skrupel hatte, ihren Mann für tot erklären zu lassen.

Ich habe einen Stapel Post von meiner Großmutter geerbt, die Korrespondenz zwischen Ella und Ernst, die nie richtig zusammengewohnt haben. Die Briefe sind in Sütterlin geschrieben, ich kann nur Brocken entziffern, aber sie klingen wahnsinnig formell und zugleich frisch verliebt. Ich bin sicher, dass die junge Schreiberin nichts mit der stets kränklichen und oft schwarz gekleideten Person zu tun hatte, die ich 1971 kennenlernte. Und die mir als Kind Albträume bescherte, weil sie mir den Kriegsalltag im Detail beschrieb, samt Fliegeralarm und Brandleichen. Die Historikerin Barbara Stambolis, die Nachkriegsbiografien erforscht, sagt über die Witwen-Generation meiner Oma: »Ihre unbeschwerten Mädchenjahre verblassten schnell, wurden perspektivisch unbedeutend. Lediglich die Erinnerung an ein zumeist kurzes Eheglück gab den Witwen die Kraft, sich auf ihr Überleben und das ihrer Kinder zu konzentrieren.«

An eine lustige Witwen-Weltreise, wie ich sie mir gönnte, war da nicht zu denken gewesen. Immerhin: Meine Oma leitete jahrelang Kuren des Müttergenesungswerks. Wie sie wohl selbst ihr Leben beurteilt hatte? Eine der ersten wissenschaftlichen Befragungen von Kriegerwitwen stammt aus den Jahren

1988/89 und zitiert betroffene Frauen mit Aussagen wie: »Man ist immer ein Mensch dritter Kategorie. Ehepaare gehen immer vor.« Eine typische, überaus bescheidene Lebensbilanz klingt so: »Wir haben immer nur gelitten. Wenn man nur leidet über viele Jahre…, ja dann wird man so bescheiden und zufrieden. Sehr dankbar für das, was einem noch geblieben ist.«

Tatsächlich war meine Oma im historischen und regionalen Vergleich (siehe auch nächste Lektion) noch ganz gut dran. Hätte sie im späten Mittelalter oder der frühen Neuzeit gelebt, hätte man ihr zur Beerdigung vielleicht das Witwenbuch des Karthäuser-Mönchs Erhart Groß in die Hand gedrückt. Darin verrät er Tricks für ein sittliches Witwenleben. Einer davon: Sie solle sich selbst als unwürdige Vertreterin des Christentums betrachten, denn je mehr sie sich verachte, desto höher schätze sie Christus als innige Seele. Zeitgenossen rieten Ähnliches: Als Witwe gelte es, Fleisch zu vermeiden, Wein mit Wasser zu mischen und – nimm das, Stiletto-Witwe (also die aus Lektion 5) – unauffällige Schuhe zu tragen, das heißt weder rot noch weiß noch spitz, wie es damals modisch war. Wenn es endlich Zeitreisen geben sollte, steht dieser Erhart Groß ganz oben auf meiner »Gehört vermöbelt«-Liste. Der wird sich wundern!

Ich hatte mir auch schon vor Volkers Tod öfter mal unter Gruseln vorgestellt, wie es wäre, in einer Epoche zu leben, in der man ohne Betäubung Zähne zieht oder Menschen zur Strafe auf ein Rad spannt. Posthum bin ich noch glücklicher darüber, in einer Gegenwart gelandet zu sein, in der es Schmerzmittel, Zentralheizungen und Duschen gibt – und in der man sich zumindest in der westlichen Zivilisation als Witwe keinen Blödsinn mehr gefallen lassen muss, nicht mal vom US-Präsidenten (der sich von der Soldatenwitwe Myeshia Johnson eine Standpauke wegen eines trumpeligen Kondolenzanrufs anhören musste).

Natürlich sind auch heute hierzulande noch etliche Frauen nach dem Tod ihres Mannes arm dran. Aber noch viel mehr Witwen hätten Grund gehabt, 2011 mächtig – und natürlich mit Veuve Clicquot – hochleben zu lassen. Denn da wurde die Witwen- und Witwerversorgung der gesetzlichen Rentenkasse hundert Jahre alt. Zur Feier des Tages quälte ich mich sogar durch eine Jubiläumsschrift, in der sich ein paar Experten an die »verfassungsrechtliche Analyse der Rechtsfragen rund um die Witwen- und Witwerrente« wagten. Fazit: Ja, hat gerade Frauen sehr viel gebracht. Aber unter gleichheitsrechtlicher Perspektive sei es ein Problem, dass man verheiratet sein muss, um sie zu bekommen.

Genau Volkers Meinung. Eine olle, überflüssige Institution, die Ehe. Es war wirklich schwer, ihn vom Sinn des Heiratens zu überzeugen. Zehn Jahre eierten wir um das Thema herum. Bis ich ihn gnadenlos erpresste. Und das ging so: Ebenso sehr, wie er sich vorm Ja-Sagen drückte, sträubte er sich dagegen, bei der traditionellen Paddeltour meiner Freunde mitzukommen und im Zelt zu übernachten. »Campen ist mir zu viel Natur.« »Aber du weißt gar nicht, was du verpasst.« »Doch.« »Nein. Probier's doch mal wenigstens, ich campe auch nicht gerne, aber die Tour insgesamt ist so eine fantastische Erfahrung.« »Okay, wenn wir in zehn Jahren noch zusammen sind, dann komme ich mal mit.«

Im Frühjahr 2015, kurz vor Ablauf der Frist, fuhren wir nach Sizilien. Wir schliefen ein paar Nächte in Palermo in einer Dachterrassen-Wohnung. Campen wäre cooler gewesen. Es war unerträglich heiß, und Volker – sonst trotz Krankheit die Gelassenheit in Person – war unerträglich miesepetrig. Er hasste Hitze, Sonne mied er ohnehin, so gut es ging, weil man als Transplantierter ein höheres Hautkrebsrisiko hat. Die Schattenseite war sein Freund. Diesmal kam mir sein Leiden allerdings etwas theatralisch vor. Traf ihn ein palermischer Sonnenstrahl, tat er so, als wäre er mit einem Stein beworfen worden. Entsprechend schwer verletzt schleppte er sich durch die Stadt. Eines Abends landeten wir völlig erschöpft – er vom Leiden, ich vom Beruhigen – in unserem Lieblingslokal, einer Bar auf einem ruhigen Platz, mit alternativem Publikum und vielen zottligen, riesigen Mischlingshunden. Und dann sagte ich:»Irgendwas musst du jetzt mal machen, um mich für das Gemotze zu entschädigen: paddeln oder heiraten.« Volker holte sich einen Zettel vom Kellner und schrieb:»Willst du mich heiraten?« Antwortmöglichkeiten zum Ankreuzen:»Ja«,»Nein«,»Vielleicht«.

Klar, für was ich mich entschied. Das war wie mit Merkels Homoehe-Moment. Die Gunst der Stunde musste ich nutzen. Das Heiraten hat Volker dann letztlich – es gibt Beweisfotos – sogar Freude gemacht. (Siehe Lektion 28. Paddeln hätte ihm bestimmt auch gefallen!) Immerhin hat sich die Mühe gelohnt, gerade ihretwegen bin ich sogar ein bisschen stolz auf meinen Familienstand. Was für ein verdienter Arbeitssieg, dieses Witwendasein. Aber verheiratet wäre ich natürlich noch viel lieber.

Lektion 25:

Nicht lange fackeln

Wie man anderswo mit uns umgeht. Und warum die Welt jetzt ganz anders aussieht

Zwölf Jahre bevor ich selbst Witwe wurde, begab ich mich auf eine Bildungsreise nach Bosnien. Zum Programm gehörte ein Besuch bei den Frauen von Srebrenica, deren Männer von ihren serbischen Nachbarn erschossen und verscharrt worden waren. »Ich bin ziemlich sicher, dass er unter der Tankstelle liegt«, erzählte eine von ihnen. »Die hat man damals extra dahin gebaut, damit keiner mehr gräbt.« Warum sie trotzdem im Ort bleibt? »Ginge ich, hätten die Mörder erreicht, was sie wollten.«

Bei den Recherchen für dieses Buch musste ich wieder an diese Witwen denken, mit denen ich nun eine wesentliche Gemeinsamkeit hatte – und von denen mich doch so viel trennte. Auch ich war jetzt eine Hinterbliebene mit Fotos des toten Mannes auf dem Sideboard. Doch während die Frauen von Srebrenica bei den Nachbarn darum betteln mussten, zu erfahren, wo ihre Verstorbenen genau lagen, durfte ich an einem Grab weinen, das nur zwei Minuten von meiner Wohnung entfernt lag. Während ich dank meines Erbes eine Zahnspange im Mund trug, die dreimal so viel kostete wie das Pro-Kopf-Bruttoinlandsprodukt in Bosnien, besaß eine der Witwen, die ich dort traf, kaum mehr Zähne. »Die gibt ihr Geld lieber für Zigaretten aus«, erklärte ihre Schwester. Ich könnte mir beides leisten.

Ich, die First-World-Witwe, kurz FWW. Ich will meinen

Schmerz nicht kleinreden, wenn ich im Folgenden mein Leid mit Witwen anderswo vergleiche, mich im Geiste in ihre Welt montiere. Ich habe mal eine Geschichte über First World Problems geschrieben, also Sorgen wie: »Mich stresst die Baumhausplanung« oder »Ich finde mich zu dick«. Im Internet bildet die Kummerkategorie inzwischen ein eigenes Humor-Genre. Der Rat der Psychologen, die ich dazu interviewte, lautete: Man solle auch solche Probleme ernst nehmen, psychodeutsch »validieren«. »Es kann ja niemand etwas dafür, in der Ersten Welt aufgewachsen zu sein.«

Stimmt. Dennoch bin ich unglaublich dankbar dafür, eine FWW zu sein. Mit einer Topausbildung, einem festen Job, einem guten Leben. Und einem neuen FWW-Blick auf die Welt. Seit Volkers Tod drängen sich mir schließlich ständig ganz andere Schicksale ins Bewusstsein. Wie beim Flug gen Indonesien, als ich den Geschichtsteil im Reiseführer durcharbeitete. Auf Bali war es demnach bis Anfang des 20. Jahrhunderts in royalen Kreisen üblich, dass Frauen (ebenso die Konkubinen) ihrem Gebieter durch »Sati« in den Tod folgten. Heißt: Sie beendeten ihr Leben auf einem Scheiterhaufen. Den Brauch hatte man samt Hinduismus aus Indien importiert.

Ich versuchte, mich in so eine suizidale indonesische Witwe hineinzuversetzen. Prunkvoll wäre mein Abgang immerhin gewesen. Die Kremierungszeremonien waren eine große, feierliche Sache. Zeitgenössische europäische Beobachter waren davon überaus beeindruckt, ebenso von der Heldenhaftigkeit, mit der Frauen sich ihrem Schicksal ergaben. Meine Alternativen wären allerdings ohnehin suboptimal gewesen, wie ich von der Asienforscherin Helen Creese lerne: »Wahrscheinlich war für viele die einzige Wahl, eine Zweit-, Dritt- oder Viertfrau zu werden. Oder – wenn sie denn noch Kontakt zu ihren Kindern wollten – der Familie ihres Mannes zu dienen.«

Mein deutsches Bürokraten-Hickhack aus Rentenanträgen, Erbscheingedöns und Versicherungskündigungen wirkte plötzlich nicht mehr wie eine brandheiße Problemlage, sondern wie ein Privileg. Einer Schätzung der Hilfsorganisation Loomba zufolge leben weltweit rund zweihundertsechzig Millionen Witwen. Etliche davon hätten sicher gerne meine Probleme. Die UN, die 2010 den 23. Juni zum »International Widows Day« erklärte, schreibt auf der eigens dazu eingerichteten Internetseite: »Millionen Witwen auf der Welt erleiden extreme Armut, Ächtung, Gewalt, Obdachlosigkeit, gesundheitliche Probleme, Diskriminierung.«

Auf meiner Indonesien-Reise bekam ich eine Idee davon, wie das in der Praxis aussieht. Auch heute noch haben es Janda, wie Witwen auf Bali heißen, überaus schwer, allein deshalb, weil sie in der Regel nach der Heirat auf das Familienanwesen des Mannes ziehen – und nach dem Tod wieder wegmüssen. Am Rande eines Kochkurses im Touristenstädtchen Ubud plagten mich Albträume, als der nette Kochschuldirektor uns über das weitläufige Grundstück führte, auf dem insgesamt sechzehn Familienmitglieder wohnten.

Ich stellte mir das traditionell-balinesische Familienmodell in zeitgenössisch-niedersächsischer Variante vor: Dann wäre Volker nie aus seinem Zweitausendfünfhundert-Einwohner-Dorf nach Berlin gezogen, sondern ich nach unserer Hochzeit zu seiner Familie in ein Kaff in den Landkreis Diepholz. Nach seinem Tod hätte ich als kinderlose Frau keinerlei Anrecht auf irgendein Erbe gehabt. Nicht mal ein Wohnrecht. Entweder hätte ich wieder zu meinen Eltern ziehen müssen oder bei Volkers Familie betteln, dableiben zu können. Aber ja, gerne, stets zu Diensten. Rasen mähen, Spargel schälen, kein Problem. Zweimal täglich würde ich demütigst das Hündchen meiner Schwiegermutter ausführen. Dann doch lieber Fackel als Dackel.

Mein FWW-Blick entdeckte uns überall. Etwa in der deutschen Ausgabe der *National Geographic*, die mir eine Kollegin wegen einer großen Titelgeschichte über mein Leibthema Bier auf den Schreibtisch legte. Links über dem schäumenden Humpen wurde noch eine andere Story angekündigt: »Witwen: Das harte Leben nach dem Tod«. Die US-Journalistin Cynthia Gorney hatte dafür ein Jahr lang auf drei Kontinenten recherchiert. Sie berichtete Erschütterndes aus der Witwenwelt: »Meistens waren sie: Ausgestoßene, Vertriebene, Märtyrerinnen, leichte Beute.«

Ich blätterte mich durch die sechsundzwanzig Seiten. Vier mehr als übers Bier, stellte ich solidarisch fest. Nein, diese zumeist traurig blickenden Frauen waren keine Schicksalsgenossinnen. Das war eine andere Kategorie Leid. Gorney besuchte unter anderem Witwen im indischen Vrindavan, einem Ort hundertfünfzig Kilometer südlich von Delhi, bekannt als »Stadt der Witwen«. Dort leben Tausende, die nach dem Tod ihres Mannes keinen anderen Platz mehr im Leben fanden. In manchen Dörfern und in sehr konservativen Familien gelten Witwen immer noch als nutzlos, von ihnen wird erwartet, sich nie wieder zu schminken, bunt zu kleiden, Fleisch oder gar gewürzte Speisen zu essen. Klingt nach den mittelalterlichen Vorstellungen von Mönch Groß (siehe vorherige Lektion). Vereinzelt kommt es gar noch zu Witwenverbrennungen. »Eine indische Witwe leidet für den Rest ihres Lebens unter dem Unglück, ihren Mann überlebt zu haben«, schreibt Gorney.

Wiederheirat gilt den Dogmatikern als Ehebruch, natürlich nur, wenn sie eine Frau betrifft. Für Witwer ist sie selbstverständlich. Fünfundfünfzig Millionen Witwen gibt es in Indien, so viele, wie ganz Südafrika Einwohner zählt. Immerhin ist das Problem, das so unglaublich viele Inderinnen betrifft, auch ein Riesenthema in dem Riesenland, man könnte – Achtung, Kalauer – auch sagen: ein Dauerbrenner. Der Bundesstaat Madhya Pradesh wagte sich 2017 mit einem ganz neuen Lösungsansatz nach vorne. Wer eine Witwe heiratet, wird mit zweihunderttausend Rupien belohnt. Wäre doch auch ein guter Service für uns FWWs. Hallo, Bundesregierung? Ich müsste mal wieder weg vom Heiratsmarkt.

Es steigert meine Dankbarkeit dem Schicksal gegenüber enorm, wenn ich im Geiste ab und zu mein Luxusjammertal verlasse. Etwa, um mich in das Schicksal weiblicher !Kung zu beamen, einer ethnischen Gruppe, die einst im südlichen Afrika als Jäger-und-Sammler-Volk lebte. Dort gehört es zur Tradition, dass Witwen, wenn sie denn keinen eigenen Mann mehr finden, zu ihrer Schwester ziehen – und sich fortan mit ihr den Gatten teilen. Nichts gegen meinen Schwager. Aber puh, das wäre mal kompliziert.

Dann doch lieber unverheiratet bleiben – finden übrigens auch die meisten der dreiunddreißig kambodschanischen Reisbäuerinnen, die kurz nach der Jahrtausendwende für eine Studie über Witwen im ländlichen Raum Auskunft gaben. »Wofür brauche ich einen Mann?«, fragt eine, die ihre neue Unabhängigkeit schätzt. Eine andere, deren Mann gerne das hart verdiente Geld versoffen und verspielt hat, meint: »Ein Ehemann war genug.« Etliche befinden, die verstorbenen Männer seien eh zu faul gewesen und/oder zu promisk.

Je mehr ich über die Witwen dieser Welt las, desto glücklicher wurde ich posthum über Volker. Und darüber, dass ich als FWW gute Chancen habe, noch mal einen Mann für eine Beziehung auf Augenhöhe zu finden. Einen, dem man nicht gleich nach der Heirat den Tod an den Hals wünscht.

Eine der verrücktesten Witwengeschichten, über die ich stolperte, stammt aus dem Grenzgebiet zwischen Ghana und Burkina Faso. Dort leben die Kassena, eine Ethnie, bei der es zum Totenritual gehört, dass die Witwe sich nackt auf einen Haufen Laub setzt. Wird sie dort von einem Insekt oder einem Dorn gestochen, gilt sie als untreu. Aber nur als treue Ehefrau darf sie das Ritual fortsetzen. Was sich durchaus lohnt. Auch weil dann ein eigens zu dem Anlass gebrautes Bier serviert wird.

So ungern ich nackt auf Blättern gesessen hätte, so ein Spezialgebräu zur Beerdigung wäre natürlich der Hit gewesen. In Berlin werkeln schließlich genügend kleine Craft-Beer-Brauer vor sich hin, die etwas Spezielles hätten kreieren können. Etwa ein pietätvoll dunkles Bockbier mit betäubend hohem Alkoholgehalt. Sogar der perfekte Name dafür spukt mir nun durch den Kopf, passend zum Augenblick, in dem der Sarg in die Erde gelassen wurde: »Volkers Absacker«.

Lektion 26:

Die Millionen locken misch

*Warum Witwen so guten Stoff für
Bühnen und Bücher liefern. Und ich jetzt
Widow-Merchandising brauche*

Was für eine Heldin. Ihretwegen bin ich eigens nach Leipzig gefahren, nun steht sie vor mir auf der Bühne: Hanna Glawari, die
Hauptfigur aus der Operette *Die lustige Witwe*. Damit jeder im
Publikum versteht, dass sie nicht nur schön, sondern auch reich
ist (dreißig Millionen!), sind an der Seite ihres Kleides, wo sonst
sexy Schlitze wären, mit Geldscheinen bedruckte Stoffstücke
eingenäht. Sie singt:

Gar oft hab ich's gehört,
Wir Witwen, ach, wir sind begehrt!
Erst wenn wir armen Witwen reich sind,
Ja, dann haben wir doppelten Wert!

Um Glawari herum tanzen neun Männer, zwei werden sich
gleich ihretwegen duellieren. Einer wird mit französischem Akzent sagen: »Die Millionen locken misch.«

Misch auch! Je klarer mir wurde, dass ich wirklich, tatsächlich,
echt Witwe war, desto dringender wollte ich verstehen, weshalb
wir als fiktionale Figuren so unglaublich begehrt sind. Warum
taucht unsereins ständig in Büchern, Filmen, Theaterstücken
auf? Was genau ist eigentlich unser dramaturgisches Alleinstellungsmerkmal? Je länger ich darüber nachdachte, desto notwen-

diger schien es mir, endlich diese »lustige Witwe« zu sehen. War schließlich die erfolgreichste Operette aller Zeiten. Und fällt wohl den meisten zur Kombination »Humor« und »Witwe« ein. In Berlin wurde das Stück auf absehbare Zeit allerdings nirgendwo aufgeführt, weshalb ich Karten für die ferne Zukunft in Leipzig bestellte. Und mich derweil durch den Rest der Witwenkultur pflügte. Erst aus purer Neugierde, schließlich auch, um etwas von deren Erfolg zu lernen.

Ich las nach Volkers Tod ohnehin wie entfesselt, jede Woche ein Buch, mindestens. Was soll man auch machen, wenn man nicht schlafen kann? (Siehe Lektion 23.) Und keinen mehr hat, um Fernsehserien zu schauen? (Siehe Lektion 12.) Ich verschlang insbesondere Romane aller Art und stieß dabei nebenbei immer wieder auf Witwen, etwa in der hypererfolgreichen Frauensaga von Elena Ferrante, in der Melina Cappuccio (vorgestellt als die »verrückte Witwe«) irre wird aus Liebe. Aber auch als Hauptfiguren waren wir unübersehbar. Im Buchladen lagen so viele Witwentitel herum, dass ich mich kaum zwischen ihnen entscheiden konnte. Ich kaufte schließlich unter anderem den Krimi-Bestseller *Die Witwe* von Fiona Barton, in dem eine Frau ihren Mann entschlossen vor den Bus schubst (zeigt gut das Prinzip Witwenkrimi: Die Frau ist ohne Mann besser dran als vorher). Auch *Erotic Stories for Punjabi Widows* von Balli Kaur Jaswal nahm ich mit, worin ein paar indischstämmige Witwen, die in London leben, sich die Langweile vertreiben, indem sie saftige erotische Geschichten erdichten.

Auf der Kinoleinwand sah ich ebenfalls immer wieder: uns. Dabei musste ich mich ab und zu ärgern, vor allem über das Erster-Weltkrieg-Drama *Franz* von François Ozon, in dem die arme Witwe ständig weidwund schaut. So wütend war ich selten im Kino. Zur Genesung sah ich zu Hause auf YouTube gleich mehrmals die berühmte Szene aus dem Musical *Linie 1*, in dem ein paar (von Männern verkörperte) Witwen aus dem Berliner Stadtteil Wilmersdorf schmettern:

Ja, wir Wilmersdorfer Witwen verteidigen Berlin,
sonst wär'n wir längst schon russisch,
chaotisch und grün.

Auch Witwen können widerlich sein. Herrlich.

Erstes Ergebnis meiner Bestandsaufnahme: Unser Schicksal ist eine dramaturgische Steilvorlage. Der Tod stellt uns vor eine Entwicklungsaufgabe, die es zu erledigen gilt. Ein Curriculum, das für uns zwar hart, aber für den Rest der Welt genau deshalb unterhaltsam ist. Witwenwerke sind quasi das Alterspendant zum Erwachsenwerden-Genre »Coming of Age«. So wie der Teenager befindet sich die Frau nach dem Tod des Mannes in Not und Aufbruch zugleich. Bei ihrem Neuanfang muss sie etliche Hindernisse (Trauer, Vorurteile, missgünstige oder grobe Mitmenschen, Bürokratie, Einsamkeit, Armut) überwinden. Und weil Ausnahmesituationen Ausnahmemaßnahmen fordern, bietet die Witwe enormen Spielraum für unzählige Rollen, sowohl innerhalb als auch jenseits des tradierten Frauenbildes, von heroisch-treu über kriminell-raffiniert bis frivol-lüstern.

Als vorläufigen Höhepunkt meines persönlichen Witwenweiterbildungsprojekts erarbeitete ich mir noch eine Abhandlung einer Literaturprofessorin zu Shakespeares Witwen. Tatsächlich lässt der Dramatiker in seinem Gesamtwerk zweiunddreißig Frauen auftreten, die sicher oder wahrscheinlich ihren Mann verloren haben. Die Forscherin sortierte sie nach so herrlich speziellen Kategorien wie »problematische verwitwete Mütter«, »Kriegswitwen«, »arbeitende Witwen«, »wollüstige/wieder verheiratete Witwen«. Wieder was gelernt. Fehlte nur noch die *Lustige Witwe.*

Ich wusste allerdings um meine Schwäche im Theatersessel. Bei Ballettaufführungen, Schauspielen und insbesondere sehr laut singenden Menschen fährt mein System nach ein paar Minuten komplett herunter. Entsprechend graute es mir trotz allem fundamentalen Interesse vor dem Besuch der *Lustigen Witwe*. Das letzte Mal, dass ich Geld für elaborierten Krach bezahlt hatte, war gut zehn Jahre her. In der Berliner Staatsoper wurde *Rigoletto* aufgeführt. Meine Freundin Annette, die ich begleitete, hatte sich für mich geschämt: weil ich trotz der beachtlichen Lautstärke so viel schlief. Und weil ich in wachen Momenten Anmerkungen machte wie: »Das Lied kenn ich aus der Schoko-Crossies-Reklame«, oder: »Wann kommt die Tochter jetzt endlich in den Sack?«

Ich hatte mir danach nichts und niemanden vorstellen können, das/der/die mich noch mal in die Oper bringen würde. Volker auf keinen Fall, er mochte das Genre so wenig wie ich. Jetzt war klar: Das ging nur über seine Leiche. Die »lustige Witwe«, nebst Witwe Bolte der Mega-Star unter den fiktiven Witwen, musste ich einfach sehen. Und so saß ich eines Abends im August 2017 unter der gewölbten Kassettendecke der Musikalischen Komödie in Leipzig, einer der wenigen ausschließlich auf Operetten und Musicals spezialisierten Spielstätten Deutschlands. Neben mir Annette, die Gute. Auf der Zugfahrt hatte sie sich schon geduldig angehört, was ich alles über *Die lustige Witwe* schlaumeierte: Uraufführung 1905 in Wien, nach ersten Anfangsschwierigkeiten dann rasanter Erfolg auf der ganzen Welt, unter anderem als *The Merry Widow* und *La vidua alegre*.

Ich las ihr auch vor, was der Biograf des *Witwen*-Komponisten Franz Lehár über das Werk geschrieben hatte: »Ja, es war eine Revolution.« Nicht nur aufgrund der eingängigen Musik, sondern auch wegen des Inhalts, den der Autor als »wirklichkeitsnah« bezeichnet. Was erst mal nicht einleuchtet, spielt die Geschichte doch in einem Fantasiestaat namens Pontevedro und ist einigermaßen haarsträubend. Der Staat ist so arm, dass man sich an höchster Stelle um die junge Witwe Hanna Glawari sorgt. Sie hatte einen Banker geheiratet, der kurz nach der Eheschließung starb, und trauert nun, wie es in dem Stück heißt, »sehr fidel«. Just ist sie dabei, nach Paris umzusiedeln; einer Ehe mit einem ihrer vielen französischen Verehrer scheint sie durchaus zugeneigt. Doch würde die lebenslustige Glawari samt ihren dreißig Millionen auswandern, wäre Pontevedro pleite. Deshalb soll der Lebemann und Botschaftssekretär Graf Danilo, ein fauler Schwerenöter mit Charme, sie vom Umzug abhalten.

Was mit »wirklichkeitsnah« gemeint ist: Auf den Wiener Bühnen war zuvor viel romantischer Schmalz zur Aufführung gekommen, bei der *Witwe* ging es zur Sache: Die Darstellerinnen zeigen beim Tanzen Bein, Danilo wird intim mit den Mädels vom Tanztheater Maxim, und überhaupt wird geflirtet, was das Zeug hält. Die Witwe singt schließlich sogar, dass sie Treue in der Ehe hinderlich fände:

Wir lieben uns, wie sich's versteht:
Ganz nach Pariser Art!
Wo jeder seine Wege geht:
Ganz nach Pariser Art!

Heißt das nicht heute Polyamorie? Sehr lässig für ein Stück von 1905. Ich war nun erst recht froh, dass ich für dieses Buch immerhin einen Besuch auf einer Sexparty beisteuern konnte (siehe Lektion 19).

Auf der Bühne überschlug sich jetzt die Handlung, irgendeiner betrügt irgendjemanden mit irgendwem, es geht um einen Fächer, ein Walzer jagt den nächsten. Ich merkte, wie ich abschaltete. So schön warm hier… Erstes kurzes Nickerchen. Konzentration bitte! Man konnte doch eine Menge lernen von diesem Stück. Vor allem darüber, wie man einen ollen Begriff publikumswirksam neu besetzt. Witwe? Lustig! Sexy! Frivol! In den USA ist *merry widow* sogar heute noch eine Bezeichnung für eine bestimmte Korsettvariante.

Ich kam ins Träumen. Was so eine erfundene Witwe konnte, sollte mir wohl erst recht gelingen. Schrieb ich doch ein Witwenbuch *based on a true story*. War nicht gerade auch das Kino voller solcher wahren Geschichten? Außerdem schien nun, da der Tod seinen Moment hatte (siehe Lektion 11), die Zeit reif, das Witwentum mal wieder etwas zu polieren. Witwe reloaded. Mein Hirn ratterte. Was war die zeitgemäße Antwort auf die *Lustige Witwe*? Welchen Titel müsste ich meinem Buch geben, damit das ein Bestseller wird? Es wäre doch zu schön, wenn »Witwe« weniger nach Bolte oder Maike Kohl-Richter klänge, sondern mehr nach einer tollen Frau mit Humor, die zwar trauert, aber das Leben liebt, und um die sich Männer prügeln. Meine Berufung ähnelte der von Feministinnen, die ihre Bands Cuntz with Attitude oder Babes in Toyland nennen und/oder sich mit Lippenstift »Bitch« auf die Brust schreiben – und so Schimpfwörter für Frauen zur Auszeichnung veredeln. So richtig fiel mir noch nichts ein. Eine Kollegin schlug mir vor, erst mal ein T-Shirt drucken zu lassen mit »Tod, du Opfer!«.

Ich dachte an all die Witwenbands, die ich auf meinem Musikstreaming-Dienst Spotify entdeckt hatte. Rund achtzig davon hat der in petto, darunter Seltsamkeiten wie Dirty Widows, The Widow Babys, Versace Widow, Widow Tongue, True Widow (aber echt) und sogar: Widow Makers. Auf Englisch klang das nicht schlecht, nach Frauen, die sich was trauen. Aber ging das auch auf Deutsch? Ich versuchte mich im Geiste an Übersetzungen: Die schmutzige Witwe. Witwen-Säugling, Witwenzunge … Ups. Schon wieder eingeschlafen. Zur Nachsitz-Strafe würde ich am nächsten Tag zu Hause ein YouTube-Video mit Joopi Heesters schauen, der über eintausendsechshundert Mal Graf Danilo verkörperte, zuletzt im Alter von einhundertundfünf. Außerdem würde ich das Stichwort »Widow« in die Suchmaske von Youporn eingeben. Und siehe da: Die internationale Porno-Fantasie kennt keine Grenzen. Auch nicht bei »Widow fucks on husband's grave«.

Jetzt schaute ich mich erst mal mit meinen müden Augen um im Theatersaal. Davon würde ich den Menschen im Verlag erzählen, die fürchteten, dass ein Titel mit »Witwe« eine zu kleine Zielgruppe anspräche. Hier war der Beweis: Witwen-Fiktion ist nicht nur was für Witwen. Da waren zwar ein paar alte Damen, potenzielle Leidensgenossinnen. Aber ich sah noch viel mehr Pärchen. Und sogar ein Kind, das sich augenscheinlich amüsierte. Widow/Veuve/Witwe sells! Witwen für alle und jede Gelegenheit! Hatte ich schon erwähnt, dass die *Lustige Witwe* Hitlers Lieblingsoperette war, schon lange bevor der selbst zig Millionen von uns produzierte? Die Musik lief zur Aufmunterung in den letzten Tagen im Führerbunker.

In der Pause erzählte ich Annette von all den Merchandising-Produkten, die zur US-Premiere der *Lustigen Witwe* produziert worden waren. Merry-Widow-Cocktails, Merry-Widow-Hüte, Merry-Widow-Zigarren. »So Zeugs brauchst du auch«, sagte meine Begleiterin. Ich überlegte: »Wie wär's mit meiner Eheringkette in günstig? Oder einem Sekt namens Veuve Strohmaier?« »Nee, du musst größer denken«, meinte Annette und schlug eine Designer-Kooperation vor, »das ganze Programm, von Socken bis Hut.« »Au ja, von Lagerfeld. Und dazu eine Wander-Widow-Kofferkollektion von Louis Vuitton!« Wir redeten uns in Euphorie. »Warum nicht gleich eine Wander-Widow-Hotelkette entlang meiner Trauer-Reha-Route? Brüssel, Los

Angeles, Tokio, Bali, Sydney?« Vielleicht sollten wir das Buch wirklich einfach *Wander Widow* nennen. Ich stellte mir vor, wie »Wander Widow« zum Synonym für Hotels wird, so wie »Tempo« für Taschentücher. Warum nicht?

Letzter Akt. Die Witwe Glawari hat ihren Palast mal eben auf Maxim umgestylt, ein Trupp Tänzerinnen schwingt das Bein. Noch ein paar Verwicklungen mehr, dann erzählt sie Danilo von einer Klausel im Testament ihres Mannes, der zufolge sie im Fall einer Wiederheirat ihr Vermögen verliere – woraufhin Danilo, der partout nicht wild auf ihr Geld wirken will, sie nun umso lieber heiratet. Ein schnulziger Walzer ertönt, man singt »Ich hab dich lieb«. Hanna verrät nun den zweiten Teil der Klausel, der da lautet: »Bei Wiederverheiratung geht das Vermögen in das Eigentum des neuen Ehemanns über.« Spätestens hier muss man kurz mal als moderne Zuschauerin brüllen: JA SPINNT DIE? Erst so cool frivol und jetzt freiwillig ihre Kohle wegheiraten? An diesen Typ? Warum bleibt die nicht lieber eine freie Frau? Nicht lustig! Merry und marry, das geht hier doch nicht zusammen.

Da lob ich mir Bertolt Brecht, Schöpfer meiner allerliebsten Witwenfigur. In der Kurzgeschichte *Die unwürdige Greisin* verliert eine Zweiundsiebzigjährige ihren Mann und lässt es nach einem harten Leben nun bis zu ihrem Tod drei Jahre lang krachen. Heißt: Sie isst jeden zweiten Tag im Wirtshaus, geht ständig ins Kino und morgens um drei Uhr spazieren. Genau mein Leben! Dabei bin ich doch erst sechsundvierzig.

Abends im Leipziger Hotelbett, wir hatten noch einen Drink, ging in meinem Kopf alles wild durcheinander. Ich tanzte in einem Kleid aus dreißig Millionen raschelnden Euros vor mich hin, alles verdient mit einem Buch namens *Widow Yo!*. Ja, Herr Regierender Bürgermeister, tut mir leid, ja, ich weiß, ich bin berühmter als Frau Joanne K. Rowling. Klar. Ja, schade, aber wirklich, ich möchte gerne nach Tel Aviv auswandern. Es droht der Berlin-Bankrott? Nein, Pardon, da kann ich partout nichts machen. Einen Berliner heiraten? Nee, sorry. Jetzt echt nicht.

Lektion 27:

Ab sofort nur noch Veuve Clicquot

Wieso selbst Champagner ohne Mann
auskommen muss. Und eine Witwe die
Heldin der zweiten Chance ist

Das erste Silvester ohne Volker verbrachte ich (wie in Lektion 18 beschrieben) also in einer roten Glücksunterhose bei einem Abendessen in intimem Kreis. Mit dabei: eine andere, überaus prickelnde Witwe. »Der Champagner passt aber gut zu dir«, sagte mein Freund Guido, als er die erste Flasche Veuve Clicquot öffnete. Guido und mich verbindet eine uralte, auch auf schlechten Witzen beruhende Freundschaft, und so empfand ich – anders als andere Anwesende – die Bemerkung keineswegs als taktlos. Vielmehr war ich elektrifiziert. *Mais oui! Veuve* heißt ja Witwe! Wie konnte das sein? Eines der berühmtesten Luxusgetränke der Welt trug meinen Familienstand im Namen?!

Gleich am nächsten Tag googelte ich dem Phänomen hinterher. Und staunte. Da gab es tatsächlich mal eine Champagner-Veuve namens Barbe-Nicole Clicquot-Ponsardin, geboren 1777, gestorben 1866, die auf den Porträts aussieht wie eine matronenhafte Variante meiner Oma. Und ebendiese Veuve taugt perfekt als Idol für jede Frau, die nach dem Tod ihres Mannes beruflich neu durchstarten möchte. Denn Madame Clicquot gelang eine unternehmerische Großtat, nachdem sie im Jahr 1805 im Alter von siebenundzwanzig verwitwet war. Fast ohne Vorbildung, dafür mit großem Kampfgeist, verwandelte sie die familieneigene Weinhandlung, die seit einigen Jahren auch Champagner produzierte und exportierte, in ein Luxus-Imperium. Dabei hätte die Frau keinen Finger krümmen müssen. Sie stammte schließlich aus einem so guten und reichen Hause (Napoleon übernachtete dort zweimal), dass sie es sich mit ihrer sechsjährigen Tochter hätte gemütlich machen können. Doch die Witwe nutzte ihre Chance für eine Karriere, wie sie ihr als verheiratete oder ledige Frau damals niemals möglich gewesen wäre.

Was für eine Geschichte! Sie zog mich sofort in ihren Bann, auch wenn man natürlich heute in jedem anderen Familienstand Karriere machen kann. Bei mir ging es zwar nicht darum, von null auf hundert durchzustarten, aber für mein Berufsleben drängten sich ebenfalls fundamentale Fragen verstärkt auf, nun, da sich meine Biografie zweigeteilt hatte wie ein zerhackter Regenwurm in vor und nach Volkers Tod. Sollte ich das Tempo endlich drosseln? Oder sogar etwas qualitativ ganz anderes machen? Schließlich gab es das Erbe als potenzielles Startkapital! Ich parkte es vorsichtshalber auf einem Tagesgeldkonto. Und unterhielt mich mit Witwen und Witwern aus dem Bekanntenkreis. Siehe da: Sie wollten am liebsten ganz anders arbeiten. Oder zumindest weniger. Wie der Anwalt, dessen Frau beim Flugzeugabsturz gestorben war, der seine Kanzlei mittlerweile nur noch zwei Tage die Woche öffnet. Oder die Unternehmensberaterin, deren Frau an einem Hirntumor starb. Sie, »eine leidenschaftliche Betriebswirtin«, die Modelabels berät, wolle sich künftig lieber für etwas ganz anderes, am liebsten etwas »Soziales oder Politisches«, engagieren. »Ich will mich auf Wesentliches konzentrieren«, sagt sie. Auch das Internet ist voller Geschichten von Menschen, die nach dem Tod eines geliebten Menschen eine neue Karriere begannen. Wie die von der Marketingexpertin, die auf Ratgeber-Autorin umsattelte. Oder von der Goldschmiedin, die nun Heilpraktikerin ist, Schwerpunkt Sterbebegleitung.

Genau mein Thema. Ich war schon zu Volkers Lebzeiten geradezu besessen gewesen von dem Thema »zweite Chance«, hatte deshalb sogar mal eine Geschichte über Menschen geschrieben, die beruflich auf ihre wahren Leidenschaften umdisponierten. Von Banker auf Käseverkäufer. Von Kfz-Mechaniker auf Literaturwissenschaftler. Von Polizistin auf Geistheilerin. Manche ziehen dabei schon früh die Reißleine – wie der Maler Norbert Bisky, der vom Studienfach Germanistik zur Kunst wechselte. Dazu veranlassten ihn die alten Menschen, die er in einer Berliner Sozialstation betreute, wie er mal im Radio erzählte: »Viele von ihnen haben vor allem die Dinge bereut, die sie nicht getan hatten.«

Die Angst, etwas zu verpassen, kannte ich nur zu gut. Aber bei mir hatte die Besessenheit mit der zweiten Chance auch damit zu tun, dass ich mir schon mehrmals eine sieche Branche als Metier ausgesucht hatte, erst die Musikindustrie, nun das Zeitungswesen. Weshalb ich alle paar Jahre zum Coaching ging – und mit Großprojekten wieder herauskam, die ich manchmal, aber nicht immer umsetzte. So schrieb ich zwar im Nebenberuf eine Doktorarbeit in Stadtsoziologie, aber mit meinem anschließenden Unterwäsche-Forschungsvorhaben, im Freundeskreis als »Schlübba-Ding« berüchtigt, blieb ich nach viel Anfangsengagement stecken.

Andere mögen Diätpläne machen an einem 1. Januar. Ich orderte am ersten Tag des Jahres 2017 eine Biografie über die Frau mit dem sperrigen Namen Barbe-Nicole Clicquot Ponsardin, geschrieben von einer gewissen Tilar J. Mazzeo, einer amerikanischen Kunsthistorikerin, die von der Witwengeschichte ebenso schnell angefixt gewesen war wie ich. Mazzeo hatte – übrigens als sie sich gerade nach einem neuen Job umschaute –

ein Kärtchen in einer Champagnerkiste gefunden, auf dem in fünfunddreißig Wörtern der Lebenslauf Clicquots umrissen war. In den folgenden Jahren machte sich die Forscherin daran, deren Karriere nachzuzeichnen. Das Buch liest sich wie eine Heldensaga, meistert die Witwe darin doch alle möglichen Widrigkeiten. Angefangen damit, dass sie ihren Schwiegervater überredet, den Weinhandel samt Champagnerproduktion nicht wie geplant aus Kummer an irgendjemand Fremden zu verkaufen, sondern an sie.

Ihr vielleicht größter Coup gelingt ihr nach fast zehn harten Jahren im Geschäft, nachdem Napoleon im April 1814 abdankt und sie trotz Kontinentalsperre umgehend ein Schiff mit fast elftausend Flaschen Champagner beladen lässt. Ohne Papiere und deshalb mit dem Risiko, dass die ganze Ladung beschlagnahmt wird, schippert es erst mal nach Königsberg – und ist tatsächlich als Erstes in Russland vor Ort, als der Handel wieder losgeht. Als Madame mit neunundachtzig stirbt, ist ihr Champagnerhaus weltberühmt und dank ihrer klugen Nachfolgerwahl bestens für die Zukunft gerüstet. Heute ist Veuve Clicquot nach Moët & Chandon der weltweit am meisten getrunkene Champagner. Wie wichtig die Witwe immer noch für die Vermarktung ist, sieht man unter anderem daran, dass auf jedem Champagnerdeckel ein Bildchen von Barbe-Nicole Clicquot-Ponsardin prangt. Der Geist auf der Flasche.

Nachdem ich die Zweihundertsiebzig-Seiten-Biografie in einem Tag durchgelesen hatte, lud ich mir ein Porträt der Witwe auf den Laptop, das seither regelmäßig wie ein feministisches Statement als Screensaver aufpoppt. Bildschirm-Barbe statt Bildschirm-Babe! Es gibt nur Bilder, die La Veuve als gealtertes, doppelkinniges Familienoberhaupt zeigen. Ich wählte das, auf dem sie den Betrachter leicht von oben fixiert. Vor ihr quer liegt ihre Urenkelin Anne, zu der Zeit noch ein Kind. In der Mazzeo-

Biografie sind Auszüge eines Briefes von Uroma an Urenkelin abgedruckt, den ich schon einigen Freundinnen zur Motivation vorgetragen habe. Darin betont Clicquot, dass Anne ganz nach ihr gerate, weil sie sich durch besonderen Mut auszeichne. »Das ist eine wertvolle Eigenschaft, die mir im Laufe meines langen Lebens sehr von Nutzen gewesen ist.« Auch damit habe sie sich den Titel »Grande Dame der Champagne« und ein stattliches Schloss erarbeitet. »Die Welt ist ständig in Bewegung, und wir müssen die Dinge von morgen erfinden. Man muss sich vor den anderen aufmachen, muss entschlossen und tatkräftig sein. Lass deine Intelligenz dein Leben leiten. Handle verwegen. Vielleicht wirst du auch einmal berühmt.«

Taugt doch auch als Mission-Statement einer jeden Innovationsabteilung. Kein Wunder, dass eine *Zeit*-Kollegin die Clicquot vor ein paar Jahren bei einer Serie über »unsere Heldinnen« als Idol wählte. Doch wie praxistauglich ist ihr Vorbild wirklich für die Karriereplanung einer Witwe? Soll man tatsächlich einen beträchtlichen Teil des Familienvermögens auf Sieg setzen, wie die Französin es tat, als sie nach dem Tod ihres Mannes eine neue Firma mit »Veuve« im Namen gründete? Immerhin riskierte sie damit auch ihre gerade erst gewonnene Unabhängigkeit. Ab wann wird ein Neuanfang Kamikaze?

Ein paar Wochen vor Volkers Tod saß ich mal wieder bei meiner Coachin, weil Springer gerade ordentliche Abfindungen bot. Nehmen oder nicht? Volker hatte gefunden, ich solle ruhig eine Arschbombe ins Ungewisse wagen, allein damit wir zwei mehr Zeit füreinander hätten und ich nicht mehr gestresst in einem Großraumbüro sitzen müsse. »Dann kannst du in Ruhe Texte und Bücher schreiben, und ich koch dir Kaffee.« Klang verlockend. Einerseits. Andererseits hing ich sehr an meinen Themen, meinen Kollegen, Chefs inklusive, und an meinem Gehaltszettel. Entsprechend dankbar war ich, als die Coachin aus der Frage »Bei Springer bleiben oder frei als Autorin arbeiten?« mal eben fünf Optionen bastelte, die wir auf Kärtchen schrieben. Nun gab es auch noch »Frei arbeiten, aber viel für Springer machen« sowie »Weniger bei Springer arbeiten, aber dafür mehr frei arbeiten«. Und dann war da noch eine Wildcard, die für irgendeine ganz andere, möglichst verrückte Idee stand, die vielleicht vom Himmel fallen würde.

Natürlich gab es zu Barbe-Nicoles Zeiten noch kein Coaching im heutigen Sinne. Aber sie hatte immer ein paar gute Berater an der Seite sowie die Gabe, fähige Mitarbeiter zu hegen und zu pflegen, wie einen Deutschen namens Ludwig »Louis« Bohne, der als Clicquot-Vertreter durch die Welt reiste. Und sie war die Meisterin der Wildcards, stets auf der Suche nach Innovationen. Ihr Motto formulierte sie mal in der rhetorischen Frage: »Wenn man zwei Schritte nach vorne machen kann, warum soll man dann nur einen gehen?« Und so mischte sie ihre Branche auf, unter anderem mit Rosé-Champagner und einem sogenannten Rütteltisch, der dazu dient, Gekeltertes zu klären. Wie Letzterer funktioniert, kann man sich am Firmensitz in Reims anschauen. Was ich an einem eisigen Septembertag auch tat – und dabei mal wieder froh war, doch nicht gekündigt zu haben.

Nach Volkers Tod hatte ich mit meinen *Welt*-Chefs und mithilfe meiner Coachin Lösung Nummer sechs ausgetüftelt: Ich würde nach meiner Weltreise weiterarbeiten, aber öfter mal zu Hause schreiben, längere Geschichten und eine neue Kolumne. Was für ein Aha-Erlebnis: Manchmal muss man nur laut sagen, wie man sich seinen Traumjob vorstellt, statt wie ich oder einst auch Volker aus mangelndem Selbstbewusstsein vor sich hin zu grummeln. Mein Job war jedenfalls nun interessanter denn je. Und ermöglichte mir sogar, dienstlich in die Champagne zu pilgern. Die Chefredakteurin des Magazins *Icon*, das regelmäßig der *Welt am Sonntag* beiliegt, hatte sich schon lange vor mir für die Geschichte der Witwe begeistert. Als ich ihr von meiner Schwärmerei erzählte, meinte sie nur: »Dann fahr doch für uns hin.«

So trat ich eines Tages aus dem unwirklichen, im Nirgendwo gelegenen TGV-Bahnhof Champagne Ardenne in den Regen, um verwundert festzustellen, dass schon eine Chauffeurin im Auftrag des Champagnerhauses auf mich wartete. »Die verstehen sich aber auf Very Important Widows«, dachte ich und genoss meinen VIW-Status. In Reims traf ich unter anderen Katarzina Canu, Mitarbeiterin der Heritage-Abteilung, die nachhaltig begeistert von ihrem Job für die Marke mit dem gelb-orangen Etikett klang: »Durch meine Adern fließt inzwischen gelbes Blut«, sagte sie. Schon schritten wir eine in gelblich güldenes Licht getauchte Treppe hinab in die Keller der Witwe, die inzwischen zu dem Reich des Luxuskonzerns LVMH gehören.

Wie ich da in einer unterirdischen Höhle in Pyramidenform stand, in der gigantische Champagnerflaschen verstaubten, ward mir plötzlich ganz feierlich zumute. Kathedralenstimmung. War das nicht verrückt? Da macht einer an Silvester einen Witz, man hakt ein bisschen nach – und auf einmal steht man inmitten eines vierundzwanzig Kilometer langen Labyrinths aus Kalkstein, mit vierhundert solcher pyramidenförmigen Höhlen und Sträßchen, von denen einige sogar einen kleinen Mittelstreifen haben. Ich hatte das Gefühl, ich könnte alles tun und lassen und sehen. Wie hatte der israelische Yogalehrer gejubelt? »Ist das nicht ein Wunder, dass wir unsere Aufmerksamkeit lenken können, wohin wir wollen?« Ist es. Und manchmal zwingt uns unser Schicksal dazu, in eine neue Richtung zu schauen. Den Spruch, dass man Limonade machen soll, wenn das Schicksal einem Zitronen beschert, fand ich schon immer doof. Dann doch lieber gleich Champagner!

Ob die Witwe Clicquot schon immer von einer eigenen Karriere geträumt hatte? Oder ging es ihr darum, das Vermächtnis ihres Mannes fortzuführen? Man weiß es nicht. Aber ganz sicher hat sie sich brennend für alle Details ihres Handwerks interessiert – und es genau dadurch nach vorne gebracht, unter anderem indem sie eben den sogenannten Rütteltisch erfand. Der Legende nach ließ sie dafür in einen ihrer massiven Tische schräge Löcher in verschieden steilen Winkeln hineinbohren und ihn zu ihrem Kellermeister Antoine Müller herabschleppen. So eine Art Tisch steht heute zu Demonstrationszwecken in den Kellern von Reims, darin stecken Flaschen mit dem Kopf nach unten.

Katarzina Canu erklärte, wofür das gut ist: »Die Flaschen lagern zuvor waagrecht, damit sie möglichst viel Kontakt zur Hefe haben. Nachdem die Hefe ihre Arbeit getan hat, stirbt sie, und die Zellen lagern sich als Sediment ab.« Noch zu Clicquots Zeiten habe man deshalb den Champagner dekantieren müssen, also umschütten. »Das bekam weder den Bläschen noch dem Aroma. Indem man die Flaschen schräg hierhinein stellt und nach bestimmten Prinzipien dreht, rutschen die Sedimente nach und nach in den Flaschenhals.« Die Flaschen werden nicht nur gedreht, sondern in Löcher mit immer steileren Winkeln gestellt, bis sie schließlich auf dem Kopf stehen. Mit großer Handwerkskunst oder modernster Technik gilt es sodann, den Korken samt Hefepfropf zu entfernen. Degorgieren nennt sich der Prozess. Dann wird blitzschnell die »Dosage« hinzugefügt – eine Mischung aus Zucker und Wein – und die Flasche wieder verschlossen. So entsteht der kristallklare, sprudelnde Champagner, wie wir ihn kennen.

Wieder was gelernt. Wie bei der *Sendung mit der Maus*. Sehr inspirierend. Vielleicht wäre das ja eine neue, nachhaltige Karriere für mich. Was machst du so beruflich? Rüttlerin. Oder glamouröser auf Französisch: Remueuse. Bei den allerbesten Champagnern setzt man schließlich nachhaltig auf Handarbeit. »Ein gewiefter Rüttler schafft bis zu vierzigtausend Flaschen die Stunde«, sagte Canu. »Das ist aber ein Job, der meist in der Familie vererbt wird. Da muss man früh anfangen.« Dann vielleicht lieber doch Dégorgeuse? »Ich habe das selbst mal probiert«, erzählte die Führerin. »Danach war fast nichts mehr in der Flasche, die lassen mich da nie wieder ran.« Dann zeigte sie auf ein Schild an der Wand, das einem Dégorgeur ein Denkmal setzt, der sechsundvierzig Jahre bei Veuve Clicquot gearbeitet hatte. »So etwas gibt es ja heute kaum mehr.«

Stimmt. Heute ist beruflich Umsteigen das neue Aufsteigen. Ob ich irgendwann doch noch mal diesen Karrieresprung schaffe? Und noch mehr zum Wesentlichen vordringe? Ich halte jedenfalls stets Augen und Ohren offen nach Methoden, wie man seine wahre Bestimmung überhaupt erkundet. So arbeitete ich mich bereits eifrig durch die Aufgaben im Ratgeber *Fuck It – Do What You Love.* Unter anderem fragte der Autor John Parkin danach, was man eigentlich so tue, wenn man freihabe, und was man unternehmen würde, falls man etwas mehr Zeit habe. (Ich: Reisen planen und spazieren gehen. Will trotzdem kein Pilgerreisebüro aufmachen.) Kurz vor meinem Ausflug zu Veuve Clicquot hatte ich den koreanischen Mönch Haemin Sunim interviewt, dem gerade mit seinem Ratgeber *Die schönen Dinge siehst du nur, wenn du langsam gehst* ein Weltbestseller gelungen war. Auch er hatte eine Idee dazu, wie ich meine wahre Leidenschaft finden könnte: »Nicht, indem Sie grübeln. Es gibt ungefähr dreißigtausend verschiedene Jobs. Würde ich Sie bitten aufzuschreiben, welche es gibt, kämen Sie vielleicht auf zwei- bis dreihundert. Am einfachsten ist, in einen Buchladen zu gehen und sich anzuschauen, welche Interessengebiete sich da finden, von Architektur über Sport bis hin zu Politikerpersönlichkeiten. Wenn Sie etwas fasziniert, lesen Sie sich ein, versuchen Sie, ein Praktikum zu machen.« Ich schrieb es auf meine innere To-do-Liste.

Jetzt aber gab es erst mal Nachhilfe bei und von der faszinierenden Witwe. Zu dem Besuch in Reims gehörte ein Abstecher ins Archiv, das die gesammelte überlieferte Korrespondenz der Witwe in hübschen schwarzen Pappboxen versammelt, die dort wiederum etliche Regale füllen. Hier ist das Reich von Isabelle Pierre, Historikerin und Heritage-Managerin. Sie redet über die vor über hundertfünfzig Jahren verstorbene Witwe, als hätten sie sich gut gekannt: »Das meiste hier sind Geschäftsbriefe, aber zwischen den Zeilen scheint doch immer wieder die Persönlichkeit durch.« Und wie war sie so, die Witwe? »Eine Frau mit Rückgrat, die sich durchaus beraten ließ, aber durchsetzen konnte, wenn sie von ihren Ideen überzeugt war. Und die auch Mitgefühl hatte und loyalen Mitarbeitern den Arzt zahlte, wenn das Kind krank war.«

Warum sie nie wieder heiratete, konnte Pierre nicht beantworten. »Wir wissen das nicht. Aber eine mögliche Erklärung ist, dass sie mit einer Ehe ihre Firma riskiert hätte.« Als verheiratete Frau hätte sie nicht mal ein eigenes Bankkonto führen dürfen. »Frauen hatten damals den Status von Kindern. Daran müssen Sie denken, wenn Sie das Verdienst von Madame Clicquot beurteilen.« Witwe, das klang bei der Heritage-Managerin plötzlich wie ein Joker, wenn auch einer, der mit fünfzehnstündigen Arbeitstagen einherging. Man spüre in ihrer Korrespondenz, wie sehr sich die Champagner-Chefin immer wieder beweisen musste. »Sie besichtigte etwa die Glasfabriken, die ihre Flaschen herstellten. In den Briefen mit den Glasern verwendete sie danach immer die Fachwörter, um zu demonstrieren, dass sie sich auskannte.«

Ob sie sehr um ihren Mann trauerte? »Auch das wissen wir

nicht«, sagte die Heritage-Managerin. »Ich denke schon. Sie war jung, hatte sich darauf vorbereitet, ihr Leben mit ihm zu verbringen. Und dann stirbt er plötzlich unerwartet. Aber sie war eine resiliente Frau.« Dann zog Isabelle Pierre ein paar weiße Handschuhe über und nahm einen Brief von einem Podest, der aus dem Jahr 1814 stammt und eine energisch nach vorne geneigte, gut lesbare Schrift zeigt. Darin spendet La Veuve – nachdem bei ihr endlich der Rubel dank ihrer wagemutigen Russlandlieferung rollte – ihrer Cousine Trost, die noch mit den Mängeln der Kriegszeit kämpfte. »Ich habe die Erfahrung gemacht, dass wir nicht immer Pech haben können. Also, meine Liebe: Mut, Geduld und Vertrauen in das Schicksal.«

Stimmt. Als ich schließlich – dank eines WIV-Tastings (nebst von Butlern serviertem Lunch) – angeschickert und begeistert von einer Neukreation namens »Extra Brut, Extra Old« wieder am Champagner-Bahnhof im Nirgendwo landete, stellte ich fest, dass mein Zug nach Paris eine Stunde Verspätung hatte. Sah alles danach aus, dass ich den letzten Flieger verpassen würde. Kaum, dass ich am futuristischen Flughafen Charles de Gaulle angekommen war, raste ich los gen Terminal 1, ein absolut hoffnungsloses Unterfangen, wenn ich den offiziellen Entfernungsangaben Glauben schenkte. Ich wetzte parallel zu den endlosen Förderbändern, fühlte mich wie in einer Verfolgungsszene im Film. Et voilà: Letzter Aufruf Passagierin Strohmaier, gerade noch rechtzeitig. Gutes Doping, diese Witwe.

Zum Schluss

Lektion 28:

Geteilte Freude

Warum man sich die Beerdigungsparty
nicht bis zum Schluss aufheben sollte
und noch ein paar andere Punkte für die
To-do-Liste eines gelungenen Lebens

Volker war keiner, den man mit einem zünftigen Junggesellen-
abschied überraschte. Für so was war er, der weder Karneval
noch Hochzeit feiern wollte, einfach nicht der Typ. Doch an
dem Abend, an dem ich vierundvierzig Jahre Single-Dasein
mit meinen Freundinnen unter den Tisch trank und schließlich
aufgekratzt durch die Haustür torkelte, empfing mich ein tod-
trauriger Verlobter. Während ich Bierbike radelte und Karaoke
grölte, hatte er mit Freunden aus der alten Heimat Doppelkopf
gekloppt, wie schon so oft zuvor. Insgeheim hatte er wohl gehofft, dass auch sie sich irgendeinen Quatsch ausdenken würden. Sicher hätten die Freunde nur zu gerne für ihn eine Strip-
perin im Hertha-Slip aus der Torte springen lassen. Aber wer
konnte ahnen, dass Volker plötzlich Party-Sehnsucht plagte?

Wahrscheinlich hätte er auch zu seiner ausschweifenden
Trauerfreier »Ach, ist doch nicht nötig« gesagt – und wäre nachher beleidigt gewesen, wenn man sie ähnlich minimal wie einen
seiner Geburtstage gefeiert hätte. Aber so ein toter Mann muss
sich zu seinem Glück zwingen lassen. Ganz sicher wäre er unendlich gerührt gewesen, wenn er miterlebt hätte, was seine
Freunde über ihn zu sagen hatten. Während der Reden und Beiträge dachte ich immer wieder: »Wie schade, dass Volker nicht
dabei ist.« Und: »Es kann echt nicht sein, dass die beste Party

des Lebens erst nach dem Tod steigt.« Jedenfalls weiß ich schon jetzt, dass ich meinen fünfzigsten Geburtstag krachend feiern werde, zur Not fällt eben die Beerdigungssause kleiner aus.

In meiner Yoga-Facebook-Blase kursieren etliche Eso-Varianten der Binse, dass man nichts aufschieben soll, ständig las ich dort Sprüche wie: »Warte nicht auf den perfekten Moment. Nimm dir den Moment und mach ihn perfekt.« Aber das ist der Unterschied zwischen Theorie und Praxis. Volkers Tod machte mir die Höchststrafe Tag für Tag aufs Neue bewusst: Von wegen lebenslang. Lebenskurz! Als ich mich für das Erinnerungsbuch (siehe Lektion 21) durch sein journalistisches Werk las, ärgerte ich mich, dass ich mir keine Zeit dafür genommen hatte, als er noch bei mir war. Warum hatten wir uns nicht mal ein Wochenende zusammengesetzt, uns gegenseitig unsere besten Texte vorgetragen und in den Erinnerungen des anderen geschwelgt? Ja, klar, wir kannten etliche Kinderfotos voneinander. Aber als ich seine Sachen sortierte, entdeckte ich viele Bilder, die ich noch nie gesehen hatte, darunter besonders lustige aus seinen ersten Berlin-Jahren, zu denen sich viele Fragen aufdrängten. Wie zum Beispiel kam es zu dem krassen Foto, auf dem der Komiker Carsten van Ryssen mit halb heruntergelassener Hose hinter ihm steht? Vor einem Schild mit der Aufschrift: »Bei ARD und ZDF ficken Sie in der ersten Reihe«?

Es schien mir nicht richtig, dass ich Volker erst auf und nach seiner Trauerfeier noch mal neu kennenlernte. Natürlich hatte ich gewusst, dass er politisch straff links und ansonsten ein großer Charmeur gewesen war. Aber in diesem Ausmaß? Unbedingt hätten wir uns zu Lebzeiten noch mehr ausfragen sollen, etwa mithilfe des »indiskreten Fragebuchs« des Sexualwissenschaftlers Ulrich Clement, das bei mir auch schon zu Volkers Lebzeiten im Regal gestanden hatte. Auf kaum eine Frage wüsste ich nun, was er antworten würde, nicht mal auf so simple wie: »Was magst du an meinem Körper besonders? Und was an deinem?« Ich bin sogar unsicher bei: »Das beste erotische Ereignis deines Lebens – war das schon, oder kommt das noch?« Vielleicht geht ja doch noch was im Himmel.

Learning by dying. Ich merke, dass ich meine Eltern jetzt öfter aushorche. Danach, was der Opa genau bei der Eisenbahn im Krieg gemacht hat. Wie das war, ausgebombt zu sein. Und ich kam sogar auf die Idee, meinen unglaublich fidelen einundachtzigjährigen Vater für unsere Zeitung zu seinem Fitnessgeheimnis zu interviewen. (Woraufhin er die achthundert Kilometer aus dem Saarland mit seinem neuen E-Bike angebraust kam und mir sein Programm live erläuterte. Das reicht von Klimmzügen an einer eigens an der Garage angebrachten Stange über Tanzen, Joggen, Fitnessstudio bis zum Herumrollen auf dem Rücken.)

Ich verstehe jedenfalls nun, warum sich das Buch *Mama, erzähl mal* hierzulande schon über eine Million Mal verkauft hat, das Fragen nach der ersten Liebe und dem Geheimrezept gegen Erkältungen enthält. Fragen, die sich posthum kaum mehr beantworten lassen. Ich begreife nun auch, warum ich in der U-Bahn ständig Werbung von Schreibern sehe, die ganz normalen Menschen gegen Geld helfen, ihre Memoiren zu verfassen. Toller Service, auch für die Angehörigen. Ich besäße jetzt zu gerne eine Autobiografie von Volker. Was die wohl für einen Titel hätte? »Beleidigte Leber« vielleicht. Oder: »Zwischen Leber und Milz passt immer noch ein Schlauch«.

Allerdings würde ich seinem Leben gerne noch ein paar schöne Momente hinzudichten. Nachdem er von der Transplantation erstmals halbwegs genesen war, hatte ich ihn enorm bequatscht, sich noch ein paar Lebenswünsche zu erfüllen. Ich fragte ihn regelmäßig danach, auch in der irrationalen Hoffnung, irgendetwas Romantisches zu hören. Sein größter Traum, so rückte er schließlich heraus, sei es, ein paar internationale

Fußballarenen bei laufendem Spielbetrieb zu besichtigen, insbesondere Wembley (London) und das Camp Nou (Barcelona). Tss. Aber natürlich hätte ich alles getan, um ihm das zu organisieren, bot es immer wieder an. Und er fand immer wieder Ausreden. Er sei noch zu müde, der Trip zu teuer, man bekomme sowieso keine Karten. Jetzt liegt er unter einem Ministadion aus Muschelkalk und sein Geld auf meinem Konto. Seufz.

Ich kann aber verstehen, dass Volker das, was ihm am meisten am Herzen lag, vor sich herschob. Ich bin auch nur halb gut darin, mich hinter meine Lebensträume zu klemmen. Sosehr ich mich im Job verausgabe, so groß ist mein Schlendrian bei zentralen Wohlfühlpunkten (siehe Lektion 23). In jedem Fall wäre die Umverteilung meiner Ressourcen eine gute Idee. Wenn ich nur einen Bruchteil der Energie, die ich Tag für Tag in meine Karriere stecke, in meine Gesundheit und Träume jenseits des Berufslebens investierte, wäre ich, ja, was eigentlich? Oder wo? Wie sähe sie aus, meine Bucket List, die Liste der Dinge, die ich noch nie getan habe, aber gerne noch erleben möchte?

Der koreanische Lebensratgeber Haemin Sumin empfiehlt: »Schreib auf ein Blatt Papier die Namen der Orte, die du vor deinem Tod noch bereisen willst, die Menschen, denen du zu begegnen hoffst, die Konzerte, die du gern miterleben möchtest, die Sportwettkämpfe, die du um jeden Preis sehen willst, die Restaurants, die du unbedingt noch ausprobieren musst.« Okay. Bei mir steht jetzt da:

- Orte: Kanada, Südsee (Vava'u, Samoa), den Rest von Japan, den ich noch nicht besucht habe, Kasachstan

- Menschen: Meinem/r neuen Mann/Frau, dem Schriftsteller Karl-Ove Knausgård, der indischen Frauenrechtlerin Japleen Pasricha

- Das Afrikaburn-Festival, Kanye West, Beck, Whitney (die Indie-Band, nicht die singende Lady)

- Sportwettkampf: ???

- Restaurants: Reinstoff (das Zwei-Sterne-Ding bei mir um die Ecke), das Concordia (ein einfaches Restaurant in Agrigent/Sizilien, das mir eine Einheimische empfohlen hat und ich beim letzten Besuch nicht mehr geschafft habe) und irgendein Restaurant mit einer mir völlig unbekannten Landesküche

Eigentlich gehört noch auf die Liste: Sexpraktiken, die man unbedingt testen will, da hätte ich gleich mehrere Ideen. Ein Möbelstück, von dem man schon lange träumte, in meinem Fall das Vintage-Schlafsofa »Stella« aus dem Hause Knoll. Und ein Joker-Wunsch ohne Themenvorgabe. Bei mir: ein zweites Zuhause für den Winter. Das war's schon. Klingt doch machbar.

Vorsichtshalber schaue ich schnell noch in das Buch *100 Dinge, die man einmal im Leben getan haben sollte* von Joachim Groh. Schon nach den ersten drei Ideen fühle ich mich erschöpft: Dankesbrief schreiben, Fastenzeit mitmachen, Berg besteigen. Nö. Man muss echt nicht alles getan haben. Die Frauenvariante – ebenfalls von Groh verfasst – macht mich sogar richtig aggressiv. Kleines Schwarzes kaufen, Ordnung in der Handtasche schaffen, einmal Prinzessin sein. Boah. Niemals!

Vielleicht mache ich noch eine Liste von Dingen, die man auf gar keinen Fall in seinem Leben tun sollte. Punkt eins: Leute mit Ideen behelligen, die MAN tun MUSS. Als ich in Sizilien im Urlaub weilte, wollte mich mein netter Vermieter dazu überreden, mit ihm Seeigel zu löffeln. »Das MUSS MAN in seinem Leben mal probiert haben«, sagte er. Nö. Meine Antwort, beflügelt von Erfahrungsberichten der Freunde, die sich bei unserem Tokio-Trip »Uni« (so der japanische Name) angetan hatten und beinah vor Ekel gestorben waren: »Das Leben ist zu kurz für Dschungelcamp-Experimente.« Immerhin kann ich jetzt auf Italienisch »Non mangio ricci« sagen: Ich esse keine Seeigel.

Aber nichts gegen Lebens-To-do-Listen per se, was könnte es Wichtigeres geben? Im Internet kursieren davon inzwischen unzählige, die vom Tod inspiriert wurden, einige zerreißen einem schier das Herz. Wie die von Richard Pringle, der im August 2017 aufschrieb, was er lernte, nachdem sein dreijähriger Sohn ein Jahr zuvor an einer Hirnkrankheit gestorben war. Hier die Kurzform:

1. Du kannst nie genug lieben und küssen.
2. Du hast immer Zeit. Stoppe, was du tust, und spiele. Und wenn es nur eine Minute ist.
3. Mache so viele Fotos und Videos, wie du kannst. Eines Tages sind sie vielleicht alles, was du hast.
4. Schenke kein Geld, sondern Zeit.
5. Singe!
6. Feiere die einfachen Sachen. Abendessen, faule Sonntage, Geschichten zum Einschlafen vorlesen. Das vermisse ich am meisten.
7. Küsse die, die du liebst, zum Abschied. Immer. Wenn du es vergisst, kehre um und hole es nach.
8. Mache langweilige Dinge spaßig, sei es Einkaufen oder eine Autofahrt. Erzähle Witze.
9. Schreibe alles auf, was die Kleinen an lustigen Sachen sagen und tun.
10. Wenn du Kinder hast, denen du einen Gutenachtkuss gibst. Mit denen du frühstückst. Die du zur Schule bringen darfst. Zur Uni. Die du heiraten siehst. Dann bist du gesegnet. Vergiss das niemals!

Meine Ehemann-Variante dieses Zehnpunkteplans klänge ähnlich. Ich würde nur definitiv Punkt elf ergänzen: Lasse kein Fest ausfallen! Als Volker sich erst mal dazu durchgerungen hatte zu heiraten, bekam er plötzlich doch Spaß an der Sache, plante mit Eifer unsere kleine Zeremonie im Standesamt, trug sogar eine Silbervariante seines Platin-Eherings Probe, um ja das perfekte Modell zu ertüfteln. Auch für ihn fühlte es sich schließlich falsch an, dass wir nur in Anwesenheit eines Beamten und eines Gummibaumes heirateten. Als wären die Emotionen viel zu groß, um sie allein auszuhalten. Eine Hochzeit, so weiß ich nun, verlangt nach geteilter Freude.

Immerhin hatte das geteilte Leid nicht nur auf mich einen lehrreichen Effekt. Ein paar Monate nach Volkers Tod verabredete sich einer seiner ehemaligen Kollegen mit mir. »Ich muss dir etwas sagen«, kündigte er an. Die News: Er hatte auf der Trauerfreier beschlossen, seiner langjährigen Freundin einen Heiratsantrag zu machen, und lud mich nun zur Trauung mit anschließender Party ein. Es wurde ein sehr bewegendes Fest. Volker hat bestimmt im Grab rotiert. Vor Neid. Und mit einem Tänzchen.

Lektion 29:

Witwe bitte nicht streicheln!

Was man beim Umgang mit hinterbliebenen
Gattinnen alles falsch machen kann

Irgendwann nach Mitternacht in der Wilden Renate, auf jener sexpositiven Party, von der schon so oft die Rede war. Die Gäste tanzten sich allmählich an ihre Höhepunkte des Abends heran. Hanna stellte mir auf der Tanzfläche einen Schweizer namens Erwin vor. Am Leib trug er etwas Schwarz-Transparentes und um den Hals ein Lederband mit Ring, dazu ein feines, strahlendes Gesicht. Warum ich über Sex schreibe, wollte er wissen. »Weil ich mich dafür interessieren muss, so als Witwe. Mein Mann starb letztes Jahr.« Plötzlich lag ich in seinen Armen. Und es lag sich (rein freundschaftlich) sehr gut darin.

Es war die erste als Trost gemeinte Berührung eines fremden Menschen, die ich nicht als Übergriff empfand. All die Monate zuvor hatte ich es befremdlich gefunden, ständig von entfernten Bekannten so innig umarmt oder sogar gestreichelt zu werden, als hätte man die vorige Nacht zusammen verbracht. Eine kreative Bekannte hat mal für eine schwangere Freundin eine Brosche mit auswechselbaren Aufschriften gebastelt: »Keine Angst, das Bier ist alkoholfrei«, »Termin ist der 5. Januar« und eben auch: »Bitte Bauch nicht anfassen«. Ich hätte die verdienstvolle Bekannte bitten sollen, mir eine extragroße Brosche zu basteln mit dem Spruch: »Witwen bitte nur auf Sexpartys streicheln!«

Wie viele Trauernde habe auch ich erlebt, dass man um uns herumschleicht und auf Distanz geht, aus Angst, etwas falsch zu machen. Und das ist auch gut so! Auch Co-Trauerarbeit ist kein Minijob, sondern vielmehr ein großes Fettnapf-Hüpfspiel. Denn natürlich sind Witwen empfindsame Gemüter, und noch dazu überaus unterschiedliche. Während manche von uns vor allem ihre Ruhe wollen, sehnen sich andere nach Gesprächen. Die einen können nur apathisch herumsitzen, einige dagegen (ich!) müssen geradezu zwanghaft irgendetwas tun.

Damit dieses Kapitel einen Aussagewert besitzt, der über meine eigenen Neurosen hinausgeht, habe ich mich intensiv mit anderen Witwen und vor allem mit meiner geschätzten Kollegin Annette ausgetauscht, deren Mann kurz nach meinem gestorben war, ebenfalls nach schwerer Krankheit. Die folgende »Warnung vor der pissigen Witwe« ist also ein Gemeinschaftswerk. Es handelt sich damit weniger um eine Lektion, die ich lernte – sondern um eine, die wir gerne erteilen möchten. Und wenn das Folgende sehr schlecht gelaunt klingt: 'tschuldigung. Aber es sind immerhin hart ertrauerte Don'ts. Und weil sie auch von Witwen stammen, die um Frauen trauern, ist das hier natürlich für sie mitformuliert.

- Weil die Witwe noch aufrecht geht, muss sie sich recht bald nach dem Tod des Gatten/der Gattin anhören: »Dir geht's ja offensichtlich schon wieder ganz gut.« Kleiner Tipp: Einfach noch mal über diese Aussage nachdenken, insbesondere zwei Monate nach der Beerdigung. Kann das wirklich sein? Dasselbe gilt für die Frage: »Bist du schon drüber hinweg?«

- Auch beliebt: »Du siehst ja gut aus.« Mag sein, immerhin war man ja seit der Pubertät nicht mehr so dünn und niedlich verpeilt. Vielleicht ist es paranoid, einen Vorwurf im Lob zu hören. Aber die Ohren der Gattung Witwe sind sehr, sehr groß, ihre Witterung ausgeprägt. Also bitte vorsichtig mit Komplimenten. Gilt ebenso für: »Mann, bist du stark.« Die aufrechte Haltung ist vielleicht nur Schockstarre.

- Total verboten: Witwen ungefragt eigene Horror-Erfahrungen zumuten. Schon als unsere Männer/Frauen sehr krank waren, mussten wir uns schließlich ständig andere Leidensgeschichten anhören. Ist wohl so eine Art Talkshow-Syndrom, der Mensch will immer irgendetwas Passendes beitragen. Das ist bestimmt nett gemeint und irgendwie verständlich. Nur: Wir wollen es nicht hören. Und wir können es auch gar nicht mehr hören. Die Witwe hat leider null Energie, um auch noch die seltene Tumorerkrankung der Cousine einer Freundin einer Bekannten zu würdigen. Oder die Trauer anderer Witwen. Im Vorwort hatte ich bereits die ältere Dame erwähnt, die mir im Blumenladen kurz vor der Beisetzung zuraunte: »Das wird nie wieder gut.« Unter den Trauerzuschriften gab es ähnlich hoffnungsfreie Witwen-Aussagen. Einfach verkneifen. Man sagt ja auch niemandem, der gerade ein Bein verloren hat, dass er nun nie wieder ohne Prothese laufen wird und überhaupt diese Geschichte mit Kapitän Ahab nicht gut ausging.

- So eine Trauerfeier ist natürlich für die unterschiedlichsten Beteiligten eine perfekte Bühne, um sich der versammelten Verwandtschaft und dem Freundeskreis zu präsentieren. Es empfiehlt sich trotzdem nicht, auffällig herumzuknutschen, in aufreizender Kleidung zu erscheinen und alte Fehden lauthals auszutragen. Oder sich demonstrativ beleidigt in einer Ecke abzukapseln. Alles erlebt. Aber die Show sollte dieses eine Mal ganz allein dem/der Verstorbenen gehören. Ist ja seine/ihre letzte. Und das nächste runde Jubiläum kommt bestimmt.

- Extravagante Grabgaben sind nur bedingt willkommen. Schon bei den pinkfarbenen Gerbera sind Zweifel angebracht, wenn die Witwe sich ein »Ganz in Weiß«-Thema ausgesucht hat. Aber Schnittblumen verwelken immerhin. Schwieriger wird es mit Stauden wie dem Tränenden Herz, das Jahr für Jahr wieder losheult. Oder Blumenzwiebeln. Gänzlich verbieten sich unverwüstliche Gaben wie eine Skulptur aus Büchern, »weil der Mann ja so gerne las«.

- Fürsorge ist eine gute Sache. Wenn sie denn von einer gefestigten Persönlichkeit kommt. Eher kontraproduktiv ist jedoch, mit zitternder Stimme täglich anzurufen, um zu fragen, wie es so geht. Oder noch schlimmer: Selbst bei angeblichen Trostanrufen in Heulkrämpfe zu verfallen und zu sagen, man wisse auch nicht, wie das jetzt alles weitergehen solle.

- Nicht jeder Mann/jede Frau lebt wie ein Engel. Es macht die Witwe trotzdem sauer, wenn der Tod kommentiert wird mit: »Er/Sie hat aber auch viel geraucht/getrunken/ wenig Sport gemacht.« Liebe Gesundheitsfreunde, vor dem Sprechen einfach ein paar Burpees machen. Ihr bekommt diese Abfolge aus Kniebeuge, Liegestütze und Strecksprung sicher toll hin.

- Bitte auch keine Sprüche abliefern, die so klingen, als könnte man sie sticken. Etwa: »Wenn Gott eine Türe schließt, macht er ein Fenster auf«, »Die Zeit heilt alle Wunden«. Oder: »Lieber ein Ende mit Schrecken…« Da hilft es auch nicht, schnell Punktpunktpunkt zu sagen, wenn man selbst merkt, wie blöd das klingt. Das ultimative No-Go sind Ideen zum Seelen-Recyling. Also der Witwe, die zugleich Tante oder Oma wurde, zu sagen: Ein Leben geht, ein neues kommt. Ausnahme: Die Witwe ist Hindu.

- Es gibt Menschen, die ernsthaft erwarten, auf Trauerpost eine Antwort zu bekommen. Also nee. Irgendetwas im Leben – und sei es anlässlich des Tods des Partners – muss einfach mal umsonst sein.

- Überhaupt: Nicht sauer sein, wenn die Witwe sich zurückzieht. Trauerbegleiterin Chris Paul hat dafür ein schönes Bild: »Stellen Sie sich vor, dass hier eine Art ›Airbag‹ der Seele ausgelöst wurde, der den Trauernden eigentlich schützen soll und nun von allem und damit auch von Ihnen trennt.«

- Nehmen Sie der Witwe nicht alles an Arbeit und Entscheidungen ab. Schlimm genug, dass sie ihrem Mann/ihrer Frau nicht das Leben retten konnte. Behördengänge und andere Organisationsaufgaben vermitteln so etwas wie Kontrolle in einem entgleisten Leben.

- Verständnis ist eine gute Sache. »Ich weiß genau, was du jetzt durchmachst« klingt aber trotzdem seltsam, selbst von Witwe zu Witwe. Ist doch jede/r irgendwie anders. Carole Brody Fleet regt sich in ihrem Ratgeber *Widows Wear Stilettos* besonders über dieses vermeintliche Einfühlungsvermögen auf – und erzählt von einer Klassenkameradin ihrer Tochter (sechste Klasse), die eine Kondolenzkarte schrieb. Mit dem Spruch drauf: »Ich verstehe, wie du dich jetzt fühlst. Meine Ratte ist gestorben.«

- Bitte nicht erst eine Verabredung anvisieren, wenn die Witwe wieder auf dem Damm scheint. Suboptimal ist auch, als ersten Ort für ein Treffen nach dem Tod des Mannes eine Multimedia-Konferenz vorzuschlagen, »damit man sich endlich mal wieder sieht«.

- Die Witwe hat vielleicht geerbt (siehe Lektion 9). Deswegen hat sie aber noch lange nicht ausgesorgt, wie sie sich regelmäßig anhören muss. Merke: Witwenrente bekommt nur, wer extrem arm ist. Ansonsten steht im Rentenbescheid wie bei mir die unglaubliche, aber (ich schwöre!) genauso gedruckte Formulierung: »Sehr geehrte Frau Dr. Strohmaier, auf Ihren Antrag vom 24.8.2016 erkennen wir Ihren Anspruch auf große Witwenrente an. Die Rente ist ab dem 1.1.2017 (Rentenbeginn) nicht zu zahlen.«

- Einigermaßen verstörend für die Witwe ist, wenn bei jedem Treffen ausschließlich über den Verstorbenen geredet wird. Noch verstörender ist es, wenn der Mann nie erwähnt wird.

- Sosehr Diskretion im Umgang mit Witwen eine gute Idee ist: Zu viel davon ist auch nicht gut. So passiert es immer wieder, dass Fremde auf die Aussage, man sei Witwe, überhaupt nicht reagieren. Insbesondere Deutschen merkt man an, wie sehr sie sich sogar ein simples herzliches Beileid verkneifen, aus lauter Angst, es könnte platt klingen. Ein wahres und schier unglaubliches Beispiel: Als ich mir ein Jahr nach Volkers Tod in seiner geliebten Videothek erstmals wieder etwas auslieh (zwei Witwen-DVDs natürlich), meinte der Chef: »Ah, Sie stehen zwei Mal im System. Einmal unter Ihrem Namen und einmal unter Volker Gunske.« Ich: »Volker Gunske ist leider gestorben.« Er so:

»Ah, dann streich ich den mal aus der Datei!« Ich: »Das heißt eigentlich Beileid.« Er: »Ach, ich weiß ja nicht, wann der gestorben ist. Man kann doch nicht jeden kennen.« Ich: »Den sollten aber gerade Sie kennen, der war ein sehr guter Filmkritiker.« »Nie gehört.«

Lektion 30:

Witwe dafür füttern!

Eine kurze Bedienungsanleitung

- Wenn es einem wie so vielen Menschen angesichts des Todes die Sprache verschlägt: Ein simples »Herzliches Beileid« geht immer. Zur Not tut es auch ein Händedruck. Oder ein Blick.

- Noch besser: sich ein paar Gedanken dazu machen, was der/die Verstorbene für einen bedeutete. Etwa: »Er hat mir das Möhrenglasieren beigebracht.« »Sie hatte immer so überraschende Gedanken.« Eine Journalistin, mit der Volker sich früher oft sonntagmorgens im Kino Pressevorführungen ansah, schrieb mir, dass er mal nach einem besonders guten Film gesagt habe: »Das war Kino ohne Reue.« Das sei bis heute ihr Spruch nach jedem gelungenen Kinobesuch. Und meiner nun auch.

- Lob ob der beruflichen Fähigkeiten des Gatten hört die Witwe immer gerne. Wie die Frau eines verstorbenen Architekten, die mir mal einen Leserbrief schrieb. Sie berichtete, dass bei ihr viele Menschen angerufen hätten, die mit ihrem Mann gearbeitet hatten und erzählten, wie sehr sie ihn geschätzt hätten. »Es hat sogar gestandene Männer gegeben, die am Telefon geweint haben. Das war eigentlich das, was mir am meisten geholfen hat.«

- Auch gut: Fragen, wie und wo man den/die Verstorbene/n noch spürt. Oder wenn man ihn/sie nicht kannte: Was war das eigentlich für einer/eine?

- Besser als: »Wie geht's?« ist definitiv die Frage »Wie geht es dir HEUTE?« oder »Wie geht es dir mit der Situation?«. (Siehe Lektion 4)

- Weniger ist mehr: Zuhören ist besser als Ratschläge geben. Auch dann, wenn die Witwe immer wieder das Gleiche sagt. Sie braucht jetzt von Ihnen keine theologisch-philosophisch fundierten Grundsatzgedanken zum Tod. Einfach nur da sein reicht!

- Machen ist noch besser als reden. Mögliche Aktionen: Der Witwe Blumen vor die Tür stellen. Oder Kekse. Oder Schnaps. Oder noch besser: Veuve Clicquot.

- Gehen Sie zum Friedhof. Die Witwe freut sich, wenn der Mann/die Frau Gesellschaft hat. Fragen zur Grabgestaltung sind ebenfalls eine gute Idee. Tipps für einen guten Steinmetz erst recht!

- Eine Trauerkarte mag altmodisch scheinen, aber sie kommt sicher im Herzen an. Ob man Geld hineinlegen sollte, wie auf dem Dorf üblich? Wenn die Witwe arm ist, auf jeden Fall. Bevor man gar nicht schreibt, weil das mit der Karte kaufen/schreiben/Adresse erfragen/frankieren/einwerfen zu viel scheint: Eine Mail ist besser als nichts.

- Sie wollen, dass die Witwe sich nicht so allein fühlt? Sehr hilfreich ist es da zum Beispiel, eine zu große Ferienwohnung zu mieten und der Witwe zu sagen, sie könne einfach vorbeikommen, wenn sie Lust habe. Ein Zimmer sei stets frei für sie.

- Trauerliteratur schenken, die einem selbst geholfen hat. Oder überhaupt ein paar tröstliche/spannende/lustige Bücher.

- Die Witwe zum Babysitten einladen. In jedem Fall ist es nett, die Witwe hartnäckig zu gesellschaftlichen Events aller Art hinzuzubitten, auch wenn sie am Anfang vielleicht erst mal absagt. Bitte sehen Sie ihr das nach – auch wenn sie nicht als fünfte Person beim Doppelpärchenabendessen dabei sein möchte.

- Trauern ist eine Langstreckensache. Verpulvern Sie nicht gleich alle Energie. Die Witwe kann Sie viel länger brauchen, als Sie denken. Während Freunde und Angehörige schon wieder im Alltagstrott sind, ist die Witwe immer noch im Ausnahmezustand. Um es mit einer Spülmittelwerbung zu sagen: Während in Villarriba schon wieder gefeiert wird, wird in Villabajo noch getrauert. Die Witwe freut sich, wenn jemand an den Todestag, Geburtstag, Hochzeitstag der/des Verflossenen denkt.

- Ja, wir Witwen sind einerseits mimosig. Andererseits ist nur eins schlimmer, als der Witwe allerlei Blödsinn zuzumuten. Nämlich ihre Trauer komplett zu missachten. Was also sagen zu dem Elefanten im Raum? Im Zweifel gilt: Lieber das Vieh durchs Porzellan reiten, als es zu ignorieren.

Lektion 31:

So spaßig kann der Tod sein

Warum Volker beinahe mit Schnurrbart starb und man in Tirol zum Lachen auf den Friedhof geht

Nachdem Volker im künstlichen Koma auf der Intensivstation gelandet war, veränderte er sich optisch plötzlich. Nicht nur, weil sein Körper immer mehr aufschwemmte. Irgendetwas war auch los mit seinem Gesicht. Unter dem Sauerstoffschlauch, der in seine Nase mündete, wurde es immer dunkler. Nach ein paar Tagen fragte ich das Personal, das ihn Tag für Tag rasierte: »Kann es sein, dass Sie glauben, mein Mann habe ...?« Aber ja. Tatsächlich hatten die Schwestern und Pfleger ihm einen Oberlippenbart stehen lassen. »Wir dachten, der hätte immer schon einen.«

Ich hatte Volker Jahre zuvor mal gefragt, ob er jemals mit seiner Gesichtsbehaarung experimentiert habe. Nein, nie, nicht mal aus Spaß. Ich – damals schon besorgt, er könnte Wichtiges in seinem angezählten Leben verpassen – schenkte uns daraufhin eine Packung mit Anklebe-Exemplaren, nur so zum Gucken. Wir, na ja, insbesondere ich, haben uns prächtig amüsiert. Und nun das: ein echter Schnurres als Abschiedsgag. Ich gebe zu: Ich fand es trotz oder gerade wegen des Horrors der ganzen Situation wahnsinnig komisch.

Während und nach Volkers Sterben hatte ich manchmal allerdings ein schlechtes Gewissen, weil ich mich immer noch regelmäßig über alles Mögliche amüsierte, selbst über Klitzekleinkram. Wie über die Apotheke, in die ich mich häufiger denn je schleppte, um all das zu kaufen, was mir Freunde gegen meine alarmbedingten Zipperlein empfahlen, vom Wärmepflaster bis hin zu von meiner Nachbarin als Zaubertrank verehrten homöopathischen Beruhigungstropfen namens Calmvalera. Im Schaufenster bedankte man sich bei uns Kunden für einhundertfünfundzwanzig Jahre Treue. »Gerne doch«, dachte ich jedes Mal. »Fühl mich wirklich wie hundertsechzig.« Sogar die hartnäckige Flut flehender Mails, die Lieferdienste und Carsharing-Unternehmen an Volkers Adresse sandten, wirkten auf mich nicht nur verstörend, sondern auch erheiternd. Immer dieses »Komm zurück!«, »Zehn Euro Rabatt für die nächste Bestellung«, »Wir vermissen dich!«. Am liebsten hätte ich zurückgeschrieben: »Das Gefühl kenn ich!«

Tatsächlich lief und läuft nicht nur mein Humor angesichts des Todes auf Hochtouren. Endlos viele Scherze über Tote, Sterben und alles drum herum kursieren, sogar der angeblich beste Witz der Welt ist ein makabrer. Forscher der englischen Universität Hertfordshire hatten ihn 2002 kulturübergreifend ermittelt: Sitzen zwei Jäger auf dem Schießstand, einer kollabiert, der andere ruft den Notarzt. »Mein Freund ist tot. Was soll ich tun?« »Erst mal vergewissern Sie sich, dass er wirklich tot ist.« Man hört einen Schuss. Und dann den Anrufer fragen: »Okay, und jetzt?« Den Witz kannte ich schon, aber jetzt erst wurde mir der Überbau dazu klar. Tod und lachen, Galgen und Humor gehören zusammen wie Diäten und Fressattacken. Je verzweifelter, desto lustiger.

Was mir ebenfalls erst nach Volkers Tod bewusst wurde: Nicht nur er pflegte einen ganz besonderen finalen Humor (zur Erinnerung: Die letzte SMS des Aufgeschwemmten an mich endete mit »Fat Hug«), auch anderen Sterbenden ist zu ultimativen Scherzen zumute. Kürzlich machte sich jemand bei *Bild* die Mühe, die letzten Sätze Sterbender aus Social-Media-Kanälen zu fischen. Eine Geschichte stammt vom Reddit-User »secret-oldy« und handelt von seiner Mutter: »Als sie im Sterbebett lag, bedeutete sie mir, näher zu kommen. Dann sagte sie: ›Ich habe das Geld versteckt ... Ich habe es im ...‹ Aber sie konnte kaum sprechen, das Atmen fiel ihr schwer und ihre Stimme brach. Sie setzte noch einmal an: ›Das Geld ist im ...‹ – dann schloss sie die Augen, ihr Kopf fiel zur Seite.« Schließlich öffnete sie die Augen wieder. Und lachte. Ha! Prima Witzvorlage, dieser Tod.

Mindestens so oft wie solchen Scherzen begegnete ich bei meinen Recherchen Argumenten, die meinen Humor rechtfertigen. Überall Aufrufe von Sterbe-Experten, sich gerade in der existenziellsten aller Lebenslagen den Spaß nicht von moralischen Bedenken verderben zu lassen. So erklärt der Pädagoge und Künstler Christian Heeck, der eine Bewegung namens »Clinic Clowns« mitbegründete, regelmäßig in Interviews und Vorträgen, dass »Lachen etwas Erlösendes« habe. (Was es, um den Kalauer noch mitzunehmen, durchaus mit dem Tod gemein hat.) Die Ratgeber-Onkel Sogyal und Sunim wiederum empfehlen Humor auch im Angesicht des Grauens, weil er die Stimmung aufhelle, die Herzen öffne und uns »aus dem Griff unserer Gedanken« befreie. Wenn der Körper vom Bulldozer des Faktischen zermalmt wird, können wir wenigstens im Geiste noch etwas tänzeln. Oder, wie Sogyal schreibt: »Humor hilft, den Prozess des Sterbens in seine wahre, universelle Perspektive zu rücken.«

Auch als ich das Archiv der Staatsbibliothek nach Witwenbüchern durchforstete, stieß ich ständig auf Publikationen, die Sterben und Spaß zusammenbrachten. Manches davon klang in seiner wissenschaftlichen Trockenheit selbst unfreiwillig komisch, etwa *Humor, Kreditierung und Vertrauensaufbau in einem Erstgespräch nach Suizidversuch*. Ich lernte immerhin schon aus der Zusammenfassung, dass witzige Interventionen im Therapeutensprech »taktvolle Taktlosigkeit« heißen. Doch womit erheitert man einen Selbstmordversager? Vielleicht mit ein paar vergnüglichen Geschichten von Toden, die den Darwin-Award verdient haben, diesen seit 1994 in unregelmäßigen Abständen für besonders trottelige Abtritte verliehenen Preis. Mir gefällt zum Beispiel die Geschichte von einem Belgier, der für die Versicherung einen Überfall auf sich selbst vortäuschte – und sich dabei aus Versehen erstach. Oder die von einem deutschen Rentner, der den Maulwürfen im Garten per Strom den Garaus machen wollte. Und sich dabei selbst einen tödlichen Schlag verpasste. Da fühlt sich der Zu-doof-für-Selbstmord-Kandidat sicher gleich weniger schusslig.

Ich fand im Archiv der Staatsbibliothek auch eine Sonderausgabe des deutschen Trauer-Fachmagazins *Leidfaden* (schon der Name ein Jux). Einer der Texte versammelt die Erfahrung von Seelsorgern sowie Palliativ- und Altenpflegern. Demnach machen Patienten und Angehörige sich sogar über entstellende Tumore oder Peniskrebs lustig. Es scheint die Regel zu gelten: Je größer die Not, desto krasser die Scherze. Und je oller, desto doller. Meine Lieblingsanekdote handelt von einem Zweiundneunzigjährigen, der mit offener Hose über den Altersheim-Flur läuft. Von der Pflegerin darauf angesprochen, antwortet er mit tragender Stimme: »Da, wo ein Toter ruht, da lass ein Fenster offen.«

Auf mich jedenfalls wirkte schon während Volkers langer Krankheit ein guter Scherz wie eine kleine Glückspille, gegen Ende war ich geradezu süchtig danach, freute mich über aufmunternde Bücher wie eines mit dem Titel *Makabre Witze*, das mit dem Sticker »GARANTIERT PIETÄTLOS« versehen war. Beispiel aus dem Inhalt: »Schwarzer Humor ist wie Essen. Hat nicht jeder.« Meine Freunde glücklicherweise schon, von denen einige sogar ein *Titanic*-Abo besitzen. Mit ihnen traf ich mich in den harten Zeiten am allerliebsten. In Volkers Sterbemonat kam das Satiremagazin mit einem überaus passenden, wenn auch eher mauen Titel daher. Auf einem Foto der Kanzlerin stand groß: »Merkel muss sterben*«, und klitzeklein unten als Auflösung: »*irgendwo, irgendwie, irgendwann«. Ich hielt mich jedenfalls an die Proportionalitätsregel, dass größere Not noch erfinderischer bei der Humorproduktion macht. Meine Rundmails zu Volkers Gesundheitszustand waren aus Versehen ziemlich gute Texte. Als wäre im Kontrast zum Tod jeder kleine Witz eine Großtat.

Ich habe allerdings schon früh meinen schwarzen Humor trainiert, als Teenager ging ich gerne zum Kiffen und Lachen auf den Friedhof. Auf dem Höhepunkt meiner Punk-Pubertierphase posierte ich mal abwechselnd mit einer Freundin – während des Sonntagsgottesdienstes !!! – halb nackt auf Gräbern, unter anderem mit Kränzen in Siegerpose. Auch wenn sie mir peinlich sind, habe ich ein paar Fotos der Serie in mein Kindheitsalbum geklebt. Auf einem verrenke ich mich im türkisfarbenen Badeanzug auf dem Grabstein eines Ehepaares namens Busen. Insofern sollte ich wohl dringend endlich wie zweihunderttausend andere Menschen im Jahr ins meistbesuchte Museum Tirols pilgern. Dabei handelt es sich um einen Friedhof in Kramsach, der einhundert Grabkreuze mit lustigen und kuriosen Sprüchen versammelt. Wie: »Hier ruht in Gott Adam Lentsch. 26 Jahre lebte er als Mensch u. 37 Jahre als Ehemann«.

Außerdem muss ich noch ins rumänische Dorf Săpânța, wo es einen »fröhlichen Friedhof« voller bunter Kreuze gibt. Auf ihnen wird in Bild und Schrift das Leben der Toten erzählt. Da steht etwa: »Wer viel Schnaps trinkt, gleich mir ins Grab springt.« Und anschließend geht's nach Hicksville, Ohio. Dort stehen auf einem Grab eines gewissen Archie A. Arnold zwei Parkuhren, deren Zeit abgelaufen ist. Ich bin prädestiniert, ihm da nachzueifern: Immerhin wohnt in meiner Wohnung auch schon seit fast dreißig Jahren eine Parkuhr, ein Geschenk einer ganz großen Liebe, eines Schlossers, der daraus eine Lampe gebastelt hatte. Taugt sicher auch als Beleuchtung für Volkers Grabstadion, sollte ich mich noch dazulegen (siehe Lektion 3).

Was ist Humor? Laut Duden die »Fähigkeit und Bereitschaft, auf bestimmte Dinge heiter und gelassen zu reagieren«. Genau das ist es, was Volker und ich in all den Jahren mit dieser Krankheit mal mehr, mal minder erfolgreich versuchten. Der Fotobeweis findet sich auf seinem Schwerbehindertenausweis. Für die Aufnahmen schaute er extra debil drein. »Bin ja behindert!« Auch ich durfte darüber Witze machen, wobei wir uns auf ein Kontingent von zwei Behinderten-Witzen im Monat einigten. Einen der – wie wir sagten – »Hinnis« verpulverte ich meist damit, dass ich über den Zusatz »Retard« (englisch für Spasti/Volldepp) auf seinen Tabletten lachte.

Noch etwas wird mir gerade beim Schreiben erst klar: Während Volker ab 2009 versuchte, sich mit seinem neuen Leben als Lebertransplantierter zu arrangieren, beschäftigte ich mich genau ab diesem Jahr höchstwissenschaftlich damit, ob und wie man eigentlich witziger und lässiger werden kann. Was am Thema meiner Doktorarbeit lag, in der ich erforschte, wie man lernt, Berliner zu sein, Schnauze inklusive. Zufall? Meiner Freundin Heike zufolge, ebenfalls Journalistin, schreibt man unbewusst immer über etwas, das einen tief im Innersten beschäftigt. Das tat ich mit meiner Dissertation wohl auch. Schließlich ging es darin ums Überleben im Großstadtmoloch. In Berlin hilft dabei vor allem, sich jene berühmte Schnoddrigkeit anzueignen, die manche Zugezogene gar nicht lustig, sondern nur unmöglich finden. Um sich dauerhaft in der deutschen Hauptstadt wohlzufühlen, muss man aber verstehen, dass es komisch gemeint ist, wenn im Café an der Kuchenvitrine ein Zettel hängt, auf dem steht: »Das ist keine Touchpad-Theke. Antippen bringt nichts!«

Viele Zugezogene (meine Mutter und ich inklusive) behaupten jedenfalls, in Berlin schlagfertiger geworden zu sein, berlinischer. Ob das hilft, um mit dem Tod lässiger umzugehen? Vielleicht. In dem Jahr, als Volker starb, traten nicht nur etliche Prominente von der Bühne des Lebens ab, sondern auch unser Putzmann Herr Biernoth, ein Urberliner mit entsprechendem Humor. Der Kolumnist der *Berliner Zeitung* Jochen-Martin Gutsch, für den Biernoth auch zum Essigreiniger griff, schrieb einen traurig-komischen Nachruf. Darin erinnert er sich, wie der eigentlich schon verrentete Mann erstmals zu ihm in den vierten Stock hochgeschnauft kam und versicherte: »Hammse mal keene Angst, ick werd' hier nich krepieren. Ick bin fit.« Mir hatte er beim letzten Putzen noch zu Volkers Tod kondoliert. Und gesagt: »Wenn ick mal sterbe, dann sterbe ick halt, und dann ist vorbei. Dit seh ick janz nüchtern.« Vier Wochen später war er tot.

Wenn Beten nichts hilft und ein Leben nach dem Tod eine spinnerte Idee scheint, was bleibt dann auch, außer Witze zu reißen? Sag ich mal so, als Atheistin. Es ist wohl kein Zufall, dass der Spaß in die Welt kam, als Gott langsam an Bedeutung verlor. Zumindest zeige ich in meiner Doktorarbeit, dass Berliner Schnauze lernen bedeutet, ein Verhalten anzunehmen, das wahrscheinlich aus Zeiten des großen Aufklärers Friedrichs II. stammt. Der Alte Fritz, der auch nicht an ein Leben nach dem Tod glaubte, verkörperte mit seinem legendären und in vielen Erzählungen verbreiteten Witz idealtypisch das Berlinertum. Sein Credo: Spaß bis zum bitteren Ende. 1780 schrieb der Achtundsechzigjährige an einen Freund über seine Zipperlein: »Aber diese ganze Prozession von Krankheiten und Gebrechen raubt mir meine Heiterkeit nicht, und ich werde mich mit lachendem Antlitz begraben lassen.«

Ausgelassene Fröhlichkeit war zuvor jahrhundertelang von der Kirche geächtet worden. Es gibt aus der Zeit zwischen 1650 und 1750 ernsthafte historische Abhandlungen über die Erfindung des »guten Lachens«. Es ist also nicht selbstverständlich, dass ich hier so gottlos vor mich hin kichern darf. »Witwe« kommt übrigens in meinem etymologischen Wörterbuch direkt vor »Witz«.

Über uns Witwen macht man sich natürlich auch lustig, unter anderem mit Sprüchen wie: »Lieber der zweite Ehemann einer Witwe als der erste.« Wobei unsere Humor-Sternstunde schon etwas zurückliegt, siehe Witwe Bolte (1865) und *Die lustige Witwe* (1905). Höchste Zeit, dass wir selbst in die Bresche springen. Und natürlich ignorieren, was der Satiriker Gabriel Laub einst zur Behandlung »schreiblustiger Witwen« vorschlug. Er schrieb 1978: »Vielleicht sollte man mit ihnen nachträglich Scheidungsprozesse veranstalten und sie aufgrund postmortaler seelischer Grausamkeit zur Trennung vom Schreibtisch verurteilen.« Das kann er mal schön vergessen, der alte Grantler. Eh längst tot. Wobei selbst in mir eine paar Beamte der Spaßpolizei regelmäßig Dienst schieben – und die Krankenschwester gerade rechtzeitig zur Rasur drängten. Volker durfte ohne Schnurrbart sterben.

Ach so, ein Ende braucht das Buch natürlich auch noch, quasi die Moral aus 31 Lektionen. Ein klassischer Fall für Volker eigentlich. Voooooolker!?? Fehlt natürlich immer noch, der Gute. Oder, um es mit dem Bestatter zu sagen: »Machen wir uns nichts vor. Ist wie ein Finger, der einem abhandenkommt. Wächst nicht mehr nach.« Ob Volker jetzt mal wieder den perfekten Schluss-Gag auf Taste hätte? Wahrscheinlich, hatte er doch gerne das letzte Wort. Möglicherweise würde er einfach das sagen, was er, der Profi-Cineast, stets über Filme behauptet hat, nämlich: »Immer dieses Gewese um das Ende. Das ist doch völlig austauschbar. Wichtig ist nur, was vorher passiert.«

Quellen

Johanna Adorján (2016): Porträt eines Bestatters – »Ich träume nicht von Toten«. In: *Süddeutsche Zeitung*. Online veröffentlicht am 5. Juli. Verfügbar unter sueddeutsche.de/panorama/portraet-eines-bestatters-ich-traeume-nicht-von-toten-1.3574904?reduced=true.

Klaus Aurnhammer, Martina Kern (2013): Humor in der Sterbebegleitung – ist das möglich? In: *Leidfaden*. Jg. 2, Nr. 4, S. 4–11, S. 9. Online verfügbar unter v-r.de/pdf/titel_leseprobe/1011526/9783647806044.pdf.

Fiona Barton (2016): *Die Witwe. Ein liebender Ehemann oder ein kaltblütiger Mörder... Was weiß sie wirklich?* Reinbek: Rowohlt.

Antonia Beckermann (2010): Nachdenken über den Tod – oder Leben bis zuletzt. In: *Welt*. Online veröffentlicht am 19. November, verfügbar unter welt.de/debatte/kolumnen/Meine-Woche/article10993850/Nachdenken-ueber-den-Tod-oder-Leben-bis-zuletzt.html.

Bertolt Brecht (1990/1967): Die unwürdige Greisin. In: Ders.: *Die unwürdige Greisin und andere Geschichten*. Frankfurt am Main: Suhrkamp, S. 167–172.

Jörg Burger (2017): Alkohol. In: *Zeitmagazin*, Nr. 40. Interview mit den Alkoholforschern Steven Dooley und Helmut Seitz. Online verfügbar unter zeit.de/zeit-magazin/2017/40/alkoholkonsum-gesundheit-rot-wein.

Bürgerliches Gesetzbuch, Buch 5 Erbrecht. Online verfügbar unter gesetze-im-internet.de/bgb/.

Ulrich Clement (2015): *Think Love. Das indiskrete Fragebuch*. Berlin: Rogner & Bernhard.

Helen Creese (2001): Ultimate loyalties. The self-immolation of women in Java and Bali. In: *Bijdragen tot de Taal-, Land- en Volkenkunde, Old Javanese texts and culture.* Bd. 157, Nr. 1, S. 131–166, S. 161 f. Online verfügbar unter https://bit.ly/2HbADEY.

Stan Czech (1948): *Franz Lehár. Sein Weg und sein Werk*, Wien: o.V. Zitiert nach Anton Mayer (2005): *Franz Lehár. Die lustige Witwe. Der Ernst der leichten Muse.* Wien: Edition Steinbauer, S. 73.

Arne Dekker, Silja Matthiesen (2015): Studentische Sexualität im Wandel: 1966 – 1981 – 1996 – 2012. In: *Zeitschrift für Sexualforschung.* Jg. 28, Nr. 3, S. 245–271.

Joan Didion (2006/Orig. 2005): *Das Jahr magischen Denkens.* Berlin: Claassen.

Caitlin Doughty (2016/Orig. 2014): *Fragen Sie Ihren Bestatter. Lektionen aus dem Krematorium.* München: C.H. Beck. Ihr in Lektion 11 zitiertes Mission Statement findet sich auf orderofthegooddeath.com/about.

Donald Dutton, Art Aron (1974): Some evidence for heightened sexual attraction under conditions of high anxiety. In: *Journal of Personality and Social Psychology.* Bd. 30, Nr. 4, S. 510–517.

Erik H. Erikson (1966/Orig. 1959): *Identität und Lebenszyklus.* Frankfurt am Main: Suhrkamp.

Isabel Fannrich (2011): Kinder des Zweiten Weltkrieges. Sendung im *Deutschlandfunk* über die Forschung der Historikerin Barbara Stambolis. Manuskript online veröffentlicht am 15. September unter deutschlandfunk.de/kinder-des-zweiten-weltkrieges.1148.de.html?dram:article_id=180823.

Carole Brody Fleet, Syd Harriet (2009): *Widows Wear Stilettos. A Practical and Emotional Guide for the Young Widow.* Far Hills: New Horizon, S. 17, 52 f.

Michael Frei, Konrad Michel, Ladislav Valach (2013): Humor, Kreditierung und Vertrauensaufbau in einem Erstgespräch nach Suizidversuch. In: *Forum der Psychoanalyse.* Bd. 29, Nr. 2, S. 181–200.

Friedrich der Große an d'Alembert (Jean-Baptiste le Rond), Brief vom 1. August 1780. In: *Historische, militärische und philosophische Schriften, Gedichte und Briefe.* Köln: Anaconda 2006. Online verfügbar unter gutenberg.spiegel.de/buch/briefe-5327/80.

Mary Elizabeth Frye (1932): Don't stand at my grave and weep. Auf: *The hypertext.* Verfügbar unter thehypertexts.com/Mary%20Elizabeth%20Frye%20Poet%20Poetry%20Picture%20Bio.htm.

Karlheinz A. Geissler, Jonas Geissler (2017): *Time is honey. Vom klugen Umgang mit der Zeit.* München: Oekom, S. 187, 233, 244.

Robert Gernhardt (2004/1999): Ach. In: Ders.: *Lichte Gedichte.* Frankfurt am Main: Fischer, S. 206.

Elizabeth Gilbert (2010/Orig. 2006): *Eat Pray Love. Eine Frau auf der Suche nach allem quer durch Italien, Indien und Indonesien.* Berlin: Berliner Taschenbuchverlag.

Cynthia Gorney (2017): Leben ohne ihn. In: *National Geographic.* Februar, S. 80–105.

Leeat Granek (2017): Is Grief a Disease? The Medicalization of Grief by the Psy-Disciplines in the 21st Century. In: Thompson, Neil and Gerry R. Cox (Hrsg.): *Handbook of the Sociology of Death, Grief, and Bereavement – A Guide to Theory and Practice.* New York/London: Routledge, S. 264–277.

Dietmar Grieser (1985): *Begegnungen mit Künstlerwitwen.* München: Langen-Müller, S. 7.

Agneta Grimby, Asa Johansson (2009): Factors Related to Alcohol and Drug Consumption in Swedish Widows. In: *American Journal of Hospice and Palliative Medicine.* Bd. 26, Nr. 1, S. 8–12.

Joachim Groh (2013): *100 Dinge, die man einmal im Leben getan haben sollte.* Germering: Groh.

Melanie Gruschewitz (heute Probst) (2009): *Yoga als ein Konzept zur Trauerbewältigung in der Erwachsenenbildung.* Diplomarbeit an der Johannes Gutenberg Universität Mainz. Die in Lektion 13 beschriebenen Trauer-Übungen stammen aus einem E-Mail-Wechsel aus dem Oktober 2017.

Volker Gunske (1988): Zeit der Tränen – Das Drama der 70er Jahre auf dem Land. In: *die tageszeitung.* 27. Juli, S. 21. Online verfügbar unter taz. de/!1804276.

Jochen-Martin Gutsch (2016): Bach, Händel, Haydn und Herr Biernoth. In: *Berliner Zeitung.* Online veröffentlicht am 9. Oktober. Verfügbar unter berliner-zeitung.de/kultur/leo---gutsch-bach--haendel--haydn-und-herr-biernoth-24864876.

Heinrich Heine (1974): *Lutetia – Berichte über Politik, Kunst und Volksleben.* Berlin: Aufbau. Online verfügbar unter gutenberg.spiegel.de/buch/-381/1.

The Highwaymen/Jimmy Webb (1985): »Highwayman«, Song auf dem Album *Highwayman* der Supergroup von Waylon Jennings, Willie Nelson, Johnny Cash und Kris Kristofferson, produziert von Chips Moman. Nashville: Columbia Nashville.

How Many People Have Ever Lived on Earth? (2018). Schätzung des Datensammelinstituts *PRB*, Stand 9. März. Online verfügbar unter prb.org/howmanypeoplehaveeverlivedonearth/.

International Widows' Day 23 June: Webseite der UN zum internationalen

Tag der Witwen, verfügbar unter un.org/en/events/widowsday/background.shtml.

John Irving (1998/Orig. 1989): *Owen Meany*. Zürich: Diogenes.

Balli Kaur Jaswal (2018/Orig. 2017): *Geheime Geschichten für Frauen, die Saris tragen*. München: Goldmann.

C. G. Jung (1967/1958): *Gesammelte Werke 08. Die Dynamik des Unbewussten*. Olten: Walter, S. 478.

Stefanie Kara (2012): »Wie wir ticken«. Text über unser Zeitgefühl mit Zitaten des Psychologen und Zeitforschers Marc Wittmann. In: *Die Zeit*, Nr. 50. Online verfügbar unter zeit.de/2012/50/Zeitwahrnehmung-Psychologie.

Dorothea Kehler (2009): *Shakespeare's Widows*. New York [u.a.]: Palgrave Macmillan.

Lilly Kemmler, Julia Ermecke, Oliver Wältermann (2004): Kriegerwitwen. In: *Report Psychologie*. Bd. 4, S. 234–244, S. 239. Die Abhandlung beruht auf Interviews aus dem Jahr 1988/89. Online verfügbar unter psydok. psycharchives.de/jspui/bitstream/20.500.11780/3564/1/report_psychologie_04-2004_1.pdf.

Greg Kocher (2016): Jackson County Man Shot. In: *Lexington Herald Leader*. Online veröffentlicht am 19. August. Verfügbar unter kentucky.com/news/local/crime/article96691232.html.

Irmela Körner (1997): *Witwen, Biographien und Lebensentwürfe*. Ostfildern: Patmos, S. 9 f.

Marie Kondo (2018/Orig. 2011): *Magic Cleaning. Wie richtiges Aufräumen Ihr Leben verändert*. Reinbek: Rowohlt, S. 27.

Gabriel Laub (1995): *Je kleiner der Unterschied… Satiren*. München: Langen-Müller, S. 175.

Hanns G. Leachter (Hrsg.) (2017): *Makabre Witze*. München: Bassermann.

Susan Hagood Lee (2006): *Rice plus. Widows and economic survival in rural Cambodia*. New York/London: Routledge, S. 46 f.

Franz Lehár (Komponist), Victor Léon/ Leo Stein (Librettisten) (1905): *Die lustige Witwe*. Rechte bis 2018 bei Felix Bloch Erben GmbH. Das Libretto findet sich online unter www.aria-database.com/translations/lustige_witwe.txt.

Antoine Leiris (2016): *Meinen Hass bekommt ihr nicht*. München: Blanvalet. Leiris' berühmter Facebookpost ist nachzulesen unter facebook.com/antoine.leiris/posts/10154457849999947?fref=nf&pnref=story.

Clay Leland & Co (1855): *The Illustrated Manners Book. A Manual of Good Behavior and Polite Accomplishments.* New York: Stringer & Townsend. S. 157.

Thomas Macho, Kristin Marek (Hrsg.) (2007): *Die neue Sichtbarkeit des Todes.* München: Wilhelm Fink.

Margareta Magnusson (2018/Orig. 2017): *Frau Magnussons Kunst, die letzten Dinge des Lebens zu ordnen.* Frankfurt am Main: S. Fischer.

Tilar J. Mazzeo (2013/Orig. 2008): *Veuve Clicqot. Die Geschichte eines Champagner-Imperiums und der Frau, die es regierte.* München: Deutscher Taschenbuch-verlag, S. 259.

Mikey Mike (2017): *Doin' me.* Single, produziert von Rick Rubin. Los Angeles: Warner Bros.

Kristin Neff (2012/Orig. 2011): *Selbstmitgefühl – Wie wir uns mit unseren Schwächen versöhnen und uns selbst der beste Freund werden.* München: Kailash, S. 20.

Robert A. Neimeyer (2017): Grieving and Excercise. Gepostet auf *ask. aftertalk.com* am 27. März. Verfügbar unter ask.aftertalk.com/grieving-and-exercise.

Connie Palmen (2001/Orig. 1999): *I.M. Ischa Meijer. In Margine. In Memorian.* Zürich: Diogenes.

Jean Paul (1848): *Jean Paul's sämmtliche Werke.* Berlin: Reimer, Bd. 31, S. 80.

John Parkin (2016): *Fuck it! Mach nur noch, was du gerne tust, und es ist egal, welchen Job du hast.* Kreuzlingen/München: Ariston.

Paulus (2016/1. Jh. n. Chr.): »Stand der Witwen«, Brief an Timotheus. In: Einheitsübersetzung der Heiligen Schrift, Stuttgart: Katholische Bibel-anstalt, Timotheus 5, 5–10. Online verfügbar unter bibleserver.com/text/EU/1.Timotheus5.

Chris Paul (2017): *Ich lebe mit meiner Trauer.* Gütersloh: Gütersloher Verlagshaus, S. 23, 41, 68, 85, 145, 155, 179f., 199, 222. Weitere Zitate stammen von einem Treffen in Bonn am 1. September 2017, das in Lektion 20 beschrieben wird.

Dies. (2017): *Wir leben mit deiner Trauer. Für Angehörige und Freunde.* Gütersloh: Gütersloher Verlagshaus, S. 33, 52.

Nolan Peterson (2016): Why soldiers miss war. Auf: *Dailysignal,* 6. Januar. Verfügbar unter dailysignal.com/2016/01/06/why-soldiers-miss-war

Ilka Piepgras (2018): *Wie ich einmal auszog, den Tod kennenzulernen, und dabei eine Menge über das Leben erfuhr.* München: Droemer, S. 16.

The Police/ Sting (1983): »Synchronicity I«. Song auf dem Album *Synchronicity,* produziert von Hugh Padgham. Los Angeles: A&M Records.

Richard Pringle (2017): The 10 Most Important Things I've Learnt Since Losing My Son. Post auf *Facebook* vom 23. August. Verfügbar unter facebook.com/photo.php?fbid=1641530639215060&set=a.168874153147390.36258.100000744204406&type=3&theater

Melanie Probst, siehe Melanie Gruschewitz.

Elisabeth Raether (2014): Unsere Heldinnen in der Zeit. Barbe-Nicole Clicquot-Ponsardin. In: *Zeitmagazin*, Nr. 5. Online veröffentlicht am 23. Januar. Verfügbar unter zeit.de/2014/05/frauen-barbe-nicole-clicquot-ponsardin.

Alexandra Reinwarth (2016): *Am Arsch vorbei geht auch ein Weg. Wie sich dein Leben verbessert, wenn du dich endlich locker machst.* München: Mvg.

Dies. (2017/2013): *Ommh Arsch vorbei geht auch ein Weg. Wie man den Sinn des Lebens findet, indem man aufhört, danach zu suchen.* München: Mvg.

Christiane Salm (2013): *Dieser Mensch war ich. Nachrufe auf das eigene Leben.* München: Goldmann.

Dies. (2017): *Weiterleben. Nach dem Verlust eines geliebten Menschen.* München: Goldmann.

Sheryl Sandberg, Adam Grant (2017): *Option B. Facing Adversity, Building Resilience, and Finding Joy.* New York: Alfred A. Knopf, S. 38.

Antonio Sausys (2015): *Seelen-Yoga. Mit einfachen Übungen Verlust und Trauer überwinden.* München: Droemer Knaur, S. 52, 104.

Henning Scherf, Annelie Keil (2016): *Das letzte Tabu. Über das Sterben reden und den Abschied leben lernen.* Freiburg im Breisgau: Herder.

Werner Schneider (2017): Bürgerbewegte Ehrenamtlichkeit in der Hospizarbeit von morgen. In: Lukas Radbruch (u.a.) (Hrsg.): *Ehrenamt in allen Facetten. Einblicke in den Einsatz Ehrenamtlicher in Palliative Care aus sieben Ländern.* Bonn: Pallia MedVerlag, S. 21–28. Schneiders wörtlichen Zitate in Lektion 11 stammen aus einem Mailwechsel aus dem Juli 2017.

Felicitas Seidlers Schmuckladen firmiert im Internet unter felicious.com. Der Instagram-Post zu dem Anhänger, den die Goldschmiedin aus den Eheringen von Brenda und Volker erschuf, stammt vom 5. September 2017. Verfügbar unter instagram.com/p/BYp76ZGgoQO/?taken-by=felicious.jewellery

Emily Smith (2017): »Exclusive – Beau Biden's widow having affair with his married brother« In: *New York Post*. Online veröffentlicht am 1. März auf pagesix.com/2017/03/01/widow-of-joe-bidens-deceased-son-having-affair-with-brother-in-law-hunter/.

Patti Smith on how she copes with death (2017). Interview mit ABC vom 17. April. Der Link des Senders funktioniert nicht mehr (Stand Juni 2018), aber das Video ist noch online verfügbar unter blackrebelmotorcycleclub. com/askian/patti-smith-copes-death/.

Sogyal Rinpoche (2013/Orig. 1992): *Das tibetische Buch vom Leben und vom Sterben. Ein Schlüssel zum tieferen Verständnis von Leben und Tod.* München: Knaur, S.26, 38 f., 55 ff., 81 ff., 212, 267 ff.

Brenda Strohmaier (2000): Gehen wir zu uns oder euch? Ein paar heterosexuelle Aha-Erlebnisse zum CSD. In: *Siegessäule*, Nr. 6, Juni, S. 24–25.

Dies. (2012): Die ewigen Zeitnöte. In: *Welt am Sonntag.* Nr. 11, 11. März, S. 67.

Dies. (2010): Erweiterung der Festplatte. In: *Die Welt.* 4. März, S. 2. Online verfügbar unter welt.de/debatte/kolumnen/Meine-Woche/article6635285/ Festplatten-Upgrade-fuer-Smartmenschen.html

Dies. (2013): Vegane Essstörung. In: *Welt am Sonntag.* Nr. 33, 18. August, S. 57. Online verfügbar unter welt.de/lifestyle/article119234920/Wenn-Veganismus-zur-Essstoerung-wird.html.

Dies. (2013): Plötzlich verheiratet. In: *Welt am Sonntag.* Nr. 43,. 27. Oktober, S. 69. Online verfügbar unter welt.de/print/wams/lifestyle/article121250790/ Ploetzlich-verheiratet.html.

Dies. (2014): *Wie man lernt, Berliner zu sein. Die deutsche Hauptstadt als konjunktiver Erfahrungsraum.* Frankfurt/New York: Campus.

Dies. (2015): Umsteigen ist das neue Aufsteigen. In: *Welt am Sonntag.* Nr. 4, 25. Januar, S. 55. Online verfügbar unter welt.de/print/wams/lifestyle/ article136742992/Umsteigen-ist-das-neue-Aufsteigen.html.

Dies. (2015): »Warum nicht beim Fernsehen einschlafen?« Der Schlafforscher Ingo Fietze räumt mit ein paar Vorurteilen zum Thema Schlafhygiene auf. In: *Welt am Sonntag.* Nr. 7, 15. Februar, S. 53.

Dies. (2015): Ordnung ist das ganze Leben. In: *Welt am Sonntag.* Nr. 10, 8. März, S. 53. Online verfügbar unter welt.de/icon/article138330920/ Ich-habe-endlich-aufgeraeumt-mit-der-Kondo-Methode.html.

Dies. (2015): Schöner manipulieren. In: *Welt am Sonntag.* Nr. 20, 17. Mai, S. 55. Online verfügbar unter: welt.de/icon/article141128427/So-machen-Ihre-Mitmenschen-was-Sie-wollen.html.

Dies. (2015): Ausstieg aus der Kohle. In: *Welt am Sonntag.* Nr. 29, 19. Juli, S. 50. Online verfügbar unter: welt.de/icon/article144230254/Mit-diesen-drei-Hightech-Grills-geht-s-auch-ohne-Kohle.html.

Dies. (2015): Und der Privatjet ist auch zu klein. In: *Welt am Sonntag.* Nr. 42,

8. Oktober, S. 56. Online verfügbar unter welt.de/icon/article147740156/
Und-der-Privatjet-ist-auch-eine-Nummer-zu-klein.html.

Dies. (2015): Hier werden Sie geholfen. In: *Welt am Sonntag*. Nr. 48, 29. November. Online verfügbar unter welt.de/icon/article149386677/Wie-
Wohltaetigkeit-auch-den-Wohltaetigen-hilft.html.

Dies. (2016): Fluch dich frei. In: *Welt am Sonntag*. Nr. 9, 28. Februar, S. 63.
Online verfügbar unter welt.de/icon/article152759426/Sie-sollten-ein-
fach-haeufiger-das-F-Wort-sagen.html.

Dies. (2017): »Körperarbeit ist Identitätsarbeit«. Der Sportsoziologe Robert
Gugutzer über die Selbstpflege. In: *Welt am Sonntag*. Nr. 7, 12. Februar,
S. 3.

Dies. (2017): Wo bitte geht's zur SPD? In: *Welt am Sonntag*. Nr. 9, 26. Februar, S. 61. Online verfügbar unter welt.de/icon/partnerschaft/
article162420075/Bei-uns-ist-das-eben-wie-bei-den-Freimaurern.html

Dies. (2017): Schach dem Videogame! In: *Welt am Sonntag*. Nr. 18, 30. April, S 67.
Online verfügbar unter welt.de/icon/partnerschaft/article164235355/
Raeumt-die-Playstation-weg-Schach-ist-jetzt-in.html.

Dies. (2017): Guten Tag, was ist der Sinn des Lebens? In: *Welt am Sonntag*. Nr.
24, 11. Juni, S. 64. Online kostenpflichtig verfügbar unter welt.de/icon/
partnerschaft/plus165495102/Sieben-Antworten-auf-die-Frage-nach-
dem-Sinn-des-Lebens.html.

Dies. (2017): Das neue Beer. In: *Welt am Sonntag*. Nr. 28, 9. Juli, S. 13.
Online kostenpflichtig verfügbar unter welt.de/icon/essen-und-trinken/
plus166774815/Wieviel-Kraft-hat-das-Craft.html.

Dies. (2017): Kurz vor Sex. In: *Welt am Sonntag*. Nr. 30, 23. Juli, S. 63. Online kostenpflichtig verfügbar unter welt.de/icon/partnerschaft/
plus166954899/Die-neue-sexuelle-Abenteuerlust-der-Frauen.html.

Dies. (2017): Nicht zu schnell vergeben! Der koreanische Mönch Haemin
Sunim gibt einfache Antworten auf komplizierte Fragen. In: *Welt am Sonntag*. Nr. 39, 24. September, S. 65. Online verfügbar unter welt.de/icon/
partnerschaft/plus169130553/Dieser-Moench-loest-die-Probleme-unse-
res-Alltags.html.

Dies. (2017): Die Frau, die Champagner zur Witwe machte. In: *Icon*. 10. Dezember, S. 90. Online verfügbar unter welt.de/icon/essen-und-trinken/
article171746250/Veuve-Clicquot-Champagner-und-die-Geschichte-der-
Witwe.html.

Dies. (2018): Da geht noch was! In: *Welt am Sonntag*. Nr. 1, 7. Januar, S. 59.

Online verfügbar unter welt.de/icon/partnerschaft/article172200210/ Altersfragen-Wie-mache-ich-mich-mit-ueber-50-noch-interessant.html.

Dies. (2018): Sex-Utopia Berlin. In: *Welt am Sonntag.* Nr. 8, 25. Mai. Online kostenpflichtig verfügbar unter welt.de/icon/partnerschaft/ plus174003272/Generation-Porno-Die-Orgie-als-Grenzerfahrung.html.

Brenda Strohmaier, Dagmar von Taube (2017): Auf Safari zum Selbst. In: *Welt am Sonntag.* Nr. 7, 12. Februar, S. 2–3. Online verfügbar unter welt.de/ icon/fitness/article162072295/Der-Healster-ist-der-neue-Hipster.html.

Armin Strohmeyr (2016): *Uns gehört die Welt: Schreibende Frauen erobern die Fremde.* München: Piper, S. 131.

Haemin Sunim (2017): *Die schönen Dinge siehst du nur, wenn du langsam gehst.* München: Scorpio, S. 42, 96.

Richard G. Tedeschi, Lawrence G. Calhoun (1995): *Trauma and Transformation. Growing in the Aftermath of Suffering.* Newbury Park: Sage.

The world's funniest joke – Webseite über die Ermittlung des weltlustigsten Witzes von Richard Wiseman. Verfügbar unter richardwiseman.com/ LaughLab/.

Tomi Tuel (2007): *101 Things I Learned After My Divorce.* Colorado: Starjunktion, S. 172 ff.

»Verliebt in den Mann (m)einer verstorbenen Freundin«, Online-Forum der Zeitschrift *Brigitte.* Verfügbar unter bfriends.brigitte.de/foren/uber-das-kennenlernen/361851-verliebt-in-den-mann-m-einer-verstorbenen-freundin-help.html.

Elma van Vliet (2016/Orig. 2005): *Mama, erzähl mal! Das Erinnerungsalbum deines Lebens.* München: Knaur.

Bronnie Ware (2013/Orig. 2012)*: Fünf Dinge, die Sterbende am meisten bereuen.* München: Goldmann.

Bianca Wilkens (2012): Christian Heeck – »Lachen hat etwas Erlösendes«. In: *Hamburger Abendblatt.* 28. November. Online verfügbar unter abendblatt. de/hamburg/harburg/article111576720/Christian-Heeck-Lachen-hat-etwas-Erloesendes.html

Eric Wrede (2018): *The End. Das Buch vom Tod.* München: Heyne Encore.

Heiko Zwirner (2016): Er bringt sie ins Grab – Porträt des Bestatters Eric Wrede. In: *Welt am Sonntag.* Nr. 10, 06. März, S. 68. Online verfügbar unter welt.de/icon/article153007189/Wie-wir-kuenftig-mit-dem-Tod-fertig-werden-sollen.html.